Kündigungsrechtliche Auswirkungen von außerarbeitsvertraglichem
Fehlverhalten auf das Arbeitsverhältnis

Schriften zum deutschen und europäischen Arbeitsrecht

Herausgegeben von Frank Bayreuther

Band 24

PETER LANG

Berlin - Bruxelles - Chennai - Lausanne - New York - Oxford

Susann Burger

Kündigungsrechtliche Auswirkungen von außerarbeitsvertraglichem Fehlverhalten auf das Arbeitsverhältnis

PETER LANG

Berlin - Bruxelles - Chennai - Lausanne - New York - Oxford

Bibliografische Information der Deutschen Nationalbibliothek
Die Deutsche Nationalbibliothek verzeichnet diese Publikation
in der Deutschen Nationalbibliografie; detaillierte bibliografische
Daten sind im Internet über http://dnb.d-nb.de abrufbar.
Zugl.: Passau, Univ., Diss., 20..

D 739
ISSN 1865-634X
ISBN 978-3-631-92096-1 (Print)
E-ISBN 978-3-631-92104-3 (E-PDF)
E-ISBN 978-3-631-92105-0 (E-PUB)
DOI 10.3726/b21952

© 2024 Peter Lang Group AG, Lausanne

Verlegt durch:

Peter Lang GmbH, Berlin, Deutschland

info@peterlang.com http:www.peterlang.com

Vorwort

Die Juristische Fakultät der Universität Passau hat diese Arbeit im Wintersemester 2023/2024 als Dissertation angenommen. Die Arbeit befindet sich im Wesentlichen auf dem Stand ihrer Abgabe im April 2023. Für die Veröffentlichung wurden punktuelle Aktualisierungen bis Januar 2024 vorgenommen.

Mein erster Dank gilt meinem Doktorvater Prof. Dr. Frank Bayreuther, der auch die Anregung zu dieser Arbeit gegeben hat, für die stetige Unterstützung und Betreuung sowie für die Erstellung des Erstgutachtens. Ganz herzlich bedanke ich mich ebenfalls bei Herrn Prof. Dr. Rainer Sieg für die Zweitbegutachtung der Arbeit.

Danken möchte ich auch den vielen weiteren Personen, die zum Gelingen dieser Arbeit beigetragen haben. Meinem Vater Dr. Robert Truckenbrodt danke ich für den ständigen Austausch und die unermüdliche Fehlersuche. Meinem Onkel Dr. Klaus Burger bin ich für seine konstruktiven Anmerkungen und die genaue Durchsicht des Manuskripts zu großem Dank verpflichtet. Meiner Mutter Gisela Burger danke ich für das äußerst sorgfältige Lektorat und die vielen Ermunterungen während dieser Zeit.

Hamburg, im März 2024
Susann Burger

Inhaltsverzeichnis

Zweites Kapitel: Außerarbeitsvertragliches Fehlverhalten bei Arbeitsverhältnissen mit Konzernbezug

Literaturverzeichnis

Aigner, Martin, Tätlichkeiten im Betrieb, DB 1991, S. 596–601.

Alpmann, Josef/Krüger, Rolf/Wüstenbecker, Horst, Brockhaus Studienlexikon Recht, 4. Auflage, München 2014 (zit.: *Alpmann,* Brockhaus Studienlexikon Recht).

Anzinger, Rudolf/Bieneck, Hans-Jürgen, Kommentar zum Arbeitssicherheitsgesetz, Heidelberg 1998 (zit.: *Anzinger/Bieneck*).

Aufhauser, Rudolf/Brunhöber, Hanna/Igl, Peter, Arbeitssicherheitsgesetz, Handkommentar, 4. Auflage, Baden-Baden 2010 (zit.: ABI-ASiG/*Bearbeiter*).

Bader, Peter von/Fischermeier, Ernst/Gallner, Inken et al. KR-Kommentar, Gemeinschaftskommentar zum Kündigungsschutzgesetz und zu sonstigen kündigungsschutzrechtlichen Vorschriften, 13. Auflage, München/Unterschleißheim 2022 (zit.: KR/*Bearbeiter*).

Bauer, Jobst-Hubertus/Günther, Jens, Kündigung wegen beleidigender Äußerungen auf Facebook, Vertrauliche Kommunikation unter Freunden?, NZA 2013, S. 67–73.

Bayreuther, Frank, Hinweisgeberschutz und Betriebsverfassung, NZA 2023, S. 666–669.

Bayreuther, Frank, Kein Abtretungsausschluss per AGB, NZA 2022, S. 433–437.

Bergwitz, Christoph, Der Abfallbeauftragte – das unbekannte Wesen, NZA 2021, S. 542–545.

Bertzbach, Martin, Kein Kündigungsschutz für angestellte Betriebsärzte?, in: *Klebe, Thomas/Wedder, Peter/Wolmerath, Martin* [Hrsg.], Recht und soziale Arbeitswelt: Festschrift für Wolfgang Däubler zum 60. Geburtstag, Frankfurt am Main 1999, S. 158–170 (zit.: Bertzbach, FS Däubler).

Bieback, Karl-Jürgen, Arbeitsverhältnis und Betriebsratsamt bei der außerordentlichen Kündigung von Betriebsratsmitgliedern, RdA 1978, S. 82–97.

Bloesinger, Worms, Die Auswirkung eines Verstoßes gegen § 9 III 1 ASiG auf Kündigungen des Arbeitgebers, NZA 2004, S. 467–472.

Blomeyer, Wolfgang/Hermann, Reichold, Anmerkung zu BAG, Urt. v. 24.3.1988 – 2 AZR 369/87, SAE 1989, S. 296–299.

Braun, Alex/Wisskirchen, Gerlind [Hrsg.], Konzernarbeitsrecht, Handbuch, München 2015 (zit.: Braun/Wisskirchen/*Bearbeiter*).

Brose, Wiebke/Weth, Stephan/Volk, Anette [Hrsg.], Mutterschutzgesetz und Bundeselterngeld- und Elternzeitgesetz, 9. Auflage, München 2020 (zit.: Brose/Weth/Volk/*Bearbeiter*).

Boecken, Winfried/Düwell, Josef/Diller, Martin/Hanau, Hans [Hrsg.], Gesamtes Arbeitsrecht, Band 2, Band 3, Baden-Baden 2016 (zit.: NK-GA/*Bearbeiter*).

Bongers, Frank, Der Kündigungs- und Bestellungsschutz des betrieblichen Datenschutzbeauftragten, ArbRAktuell 2010, S. 139–143.

Budde, Jürgen/Witting, Ute, Funktion und rechtliche Stellung des Betriebsarztes in privatwirtschaftlichen Unternehmen, Bremerhaven 1984 (zit.: *Budde/Witting*, Betriebsarzt in Unternehmen).

Bürkle, Jürgen/Hauschka, Christoph E. [Hrsg.], Der Compliance Officer, Ein Handbuch in eigener Sache, München 2015 (zit.: Bürkle/Hauschka/*Bearbeiter*, Compliance-Officer).

Burr, Steffen, Posting als Kündigungsgrund, Unternehmensschädliche Äußerungen in Social Media, Baden-Baden 2014 (zit.: *Burr*, Posting als Kündigungsgrund).

Burr, Steffen, Kündigung wegen unternehmensschädlichen Facebook-Postings, NZA-Beil. 2015, S. 114–117.

Däubler, Wolfgang, Digitalisierung und Arbeitsrecht, Künstliche Intelligenz – Homeoffice – Arbeit 4.0, 8. Auflage, Frankfurt am Main 2022 (zit.: *Däubler*, Digitalisierung und Arbeitsrecht).

Däubler, Wolfgang, Das Arbeitsrecht 2, Das Arbeitsverhältnis: Rechte und Pflichten, Kündigungsschutz, Leitfaden für Arbeitnehmer, Reinbek bei Hamburg, 2009 (zit.: *Däubler*, Arbeitsrecht 2).

Däubler, Wolfgang, Neue Unabhängigkeit für den betrieblichen Datenschutzbeauftragten?, DuD 2010, S. 20–24.

Däubler, Wolfgang/Deinert, Olaf/Zwanziger, Bertram [Hrsg.], KSchR – Kündigungsschutzrecht, Kommentar für die Praxis, 11. Auflage, Frankfurt am Main, 2020 (zit.: DDZ/*Bearbeiter*).

Däubler, Wolfgang/Hjort, Jens Peter/Schubert, Michael/Wolmerath, Martin [Hrsg.], Arbeitsrecht, Individualarbeitsrecht mit kollektivrechtlichen Bezügen, Handkommentar, 5. Auflage, Baden-Baden 2022 (zit.: HK-ArbR/*Bearbeiter*).

Däubler, Wolfgang/Klebe, Thomas/Wedde, Peter/Weichert, Thile, Bundesdatenschutzgesetz, Kompaktkommentar zum BDSG, 5. Auflage, Frankfurt am Main 2016 (zit.: DKWW/*Bearbeiter*).

Däubler, Wolfgang/Klebe, Thomas/Wedde, Peter [Hrsg.], BetrVG – Betriebsverfassungsgesetz, Kommentar für die Praxis mit Wahlordnung und EBR-Gesetz, 18. Auflage, Frankfurt am Main 2022 (zit.: DKW/*Bearbeiter*).

Däubler, Wolfgang/Wedde, Peter/Weichert, Thilo/Sommer, Imke, EU-DSGVO und BDSG, EU Datenschutz-Grundverordnung – Neues

Bundesdatenschutzgesetz – Weitere datenschutzrechtliche Vorschriften, Kompaktkommentar, 2. Auflage, Frankfurt am Main 2020 (zit.: DWWS/ *Bearbeiter*).

Dikomey, Christa, Das ruhende Arbeitsverhältnis, Heidelberg 1991 (zit.: *Dikomey*, Ruhendes Arbeitsverhältnis).

Dorndorf, Eberhard/Weller, Bernhard/Hauck, Friedrich/Höland, Armin/Kriebel, Volkhart/Neef, Klaus, Heidelberger Kommentar zum Kündigungsschutzgesetz, 4. Auflage, Heidelberg 2001 (zit.: HK-KSchG/*Bearbeiter*).

Dreier, Horst [Hrsg.], Grundgesetz Kommentar: GG, Band 1: Art. 1–19, 3. Auflage, Tübingen 2013 (zit.: Dreier/*Bearbeiter*).

Dütz, Wilhelm, Anmerkung zu BAG v. 20.9.1984 – 2 AZR 633/82, EzA Nr. 91 zu § 626 BGB n.F.

Ehmann, Eugen/Selmayr, Martin [Hrsg.], Datenschutz-Grundverordnung: DS-GVO, Kommentar, 2. Auflage, München 2018 (zit.: Ehmann/Selmayr/ *Bearbeiter*).

Ehrich, Christian, Handbuch des Betriebsbeauftragten: eine Gesamtdarstellung für die Praxis, Stuttgart 1995 (zit.: *Ehrich*, HdB Betriebsbeauftrage).

Ehrich, Christian, Amt, Anstellung und Mitbestimmung bei betrieblichen Beauftragten, Unter besonderer Berücksichtigung des Betriebsarztes, Heidelberg 1993 (zit.: *Ehrich*, Amt und Anstellung).

Ehrich, Christian, Die gesetzliche Neuregelung des Betriebsbeauftragten für Abfall, DB 1996, S. 1468–1475.

Ehrich, Christian, Die Bedeutung des § 36 III 4 BDSG für die Kündigung des betrieblichen Datenschutzbeauftragten durch den Arbeitgeber, NZA 1993, S. 248–252.

Eufinger, Alexander, Anmerkung zu LAG Mecklenburg-Vorpommern, Urt. v. 25.2.2020 – 5 Sa 108/19, ZD 2020, S. 364–367.

Fabricius, Fritz [Hrsg.], Gemeinschaftskommentar zum Mitbestimmungsgesetz: GK-MitbestG, Neuwied 1976 (zit.: GK-MitbestG/*Bearbeiter*).

Fischer, Frank, Betriebsbeauftragte für Umweltschutz und Mitwirkung des Betriebsrates, AuR 1996, S. 474–482.

Fischer, Ulrich, Ausländerfeindliche Hasstiraden auf Facebook als wichtiger Grund i.S. von § 626 Abs. 1 BGB, jurisPR-ArbR 19/2016 Anm. 2.

Fischinger, Phillipp S./Reiter, Heiko, Das Arbeitsrecht des Profisports, Praxishandbuch, München 2021 (zit.: Fischinger/Reiter Profisport/*Bearbeiter*).

Fitting, Karl/Schmidt, Ingrid/Trebinger, Yvonne/Linsenmaier, Wolfgang/Schelz, Hanna, Betriebsverfassungsgesetz mit Wahlordnung, Handkommentar, 31. Auflage, München 2022 (zit.: Fitting BetrVG).

Fleischer, Holger/Goette, Wulf [Hrsg.], Münchener Kommentar zum GmbHG, Band 2: §§ 35–52, 3. Auflage, München 2019 (zit.: MüKo GmbHG/*Bearbeiter*).

Franzen, Martin/Gallner, Inken/Oetker, Hartmut [Hrsg.], Kommentar zum europäischen Arbeitsrecht, 4. Auflage, München 2022 (zit.: EuArbRK/*Bearbeiter*).

Freitag, Peter, Betriebsratsamt und Arbeitsverhältnis (Analyse der Rechtsprechung zu § 37 BetrVG und § 15 KSchG), Diss. Regensburg 1972 (zit.: *Freitag,* Betriebsratsamt und Arbeitsverhältnis).

Fuhlrott, Michael, Keine Kündigung des Datenschutzbeauftragten bei reiner Amtspflichtverletzung, ArbRAktuell 2022, S. 598.

Fuhlrott, Michael/Oltmanns, Sönke, Kündigungsrelevanz von Äußerungen in sozialen Medien, DB 2017, S. 1840–1846.

Gallner, Inken/Mestwerdt, Wilhelm/Nägele, Stefan [Hrsg.], Kündigungsschutzrecht, Handkommentar, 7. Auflage, Baden-Baden 2021 (zit.: HaKo-KSchR/*Bearbeiter*).

Galperin, Hans/Löwisch, Manfred, Kommentar zum Betriebsverfassungsrecht, Band II: Regelung der Mitbestimmung (§§ 74–132), 6. Auflage, Heidelberg 1982 (zit.: *Galperin/Löwisch*).

Gelhaar, Daniel, Der Kündigungsschutz des betrieblichen Datenschutzbeauftragten, NZA 2010, S. 373–377.

Gierschmann, Sibylle/Schlender, Katharina/Stentzel, Rainer/Veil, Winfried [Hrsg.], Kommentar Datenschutz-Grundverordnung, Köln 2018 (zit.: GSSV/*Bearbeiter*).

Goette, Wulf/Habersack, Mathias [Hrsg.], Münchener Kommentar zum Aktiengesetz, Band 2: §§ 76–117, MitbestG, DrittelbG, 5. Auflage, München 2019 (zit.: MüKo AktG/*Bearbeiter*).

Gola, Peter/Heckmann, Dirk [Hrsg.], Datenschutz-Grundverordnung VO (EU) 2016/678, Bundesdatenschutzgesetz, Kommentar, 3. Auflage, München 2022 (zit.: Gola/Heckmann/*Bearbeiter*).

Görg, Alex, Kündigung wegen menschenverachtender Äußerung auf dem privaten Facebook-Nutzerkonto, ArbRAktuell 2016, S. 173.

Greiner, Stefan/Senk, Clara, Der Datenschutzbeauftragte und sein Schutz vor Benachteiligung, Abberufung und Kündigung – Ein Wegweiser durch die DS-GVO und BDSG, NZA 2020, S. 201–209.

Habersack, Mathias/Henssler, Martin, Mitbestimmungsrecht: MitbestR, 4. Auflage, München 2018 (zit.: HH/*Bearbeiter*).

Hager, Michael, Das ruhende Arbeitsverhältnis, Hamburg 2007 (zit.: *Hager,* Ruhendes Arbeitsverhältnis).

Halfmann, Lukas, Arbeitnehmerschutz durch und für angestellte Betriebsärzte, Baden-Baden 2020 (zit.: *Halfmann*, Arbeitnehmerschutz Betriebsärzte).

Heidel, Thomas [Hrsg.], Aktienrecht und Kapitalmarktrecht, 5. Auflage, Baden-Baden 2020 (zit.: Heidel/*Bearbeiter*).

Henssler, Martin, Der Arbeitsvertrag im Konzern, Berlin 1983 (*Henssler*, Arbeitsvertrag im Konzern).

Henssler, Martin/Beckmann, Jan, Arbeitnehmervertreter im Aufsichtsrat: Außerordentliche Kündigung des Arbeitsverhältnisses bei Verstoß gegen die Verschwiegenheitspflicht, SAE 2010, S. 60–64.

Henssler, Martin/Strohn, Lutz [Hrsg.], Gesellschaftsrecht, BGB, Part GG, HGB, GmbHG, AktG, DCGK, GenG, UmweG, InsO, AnfG, IntGesR, 5. Auflage, München 2021 (zit.: Henssler/Strohn/*Bearbeiter*).

Henssler, Martin/Willemsen Heiz Josef/Kalb, Heinz-Jürgen, Arbeitsrecht Kommentar, 10. Auflage, Köln 2022 (zit.: HWK/*Bearbeiter*).

Herzog, Roman/Scholz, Rupert/Herdegen, Matthias/Klein, Hans [Hrsg.], Grundgesetz Kommentar, Band I: Art. 1–5, 99. Lieferung (Stand: September 2022), München 2022 (zit.: Dürig/Herzog/Scholz/*Bearbeiter*).

Hoffmann, Dietrich/Lehmann, Jürgen/Weinmann, Heinz, Kommentar zum Mitbestimmungsgesetz, München 1978 (zit.: HLW MitbestG).

Hromadka, Wolfgang/Sieg, Rainer, Kommentar zum Sprecherausschussgesetz, 5. Auflage, Hürth 2022 (zit.: *Hromadka/Sieg* SprAuG).

Hirte, Heribert/Mülbert, Peter/Roth, Markus [Hrsg.], Aktiengesetz, Großkommentar, Band 6: § 117, Unternehmensmitbestimmung: Vorbemerkungen, MitbestG, DrittelbG, Monta-MitbestG, MitbestErgG, Nachtrag § 76 Abs. 4, 5. Auflage, Berlin 2018 (zit.: GroßKomm-AktG/*Bearbeiter*).

Hueck, Götz, Zur Verschwiegenheitspflicht der Arbeitnehmervertreter im Aufsichtsrat, RdA 1975, S. 35–42.

Jarass, Hans D., Bundes-Immissionsschutzgesetz, Kommentar unter Berücksichtigung der Bundes-Immissionsschutzverordnungen, TA Luft sowie der TA Lärm, 14. Auflage, München 2020 (zit.: Jarass BImSchG).

Jarass, Hans D./Kment, Martin, Grundgesetz für die Bundesrepublik Deutschland, Kommentar, 17. Auflage, München 2022 (zit.: Jarass/Pieroth/*Bearbeiter*).

Joussen, Jacob, Nebenpflichten während der Elternzeit, NZA 2022, S. 889–893.

Kiel, Heinrich/Lunk, Stefan/Oetker, Hartmut [Hrsg.], Münchener Handbuch zum Arbeitsrecht, Band 1: Individualarbeitsrecht I; Band 2: Individualarbeitsrecht, 5. Auflage, München 2021 (zit.: MHdB ArbR/*Bearbeiter*).

Kiel, Heinrich/Lunk, Stefan/Oetker, Hartmut [Hrsg.], Münchener Handbuch zum Arbeitsrecht, Band 3: Kollektives Arbeitsrecht I; Band 4: Kollektives

Arbeitsrecht II Arbeitsgerichtsverfahren, 5. Auflage, München 2022 (zit.: MHdB ArbR/*Bearbeiter*).

Klopp, Thorben, Der Compliance-Beauftragte, Arbeitsrechtliche Stellung und Funktion in der Compliance, Berlin 2012 (zit.: *Klopp*, Compliance-Beauftragter).

Konu, Metin, Die Garantenstellung des Compliance-Officers, Zugleich ein Beitrag zu den Rahmenbedingungen einer Compliance-Organisation, Berlin 2014 (zit.: *Konu*, Garantenstellung).

Kort, Michael, Kündigungsrechtliche Fragen bei Äußerungen des Arbeitnehmers im Internet, NZA 2012, S. 1321–1326.

Köstler, Roland/Zachert, Ulrich/Müller, Matthias, Aufsichtsratspraxis, Handbuch für die Arbeitnehmervertreter im Aufsichtsrat, 9. Auflage, Frankfurt am Main 2009 (zit.: *Köstler/Zachert/Müller*, Aufsichtsratspraxis).

Kothe, Wolfhard/Faber, Ulrich/Feldhoff, Kerstin [Hrsg.], Gesamtes Arbeitsschutzrecht (Arbeitsschutz, Arbeitszeit, Arbeitssicherheit, Arbeitswissenschaft), Handkommentar, 2. Auflage, Baden-Baden 2018 (zit.: HK-ArbSchR/*Bearbeiter*).

Kotulla, Michael [Hrsg.], Bundes-Immissionsschutzgesetz, Kommentar und Vorschriftensammlung, Band 2: Kommentar §§ 32–73 BImSchG und Durchführungsverordnungen, Loseblatt, Stand: September 2019, Stuttgart 2019 (zit.: Kotulla BImSchG/*Bearbeiter*).

Kramer, Stefan [Hrsg.], IT-Arbeitsrecht, Digitalisierte Unternehmen: Herausforderungen und Lösungen, 2. Auflage, München 2019 (zit.: Kramer IT-ArbR/*Bearbeiter*).

Kühling, Jürgen/Buchner, Benedikt [Hrsg.], Datenschutz-Grundverordnung, BDSG, Kommentar, 3. Auflage, München 2020 (zit.: Kühling/Buchner/*Bearbeiter*).

Künzl, Reinhard, Letztmals: Verhaltensbedingte Kündigung bei Verweigerung einer Alkoholtherapie, NZA 1999, S. 744–745.

Künzl, Reinhard/Weinmann, Ralf, Arbeitsrechtliche Maßnahmen (Kündigung und Verweigerung der Entgeltfortzahlung) bei Vortäuschen einer Krankheit und wegen des Verhaltens des Arbeitnehmers während krankheitsbedingte Arbeitsunfähigkeit (I), AuR 1996, S. 256–263.

Landmann, Robert von/Rohmer, Gustav, Umweltrecht, Band III, Loseblatt, Stand 1. September 2022, München 2022 (zit.: Landmann/Rohmer/*Bearbeiter*).

Linck, Rüdiger/Krause, Rüdiger/Bayreuther, Frank, Kündigungsschutzgesetz, Kommentar, 16. Auflage, München 2019 (zit.: LKB/*Bearbeiter*).

Linck, Rüdiger/Preis, Ulrich/Schmidt, Ingrid [Hrsg.], Kündigungsrecht, Großkommentar zum gesamten Recht der Beendigung von Arbeitsverhältnissen, 6. Auflage, München 2021 (zit.: APS/*Bearbeiter*).

Leisner, Walter, Grundrechte und Privatrecht, München 1960 (zit.: *Leisner,* Grundrechte und Privatrecht).

Lepke, Achim, Kündigung bei Krankheit, Handbuch für die betriebliche, anwaltliche und gerichtliche Praxis, 16. Auflage, Berlin 2018 (zit.: *Lepke,* Kündigung bei Krankheit).

Lepke, Achim, Schulden des Arbeitnehmers, Lohn- oder Gehaltspfändungen bzw. -abtretungen als Beendigungsgrund arbeitsvertraglicher Beziehungen, RdA 1980, S. 185–196.

Leube, Konrad, Das Ruhende Arbeitsverhältnis, Begriff und Rechtswirkungen, München 1969 (zit.: *Leube,* Ruhendes Arbeitsverhältnis).

Leuze, Dieter, Die Anforderungen an arbeitsrechtliche Maßnahmen gegen Betriebs- und Personalratsmitglieder, DB 1993, S. 2590–2598.

Löwisch, Manfred/Kaiser, Dagmar [Hrsg.], Betriebsverfassungsgesetz, Kommentar, Band 1: §§ 1–73b und Wahlordnung, 7. Auflage, Frankfurt am Main 2017 (zit.: Löwisch/Kaiser/*Bearbeiter*).

Löwisch, Manfred/Schlünder, Guido/Spinner, Günter/Wertheimer Frank, KSchG – Kündigungsschutzgesetz, Kommentar, 11. Auflage, Frankfurt 2018 (zit.: LSSW/*Bearbeiter*).

Lutter, Marcus/Krieger, Gerd/Verse, Dirk Axel, Rechte und Pflichten des Aufsichtsrats, 7. Auflage, Köln 2020 (zit.: *Lutter/Krieger/Verse,* Aufsichtsrat).

Maschmann, Frank/Fritz, Hans-Joachim [Hrsg.], Matrixorganisationen, Gesellschaftsrecht, Arbeitsrecht, Datenschutz, München 2019 (zit.: Maschmann/Fritz Matrixorganisationen/*Bearbeiter*).

Melot de Beauregard, Paul/Baur, Maximilian, Loyalitätspflichten des Arbeitnehmers im kirchlichen Arbeitsverhältnis – Eine Übersicht über die aktuelle Rechtsprechung, NZA-RR 2014, S. 625–630.

Meyer, Franz-Josef, Bestandsschutz der Arbeitsverhältnisse von Betriebsratsmitgliedern, Frankfurt am Main 1980 (zit.: *Meyer,* Betriebsratsmitglieder).

Moll, Wilhelm, Münchener Anwaltshandbuch Arbeitsrecht, 5. Auflage, München 2021 (zit.: MAH ArbR/*Bearbeiter*).

Müller, Gerhard, Gedanken zum Entwurf des Mitbestimmungsgesetzes (MitbestG) (I), DB 1975, S. 205–210.

Müller-Glöge, Ralf/Preis, Ulrich/Schmidt, Ingrid, Erfurter Kommentar zum Arbeitsrecht, 23. Auflage, München 2023 (zit.: ErfK/*Bearbeiter*).

Neufeld, Tobias, Mehr Rechtssicherheit im Umgang mit Pflichtverletzungen bei konzerninternen Entsendungen, BB 2009, S. 1870–1872.

Nipperdey, Hans Carl, Grundrechte und Privatrecht, Krefeld 1961 (zit.: *Nipperdey,* Grundrechte und Privatrecht).

Nitschke, Andreas, Reichsbürger im Staatsdienst, NJW 2023, S. 8–13.

Oetker, Hartmut, Rechtsprobleme bei der außerordentlichen Kündigung eines Vertrauensmannes der Schwerbehinderten, BB 1983, S. 1671–1675.

Paal, Boris P./Pauly, Daniel A. [Hrsg.], Datenschutz-Grundverordnung, Bundesdatenschutzgesetz: DS-GVO BDSG, 3. Auflage, München 2021 (zit.: Paal/Pauly/*Bearbeiter*).

Picker, Christian, Politischer Extremismus als Herausforderung für Gesamtrechtsordnung und Arbeitsrecht – Teil II, RdA 2021, S. 33–44.

Pieper, Ralf, ArbSchR – Arbeitsschutzrecht, Arbeitsschutzgesetz, Arbeitssicherheitsgesetz und andere Arbeitsschutzvorschriften, 7. Auflage, Frankfurt am Main 2022 (zit.: *Pieper* ArbSchR).

Plath, Kai-Uwe [Hrsg.], DSGVO/BDSG, Kommentar zu DSGVO, BDSG und den Datenschutzbestimmungen von TMG und TKG, 3. Auflage, Köln 2018 (zit.: Plath/*Bearbeiter*).

Plath, Kai-Uwe [Hrsg.], DSGVO/BDSG, Kommentar zu DSGVO, BDSG und den Datenschutzbestimmungen von TMG und TKG, 2. Auflage, Köln 2016 (zit.: Plath/*Bearbeiter* 2. Auflage).

Powietzka, Arnim, Anmerkung zu BAG, Urt. v. 19.7.2012 – 2 AZR 989/11, AP SGB IX § 96 Nr. 3.

Preis, Ulrich, Prinzipien des Kündigungsrechts bei Arbeitsverhältnissen, Eine Untersuchung zum Recht des materiellen Kündigungsschutzes, insbesondere zur Theorie der Kündigungsgründe, 2. Auflage, Baden-Baden 2022 (zit.: *Preis*, Prinzipien des Kündigungsrechts).

Preis, Ulrich, Die verhaltensbedingte Kündigung (1), DB 1990, S. 630–634.

Raiser, Thomas/Veil, Rüdiger/Jacobs, Matthias, Mitbestimmungsgesetz und Drittelbeteiligungsgesetz, Kommentar, 7. Auflage, Berlin/Bosten 2020 (zit.: RJV/*Bearbeiter*).

Reich, Norbert/Lewerenz, Karl-Jochen, Das neue Mitbestimmungsgesetz, Zur Stellung der Arbeitnehmervertreter im Aufsichtsrat und des Arbeitsdirektors, AuR 1976, S. 353–369.

Reichling, Robert/Wolf, Roland, Mustervertrag zum Altersteilzeitgesetz, NZA 1997, S. 422–427.

Reinhard, André, Interner Datenschutzbeauftragter im Konzern – Bestellung, Widderruf und Kündigung, NZA 2013, S. 1049–1054.

Reiter, Christian, Entsendung zu Tochtergesellschaften im In- und Ausland, NZA-Beilage 2014, S. 22–28.

Richardi, Reinhard [Hrsg.], Betriebsverfassungsgesetz mit Wahlordnung, Kommentar, 17. Auflage, München 2022 (zit.: Richardi/*Bearbeiter*).

Richardi, Reinhard/Dörner, Hans-Jürgen/Weber, Christoph, Personalvertretungsrecht, Bundespersonalvertretungsgesetz mit Erläuterungen zu den Personalvertretungsgesetzen der Länder, Kommentar, 5. Auflage, München 2020 (zitiert: RDW/*Bearbeiter*).

Rolfs, Christian/Giesen, Richard/Meßling, Miriam/Udsching, Peter [Hrsg.], BeckOK Arbeitsrecht, 67. Edition (Stand 1.3.2023), München 2023 (zit.: BeckOK ArbR/*Bearbeiter*).

Rombach, Wolfgang, Das sozialversicherungsrechtliche Flexigesetz unter Berücksichtigung seiner Anwendung im Rahmen der Altersteilzeitarbeit, RdA 1999, S. 194–200.

Roßnagel, Alexander [Hrsg.], Handbuch Datenschutzrecht, Die neuen Grundlagen für Wirtschaft und Verwaltung, München 2003 (zit.: Roßnagel/*Bearbeiter*, HdB DatenschutzR).

Roth, Hans-Peter, Der Betriebsbeauftragte für Immissionsschutz, Eine rechtliche Betrachtung dieser Institution unter Einbeziehung einer Umfrage bei Gewerbeaufsichtsämtern, Frankfurt am Main, 1979 (zit.: *Roth,* Betriebsbeauftragte).

Sachs, Michael [Hrsg.], Grundgesetz: GG, Kommentar, 9. Auflage, München 2021 (zit.: Sachs/*Bearbeiter*).

Säcker, Franz-Jürgen, Rechtsfragen der außerordentlichen Kündigung von Betriebsratsmitgliedern (II), DB 1967, S. 2072–2077.

Säcker, Franz-Jürgen, Betriebsratsamt und Arbeitsverhältnis, RdA 1965, S. 372–378.

Säcker, Franz Jürgen/Rixecker, Roland/Oetker, Hartmut/Limperg, Bettina [Hrsg.], Münchener Kommentar zum Bürgerlichen Gesetzbuch, Band 5: Schuldrecht – Besonderer Teil II, §§ 535–630h, BetrKV, HeizkostenV, WärmeLV, EFZG, TzBfG, KSchG, MiLoG, 9. Auflage, München 2023 (zit.: MüKo BGB/*Bearbeiter*).

Sauerzapf, Michael, Ruhendes Arbeitsverhältnis und grenzüberschreitende Arbeitnehmerentsendungen im Konzern, Hamburg 2004 (zit.: *Sauerzapf,* Ruhendes Arbeitsverhältnis).

Schaub, Günter, Arbeitsrechts-Handbuch, Systematische Darstellung und Nachschlagewerk für die Praxis, 19. Auflage, München 2021 (zit.: Schaub ArbR-HdB/*Bearbeiter*).

Schaub, Günter, Die arbeitsrechtliche Stellung des Betriebsbeauftragten für den Umweltschutz, DB 1993, S. 481–486.

Schmitt, Jochen, Entgeltfortzahlungsgesetz, Aufwendungsausgleichsgesetz: EFZG, AAG, Kommentar, 8. Auflage, München 2018 (zit.: Schmitt/*Bearbeiter*).

Rönnau, Thomas/Schneider, Frederic, Der Compliance-Beauftragte als strafrechtlicher Garant, ZIP 2010, S. 53–61.

Schwartmann, Rolf/Jaspers, Andreas/Thüsing, Gregor/Kugelmann, Dieter [Hrsg.], DS-GVO/BDSG: Datenschutz-Grundverordnung, Bundesdatenschutz, Kommentar, 2. Auflage, Heidelberg 2020 (zit.: Schwartmann/Jaspers/Thüsing/Kugelmann/*Bearbeiter*).

Simitis, Spiros [Hrsg.], Bundesdatenschutzgesetz, Kommentar, 8. Auflage, Baden-Baden 2014 (zit.: Simitis/*Bearbeiter*).

Simitis, Spiros/Hornung, Gerrit/Spiecker, Indra [Hrsg.], Datenschutzrecht, DSGVO mit BDSG, Kommentar, Baden-Baden 2019 (zit.: Simitis/Hornung/Spiecker/*Bearbeiter*).

Springmann, Christian, Der Betriebsrat und die Betriebsbeauftragten, Ein Vergleich zweier betrieblicher Funktionsträger unter besonderer Berücksichtigung ihres Verhältnisses zueinander, Frankfurt am Main 2004 (zit.: *Springmann*, Betriebsrat und Betriebsbeauftragte).

Stahlhacke, Eugen/Preis, Ulrich/Vossen, Reinhard, Kündigung und Kündigungsschutz im Arbeitsverhältnis, Handbuch, 11. Auflage, München 2015 (zit.: SPV/*Bearbeiter*).

Staudinger von, Julius, J. von Staudingers Kommentar zum Bürgerlichen Gesetzbuch: Staudinger BGB – Buch 2: Recht der Schuldverhältnisse, Übersicht Vorbem. zu §§ 620 ff.; §§ 620–630, Neubearbeitung 2022, Berlin 2022 (zit.: Staudinger/*Bearbeiter*).

Stück, Volker, Abmahnung und Kündigung im Zusammenhang mit Corona, ArbRAktuell 2021, S. 70–73.

Stück, Volker, Betriebsrat oder Geheimrat? Beschäftigtendatenschutz beim Betriebsrat, ZD 2019, S. 256–261.

Stück, Volker, Arbeitgeberkündigung im Altersteilzeitverhältnis, NZA 2000, S. 749–754.

Sydow, Gernot [Hrsg.], Bundesdatenschutzgesetz, Handkommentar, Baden-Baden 2020 (zit.: HK-BDSG/*Bearbeiter*).

Sydow, Gernot/Marsch, Nikolaus [Hrsg.], DS-GVO – BDSG, Datenschutz-Grundverordnung, Bundesdatenschutzgesetz, Handkommentar, 3. Auflage, Baden-Baden 2022 (zit.: Sydow/Marsch).

Taeger, Jürgen/Gabel, Detlev [Hrsg.], DSGVO – BDSG – TTDSG, Kommentar, 4. Auflage, Frankfurt am Main, 2022 (zit.: Taeger/Gabel/*Bearbeiter*).

Thüsing, Gregor, Beschäftigtendatenschutz und Compliance, Effektive Compliance im Spannungsfeld von DS-GVO, BDSG, Persönlichkeitsschutz und betrieblicher Mitbestimmung, 3. Auflage, München 2021 (zit.: Thüsing Beschäftigtendatenschutz/*Bearbeiter*).

Thüsing, Gregor/Wurth, Gilbert [Hrsg.], Social Media im Betrieb, Arbeitsrecht und Compliance, 2. Auflage, München 2020 (zit.: Thüsing/Wurth Social Media/*Bearbeiter*).

Vielmeier, Stephan, Kündigung wegen (vermeintlicher) Pflichtverletzungen bei anderen Konzerngesellschaften? NZA 2020, S. 1510–1517.

Wagner, Tobias, Die Verfassungstreuepflicht im öffentlichen Dienst, öAT 2021, S. 183–186.

Weber, Klaus [Hrsg.], Rechtswörterbuch, 24. Auflage, München 2022 (zit.: *Weber*, Rechtswörterbuch).

Weber, Rudolf, Der Betriebsbeauftragte, Berlin 1988 (zit.: *Weber*, Betriebsbeauftragte).

Weber, Ulrich/Ehrich, Christian/Hörchens, Angela/Oberthür, Nathalie, Handbuch zum Betriebsverfassungsrecht, 2. Auflage, Köln 2003 (zit.: *Weber/Ehrich/Hörchens/Oberthür*, HdB BetrVG).

Wiese, Günther/Kreutz, Peter/Oetker, Hartmut et. al., Betriebsverfassungsgesetz, Band I: §§ 1–73b mit Wahlordnungen und EBRG, Gemeinschaftskommentar, 12. Auflage, Köln 2022 (zit.: GK-BetrVG/*Bearbeiter*).

Wiese, Günther/Kreutz, Peter/Oetker, Hartmut et al., Betriebsverfassungsgesetz, Band II: §§ 74–132, Gemeinschaftskommentar, 12. Auflage, Köln 2022 (zit.: GK-BetrVG/*Bearbeiter*).

Windbichler, Christine, Arbeitsrecht im Konzern, München 1989 (zit.: *Windbichler*, Arbeitsrecht im Konzern).

Winkler, Markus, Das Ehrenamt des Betriebsrats, Hamburg 2019 (zit.: *Winkler*, Ehrenamt des Betriebsrats).

Wißmann, Hellmut/Kleinsorge, Georg/Schubert, Claudia, Mitbestimmungsrecht: Mitbestimmungsgesetz, Montan-Mitbestimmung, Drittelbeteiligungsgesetz, Mitbestimmung auf europäischer Ebene, Kommentar, 5. Auflage, München 2017 (zit.: WKS/*Bearbeiter*).

Wittek, Wolfgang H., Soziale Netzwerke im Arbeitsrecht, Baden-Baden 2014 (zit.: *Wittek*, Soziale Netzwerke).

Wolf, Martin, Der Compliance-Officer – Garant, hoheitlich Beauftragter oder Berater im Unternehmensinteresse zwischen Zivil-, Straf- und Aufsichtsrecht?, BB 2011, S. 1353–1360.

Wolff, Heinrich Amadeus/Brink, Stefan [Hrsg.], Datenschutzrecht, DS-GVO, BDSG, Grundlagen, Bereichsspezifischer Datenschutz, Kommentar, 2. Auflage, München 2022 (zit.: Wolff/Brink/*Bearbeiter*).

Wolff, Heinrich, Amadeus/Brink, Stefan [Hrsg.], BeckOK Datenschutzrecht, 42. Edition (Stand: 01.11.2022), München 2023 (zit.: BeckOK DatenschutzR/ *Bearbeiter*).

Wunderlich, Jörg, Die Rechtsstellung des Betriebsarztes, Der angestellte Betriebsarzt im Spannungsverhältnis zwischen Arbeitgeber und Betriebsrat, Berlin 1995 (*Wunderlich*, Rechtsstellung Betriebsarzt).

Zöllner, Wolfgang/Noack, Ulrich [Hrsg.], Kölner Kommentar zum Aktiengesetz, Band 2/2, §§ 76–117 AktG, 3. Auflage, Köln/Berlin/Bonn/München 2013 (zit.: KölnKomm AktG/*Bearbeiter*).

Einführung

„Dienst ist Dienst und Schnaps ist Schnaps" – so heißt es im Volksmund zur Trennung von Arbeits- und Privatleben eines Arbeitnehmers.[1] Dieses Sprichwort stößt im heutigen Zeitalter immer mehr an seine Grenzen. Zunehmende Globalisierung, Digitalisierung und nicht zuletzt die Anfang 2020 einsetzende Corona-Pandemie veränderten die Arbeitswelt stark. Auch der Wunsch Beruf, Familie und Freizeit bestmöglich zu vereinbaren, wird intensiver und beeinflusst den Arbeitsalltag und die Arbeitsbedingungen maßgeblich. Homeoffice, „Workation", Entsendungen ins Ausland oder Sabbaticals sind mittlerweile personalstrategische und arbeitsrechtliche Herausforderungen in vielen Unternehmen.

Ändern sich damit auch die Grundlagen, ob und wie auf ein Fehlverhalten eines Arbeitnehmers individualrechtlich reagiert werden kann? Interessant sind dabei die vielfältigen Fallgestaltungen im „außerarbeitsvertraglichen" Bereich. Der Fokus dieser Abhandlung liegt deshalb auf Fehlverhalten, das nicht im Zusammenhang mit der Erfüllung der arbeitsvertraglichen Pflichten stattfindet, sondern sich außerhalb des Arbeitsverhältnisses ereignet.

Bei „außerarbeitsvertraglichem" Fehlverhalten kollidieren unterschiedliche Interessen des Arbeitnehmers und des Arbeitgebers. Durch den Arbeitsvertrag werden die gegenseitigen Rechte und Pflichten festgelegt. Diese Vertragspflichten entfalten ihre Wirkung zunächst nur zwischen den Parteien und in Vollzug des Arbeitsverhältnisses. Das Vertragsverhältnis strahlt grundsätzlich nicht in jeden anderen Bereich aus. Eine vertragliche Bindung auf andere Rechtskreise findet deshalb *in der Regel* nicht statt. Trotzdem kann sich das Fehlverhalten in einem anderen Rechtskreis auf das Arbeitsverhältnis auswirken und die Interessen des Arbeitgebers berühren. Wird dann das Arbeitsverhältnis erheblich beeinträchtigt, kann es im nachhaltigen Interesse des Arbeitgebers liegen, sich von dem entsprechenden Arbeitnehmer zu trennen.

Für die Zulässigkeit einer entsprechenden Kündigung müssen dabei verhaltens- oder personenbedingte Kündigungsgründe vorliegen. Die Rechtfertigung einer verhaltensbedingten Kündigung erfordert einen arbeitsvertraglichen Pflichtverstoß, der die störungsfreie Vertragserfüllung in Zukunft nicht mehr

---

1 Aus Gründen der besseren Lesbarkeit wird in dieser Arbeit auf die gleichzeitige Verwendung der Sprachformen männlich, weiblich und divers (m/w/d) verzichtet. Sämtliche Formulierungen gellten gleichermaßen für alle Geschlechter.

erwarten lässt. Da das Verhalten des Arbeitnehmers steuerbar ist, muss zunächst geprüft werden, ob mildere Mittel (z.B. Abmahnung) geeignet sind, um das künftige Verhalten positiv zu beeinflussen. Eine Abmahnung ist in der Regel entbehrlich, wenn eine Verhaltensänderung nach einer Abmahnung nicht zu erwarten ist oder ein schwerer Pflichtenverstoß gegeben ist, dessen erstmalige Hinnahme dem Arbeitgeber unzumutbar ist.[2] Letztlich ist eine umfassende Abwägung der gegenseitigen Interessen ausschlaggebend, in der die Gegebenheiten des Einzelfalles berücksichtigt werden. Für die Zulässigkeit einer personenbedingten Kündigung muss der Arbeitnehmer die Fähigkeit oder Eignung verloren haben, die Arbeitsleistung zu erbringen. Mit der alsbaldigen Wiederherstellung der Eignung darf nicht gerechnet werden. Die fehlende oder beeinträchtigte Fähigkeit oder Eignung muss eine schwere und dauerhafte Störung des Arbeitsverhältnisses bedingen, die durch eine Weiterbeschäftigung auf einem anderen Arbeitsplatz nicht beseitigt werden kann. Zuletzt ist auch hier eine Interessenabwägung vorzunehmen, bei der zu prüfen ist, ob die Störung noch hinzunehmen ist oder die Kündigung angemessen erscheint.

In dieser Arbeit werden unterschiedliche außerarbeitsvertragliche Fallgruppen untersucht, die sich durch eine gewisse dualistische Struktur auszeichnen. Allen ist gemein, dass das Fehlverhalten nicht im (aktiven) Arbeitsverhältnis begangen wird, sondern in einem Rechtskreis, der von dem ursprünglichen Arbeitsverhältnis (theoretisch oder faktisch) getrennt ist. Die kündigungsrechtlichen Auswirkungen in den einzelnen Fallgruppen des außerarbeitsvertraglichen Fehlverhaltens werden dargestellt, bestehende herrschende Ansichten unter den aktuellen Gegebenheiten der Arbeitswelt kritisch hinterfragt und ggf. weiterführende Kriterien gebildet. Ziel dieser Arbeit ist es, Grundsätze aufzustellen, die Aufschluss darüber geben, ob und unter welchen Voraussetzungen außerarbeitsvertragliches Fehlverhalten auf das Arbeitsverhältnis durchschlägt. Ziel dieser Arbeit ist es aber auch, der Praxis eine aktuelle Übersicht über außervertragliches Fehlverhalten zu vermitteln und damit Erkenntnisgewinn und Handlungssicherheit im Zusammenhang mit einschlägigen Fallgestaltungen zu verschaffen.

---

2   Vgl. BAG, Urt. v. 20.5.2021 – 2 AZR 596/20, NZA 2021, 1178 m.w.N.

Erstes Kapitel: Außerdienstliches Fehlverhalten

Außerdienstliches Verhalten ereignet sich außerhalb des Arbeitsverhältnisses, also im Privatleben des Arbeitnehmers. Im Allgemeinen spielt sich außerdienstliches Verhalten außerhalb der Arbeitszeit und außerhalb der Arbeitsstätte ab. Im heutigen Zeitalter der Digitalisierung verschwimmen diese Abgrenzungen weitaus stärker. Mit dem Smartphone können während der Arbeitszeit private Angelegenheiten zwischendurch erledigt werden. Bei Arbeitsmodellen wie Remote Work und Homeoffice befindet sich der Arbeitnehmer in Ausübung der geschuldeten Tätigkeit oft an den Orten oder Räumen, in denen sich auch das private Leben abspielt. Dort können zwischenzeitig auch private Angelegenheiten erledigt werden.

Obwohl die Abgrenzung zwischen Arbeits- und Privatleben zunehmend unschärfer wird, führt es bisweilen häufig nicht zu juristischen Problemen, welche Verhaltensweisen als außerdienstliches oder als dienstliche Aktivität zu qualifizieren sind. Wird die Arbeitsleistung außerhalb der Betriebsstätte erbracht, ist es entscheidend, ob das Verhalten in der Stellung als Arbeitnehmer oder als Privatperson an den Tag gelegt wird.

Viel relevanter ist die Frage, ob ein Arbeitnehmer individualrechtliche Konsequenzen des Arbeitsgebers fürchten muss, wenn er im privaten Bereich ein Fehlverhalten begeht.

Zur besseren Nachvollziehbarkeit wird im Folgenden zwischen außerdienstlichem Fehlerhalten im Allgemeinen und außerdienstlichem Fehlerhalten während einer bescheinigten Arbeitsunfähigkeit unterschieden.

A. Außerdienstliches Fehlverhalten im Allgemeinen

Bereits das Grundgesetz schützt die allgemeine Handlungsfreiheit und das allgemeine Persönlichkeitsrecht in Art. 1 Abs. 1, Art. 2 Abs. 1 GG. Das Privatleben eines Arbeitnehmers ist grundsätzlich ein verfassungsrechtlich geschützter Raum.[3] So gehört beispielsweise das Sexualleben in die unantastbare Intimsphäre, weshalb Kündigungen aufgrund von Homosexualität unwirksam sind.[4]

---

3 BeckOK ArbR/*Joussen* BGB § 611a Rn. 449.
4 Vgl. BAG, Urt. v. 23.6.1994 – 2 AZR 617/93, NZA 1994, 1080; HK-ArbR/*Becker* GG Art. 2 Rn. 21.

Die Freiheit des einen korreliert zwangsläufig mit der Freiheit des anderen. Deshalb unterliegt die Handlungsfreiheit gewissen Einschränkungen. Nach dem Wortlaut des Art. 2 Abs. 1 GG besteht das Recht auf freie Entfaltung der Persönlichkeit, *soweit die Person nicht die Rechte anderer verletzt* und nicht gegen die verfassungsmäßige Ordnung oder das Sittengesetz verstößt.

Dieses Spannungsverhältnis zwischen der Freiheit des einen und der Rechte des anderen tritt auch im Zusammenhang von Privat- und Arbeitsleben auf. Der Arbeitnehmer kann (nach Art. 2 Abs. 1 GG) sein Privatleben nach seinen eigenen Vorstellungen gestalten. Er darf dies jedoch nur insoweit, als die Rechte des Arbeitgebers nicht verletzt werden. Der Arbeitnehmer ist eine vertragliche Bindung mit dem Arbeitgeber eingegangen, weshalb private Verhaltensweisen die Interessen des Arbeitgebers betreffen können.[5] Hat das Verhalten des Arbeitnehmers eine Rufschädigung des Arbeitgebers zur Folge oder wirkt sich in sonstiger Weise negativ auf den Betrieb aus, werden verfassungsrechtlich geschützte Rechte des Arbeitgebers tangiert (Art. 12, Art. 14 Abs. 1, ggf. i.V.m. Art. 19 Abs. 3 GG).

Aufgrund der Verfassungsrechtslage darf eine Einschränkung des Privatlebens jedoch nur in Ausnahmefällen (Interessenberührung des Arbeitsgebers) erfolgen. Grundsätzlich ist das Privatleben vom Arbeitsleben daher zu trennen.[6]

Zudem ergeben sich aus dem Arbeitsvertrag nur Rechte und Pflichten für das konkrete Arbeitsverhältnis. Die Gestaltung des Privatlebens liegt außerhalb der Vertrags- und Einflusssphäre des Arbeitgebers.[7] Die arbeitsvertraglichen Pflichten enden daher grundsätzlich dort, wo der private Bereich des Arbeitnehmers beginnt. Der Arbeitgeber ist schließlich nicht „zum Sittenwächter über seine Arbeitnehmer" berufen.[8] Aus diesem Grund besteht grundsätzlich keine Pflicht des Arbeitnehmers, seinen Lebensstil entsprechend dem Unternehmen einzurichten.[9]

---

5   Hierzu BeckOK ArbR/*Joussen* BGB § 611a Rn. 450 m.w.N.
6   So die ganz h.M., vgl. BAG, Urt. v. 23.6.1994 – 2 AZR 617/93, NZA 1994, 1080 (1082); APS/*Vossen* § 626 Rn. 80a; ErfK/*Preis*, § 611a Rn. 835; LKB/*Krause* KSchG § 1 Rn. 586; MüKo BGB/*Henssler* BGB § 626 Rn. 258; MüKo BGB/*Hergenröder* KSchG § 1 Rn. 287; MHdB ArbR/*Reichold* § 94 Rn. 22; Schaub ArbR-HdB/*Linck* § 53 Rn. 7; SPV/*Preis* Rn. 639.
7   BAG, Urt. v. 23.6.1994 – 2 AZR 617/93, NZA 1994, 1080 (1082); ErfK/*Preis* § 611a Rn. 835; MHdB ArbR/*Reichold* § 55 Rn. 45.
8   BAG, Urt. v. 23.6.1994 – 2 AZR 617/93, NZA 1994, 1080 (1082).
9   MHdB ArbR/*Reichold* § 55 Rn. 45.

In besonders gelagerten Fällen kann gleichwohl ein nachhaltiges Interesse des Arbeitgebers bestehen, sich von dem entsprechenden Arbeitnehmer wegen seines Verhaltens im privaten Bereich zu trennen. Kündigungen können auf verhaltens- oder personenbezogene Kündigungsgründe gestützt werden.

I. Verhaltensbedingter Kündigungsgrund

Eine verhaltensbedingte Kündigung ist grundsätzlich zulässig, wenn ein vertragswidriges Verhalten des Arbeitnehmers vorliegt. Ein solches ist gegeben, sofern gegen Haupt- oder Nebenleistungspflichten des Arbeitsvertrags verstoßen wird. Ein Verstoß gegen Hauptleistungspflichten ist im Bereich des außerdienstlichen Verhaltens regelmäßig irrelevant, da die Verhaltensweise im Privatleben nichts mit den Pflichten zu tun hat, die charakteristisch für das Arbeitsverhältnis sind. Vielmehr kann das außerdienstliche Verhalten Nebenpflichten verletzen. Ein verhaltensbedingter Kündigungsgrund kann entweder in einem Verstoß gegen ausdrücklich geschriebene Vertragsklauseln oder gegen ungeschriebene Nebenpflichten begründet werden.

1. Verstoß gegen (geschriebene) Vertragsklauseln

Die grundsätzliche Trennung von Arbeits- und Privatleben impliziert zunächst, dass dem Arbeitnehmer vertraglich keine Verhaltensvorgaben in der Privatsphäre gemacht werden dürfen. Dies führt jedoch nicht zu einem pauschalen Verbot entsprechender Vertragsklauseln. In engen Grenzen ist die Vorgabe gewisser Verhaltenspflichten im Privatbereich durchaus zulässig.[10] So kann schon die Arbeitspflicht erfordern, ein bestimmtes Verhalten zu unterlassen.[11] Ein Berufskraftfahrer hat regelmäßig die Pflicht, nüchtern seine Fahrdienstleistungen zu erbringen.[12] Dies bedingt, dass er vor Dienstbeginn keinen Alkohol trinkt, sofern der Genuss von Alkohol die Nüchternheit bei Dienstbeginn nicht gewährleistet.

Außerdem gebietet es der Grundsatz der Vertragsfreiheit, den Parteien freie Hand in ihrer vertraglichen Gestaltung zu lassen.

Solche (ausdrücklichen) vertraglichen Vereinbarungen von außerdienstlichen Verhaltenspflichten dürfen jedoch nicht gegen die guten Sitten verstoßen

---

10 MHdB ArbR/*Reichold* § 55 Rn. 48; HaKo-KSchR/*Zimmermann* KSchG § 1 Rn. 420; ErfK/*Preis* BGB § 611a Rn. 837.

11 APS/*Vossen* BGB § 626 Rn. 77.

12 Vgl. ArbG Elmshorn, Urt. v. 9.7.2020 – 5 Ca 1587 d/19, BeckRS 2020, 46503.

(§ 138 BGB)[13] oder, wenn es sich bei dem Arbeitsvertrag um einen Formulararbeitsvertrag handelt (was regelmäßig der Fall sein wird), den Arbeitnehmer entgegen den Geboten von Treu und Glauben unangemessen benachteiligen (§ 307 Abs. 1 BGB).

Verhaltensklauseln sind im Ergebnis daher nur zurückhaltend anzuerkennen. Die grundrechtliche Freiheit des Arbeitnehmers ist für die Frage der Zulässigkeit dabei immer im Blick zu behalten. Besteht ein überwiegendes Interesse des Arbeitgebers, eine solche Verhaltensklausel in den Vertrag mitaufzunehmen, kann sie im Einzelfall zulässig sein. Die Verhaltenspflichten müssen mit der Arbeitsleistung unmittelbar im Zusammenhang stehen.[14] Der sachliche Zusammenhang mit der Arbeitspflicht schließt eine willkürliche Einflussnahme des Arbeitgebers auf das Privatleben des Arbeitnehmers aus.[15]

Profisportlern darf deshalb z.B. vertraglich die Einnahme von leistungssteigernden Mitteln verboten werden.[16] Auch ein Verbot (religiösen) Fastens in der laufenden Saison von Profisportlern kann unter Umständen in den Arbeitsvertrag mitaufgenommen werden.[17] Vereinbarungen, die den Arbeitnehmer verpflichten, sich an einem bestimmten Ort eine Wohnung zu nehmen oder eine bestimmte Wohnung zu beziehen (sog. Wohnsitzvereinbarung), sind bei Hausmeisterdienstverträgen üblich und weisen in diesem Fall einen begründeten sachlichen Zusammenhang zur Arbeitsleistung auf.[18]

Die Verhaltenspflicht steht dagegen nicht in Verbindung zur Arbeitspflicht, wenn der Arbeitgeber durch Vertragsklauseln das Freizeitverhalten seiner Mitarbeiter eingrenzen will (z.B. Verbot von Sportarten mit Verletzungsrisiko).[19] Motorradrennen, Fallschirmsprünge oder Boxkämpfe bleiben Arbeitnehmern deshalb nicht verwehrt.[20] Auch Profisportler dürfen in ihrer Urlaubszeit

---

13 HaKo-KSchR/*Zimmermann* KSchG § 1 Rn. 420; APS/*Preis* Teil 1 J Rn. 63 ff.
14 ErfK/*Preis*, § 611a Rn. 837; MHdB ArbR/*Reichold* § 55 Rn. 48.
15 MHdB ArbR/*Reichold* § 55 Rn. 48.
16 HaKo-KSchR/*Zimmermann* KSchG § 1 Rn. 420.
17 Vgl. dazu Fischinger/Reiter Profisport/*Fischinger* § 8 Rn. 171 f.
18 HaKo-KSchR/*Zimmermann* KSchG § 1 Rn. 420; im Einzelfall auch zulässig bei Profisportlern, vgl. Fischinger/Reiter Profisport/*Fischinger* § 8 Rn. 180.
19 HaKo-KSchR/*Zimmermann* KSchG § 1 Rn. 420; ErfK/*Preis* BGB § 611a Rn. 837.
20 So die Rechtsprechung ausdrücklich bei der Frage des Verschuldens i.s.d. § 3 EFZG, vgl. BAG, Urt. v. 1.12.1976 – 5 AZR 601/75, DB 1977, 639; LAG Berlin, Urt. v. 3.7.1969 – 5 Sa 57/68, BB 1969, 1223; BAG, Urt. v. 25.2.1972 – 5 AZR 471/71, DB 1972, 977. Für die Frage der Unzulässigkeit von arbeitsvertraglichen Verboten kann daher nichts anderes gelten.

Skitouren gehen.[21] Unzulässig sind zudem Verbote betreffend die Familienplanung eines Sportlers.[22]

2. Verstoß gegen die Rücksichtnahmepflicht (§ 241 Abs. 2 BGB)

Neben ausdrücklich festgelegten Vertragspflichten gibt es die ungeschriebenen Nebenpflichten, die in § 241 Abs. 2 BGB gesetzlich verankert sind. Nach dieser Norm ist jeder Vertragspartner zur Rücksicht auf die Rechte, Rechtsgüter und Interessen des anderen Teils verpflichtet. Aus § 241 Abs. 2 BGB resultieren daher die (ungeschriebenen) Rücksichtnahmepflichten. Arbeitnehmer sind verpflichtet, die im Zusammenhang mit dem Arbeitsverhältnis stehenden Interessen des Arbeitgebers so zu wahren, wie dies billigerweise von ihnen verlangt werden kann.[23]

Diese „Interessenswahrungspflicht" trifft den Arbeitnehmer auch außerhalb des Arbeitsverhältnisses. Es wäre widersinnig, die Rücksichtnahmepflicht am Werkstor enden zu lassen, zumal eine mögliche Interessengefährdung nicht bei Verlassen des Betriebs Halt macht. Würde man die Rücksichtnahmepflicht nicht in das Privatleben „einstrahlen" lassen, käme das zu einer (unbilligen) Besserstellung des Arbeitnehmers. Die Grundrechte des Arbeitnehmers haben an sich – mal abgesehen von den Schranken – keinen höheren Stellenwert als die Grundrechte des Arbeitgebers. Die allgemeine Handlungsfreiheit des Arbeitnehmers wird gerade durch die Rechte des Arbeitgebers begrenzt.

Werden berechtigte Interessen des Arbeitgebers durch außerdienstliches Verhalten des Arbeitnehmers beeinträchtigt, kann das privat veranlasste Verhalten folglich einen Verstoß gegen § 241 Abs. 2 BGB darstellen.

Der Begriff der „berechtigten Interessen des Arbeitgebers" darf natürlich, der grundsätzlichen Trennung von Arbeits- und Privatleben willens, nicht zu weit gefasst werden. Es darf zu keiner Ausuferung der Pflichten des Arbeitnehmers in sein Privatleben kommen. Die berechtigten Interessen des Arbeitgebers werden daher regelmäßig erst dann berührt, wenn das Verhalten Auswirkungen im Arbeitsverhältnis zeigt. Richtigerweise ist deshalb allgemein anerkannt, dass die Pflicht zur Rücksichtnahme durch außerdienstliches Verhalten nur verletzt wird, wenn das Verhalten negative Auswirkungen auf den Betrieb oder einen Bezug

---

21 Siehe auch Fischinger/Reiter Profisport/*Fischinger* § 8 Rn. 173 ff.
22 Siehe auch Fischinger/Reiter Profisport/*Fischinger* § 8 Rn. 181.
23 BAG, Urt. v. 10.9.2009 – 2 AZR 257/08, NZA 2010, 220 (222); BAG, Urt. v. 26.3.2009 – 2 AZR 953/07, NZA-RR 2010, 516 (517).

zum Arbeitsverhältnis hat.[24] Dies ist bei einer außerdienstlichen Straftat regelmäßig anzunehmen, wenn der Arbeitnehmer die Straftat unter Nutzung von Betriebsmitteln oder betrieblichen Einrichtungen begangen hat.[25] Der Bezug kann ebenso dadurch entstehen, dass sich der Arbeitgeber oder andere Arbeitnehmer staatlichen Ermittlungen ausgesetzt sehen oder in der Öffentlichkeit mit der Straftat in Verbindung gebracht werden.[26]

II. Personenbedingter Kündigungsgrund

Bestimmte Handlungsweisen im außerdienstlichen Bereich können nicht nur vertragswidriges Handeln darstellen, sondern auch zeigen, dass ein Arbeitnehmer aufgrund seiner persönlichen Eigenschaften nicht mehr in der Lage oder geeignet ist, künftig seine Arbeitsleistung zu erbringen. Besitzt ein Arbeitnehmer die erforderliche Eignung oder Fähigkeit nicht oder nicht mehr, um seiner vertraglich geschuldeten Arbeitsleistung nachzukommen, kann eine (außerordentliche) personenbedingte Kündigung gerechtfertigt sein.[27]

Ein typischer Fall der personenbedingten Kündigung ist der Wegfall der behördlichen Erlaubnis, die zur Berufsausübung erforderlich ist. Verliert ein Berufskraftfahrer aufgrund einer hochgradigen Alkoholisierung im Privatbereich seine Fahrerlaubnis, kann eine Kündigung zulässig sein.[28]

Ein Eignungsmangel kann sich ebenso in einem außerdienstlichen Verhalten zeigen, wenn sich ernsthafte Zweifel an der Zuverlässigkeit und

---

24 BAG, Urt. v. 10.4.2014 – 2 AZR 684/13, NZA 2014, 1197 (1198); BAG, Urt. v. 20.6.2013 – 2 AZR 583/12, NZA 2013, 1345 (1347); BAG, Urt. v. 23.10.2008 – 2 AZR 483/07, NZA-RR 2009, 362; ErfK/*Preis* BGB § 611a Rn. 835; MüKo BGB/*Hergenröder* KSchG § 1 Rn. 287; HaKo-KSchR/*Zimmermann* § 1 Rn. 404; Schaub ArbR-HdB/*Linck* § 53 Rn. 7.

25 BAG, Urt. v. 28.10.2010 – 2 AZR 293/09, NZA 2011, 112; BAG, Urt. v. 10.9.2009 – 2 AZR 257/08, NZA 2010, 220; LAG Düsseldorf, Urt. v. 12.4.2018 – 11 Sa 319/18, BeckRS 2018, 5368.

26 BAG, Urt. v. 28.10.2010 – 2 AZR 293/09, NZA 2011, 112; BAG, Urt. v. 27.11.2008 – 2 AZR 98/07, NZA 2009, 604; LAG Düsseldorf, Urt. v. 12.4.2018 – 11 Sa 319/18, BeckRS 2018, 5368.

27 Vgl. BAG, Urt. v. 10.4.2014 – 2 AZR 684/13, NZA 2014, 1197 (1199); BAG, Urt. v. 20.6.2013–2 AZR 583/12, NZA 2013, 1345 (1346); BAG, Urt. v. 18.9.2008 – 2 AZR 976/06, NZA 2009, 425; Erfk/*Oetker* KSchG § 1 Rn. 162; APS/*Vossen* KSchG § 1 Rn. 245.

28 BAG, Urt. v. 5.6.2008 – 2 AZR 984/06, BeckRS 2008, 54973; LAG Schleswig-Holstein, Urt. v. 3.7.2014 – 5 Sa 27/14, NZA-RR 2014, 582; LAG Köln, Urt. v. 22.6.1995 – 5 Sa 781/94, NZA-RR 1996, 170.

Vertrauenswürdigkeit des Mitarbeiters begründen.[29] Dies kommt vor allem bei solchen Arbeitsverhältnissen in Betracht, die in besonderen Maße von diesen Eigenschaften geprägt sind, z.b. Erzieher oder Lehrer.[30] Da der Kündigung aber kein Sanktionscharakter zukommt, ist die (negative) Prognose entscheidend, ob der Arbeitnehmer in Zukunft seine arbeitsvertragliche Leistung erbringen kann oder ob weitere Vertragsstörungen zu erwarten sind. Maßgeblich sind hierfür die Umstände des Einzelfalls, das heißt die Art des Delikts, die Stellung des Arbeitnehmers im Betrieb und seine konkreten Arbeitspflichten.[31]

Bei Arbeitnehmern im öffentlichen Dienst steht solch ein Eignungsverlust oftmals im Raum, wenn sie sich in ihrer Freizeit in verfassungsfeindlicher Weise äußern.

III. Sonderfälle

Bei einigen Arbeitgebern ist die Interessenlage spezieller, weshalb höhere Anforderungen an das außerdienstliche Verhalten der Mitarbeiter gestellt werden können. Dazu zählen Arbeitsverhältnisse im öffentlichen Dienst, bei Tendenzträgern und in kirchlichen Einrichtungen. In diesen Fällen vertritt der Arbeitgeber besondere Belange, die sich auf das Vertragsverhältnis auswirken. An sich werden durch die besondere Interessenlage die Rücksichtnahmepflichten aus § 241 Abs. 2 BGB konkretisiert. Als Folge werden höhere Anforderungen an das außerdienstliche Verhalten der Mitarbeiter gestellt.

1. Öffentlicher Dienst

Öffentliche Bedienstete genießen in der Gesellschaft oft ein höheres Ansehen als private Angestellte. Die Öffentlichkeit legt in der Wahrnehmung und Beurteilung des Verhaltens eines Arbeitnehmers, der im öffentlichen Dienst beschäftigt ist, regelmäßig einen strengeren Maßstab an. Dahinter stecken insbesondere das Vertrauen und die Gewissenhaftigkeit, die die Öffentlichkeit von öffentlichen Bediensteten erwartet. Die besondere Stellung des öffentlichen Arbeitgebers rechtfertigt es, gesteigerte Pflichten an Arbeitnehmer zu stellen. Alle

---

29 BAG, Urt. v. 10.4.2014 – 2 AZR 684/13, NZA 2014, 1197 (1199); BAG, Urt. v. 10.9.2009 – 2 AZR 257/08, NZA 2010, 220 (222); ErfK/*Oetker* KSchG § 1 Rn. 173; KR/*Rachor* KSchG § 1 Rn. 418; MHdB ArbR/*Kiel* § 113 Rn. 107.

30 MHdB ArbR/*Kiel* § 113 Rn. 107.

31 BAG, Urt. v. 10.4.2014 – 2 AZR 684/13, NZA 2014, 1197 (1199); BAG, Urt. v. 20.6.2013 – 2 AZR 583/12, NZA 2013, 1345 (1346).

Arbeitnehmer des öffentlichen Dienstes müssen ein Mindestmaß an Verfassungstreue mitbringen und dürfen die freiheitliche demokratische Grundordnung nicht aktiv bekämpfen.[32] Der Staat muss keine Staatsfeinde beschäftigen. Diese gesteigerten Anforderungen an die Loyalitätspflicht wurden und werden auch in den Tarifverträgen des öffentlichen Dienstes als ausdrückliche Verhaltenspflicht mitaufgenommen.

Früher legte § 8 Abs. 1 S. 1 des Bundes-Angestelltentarifvertrags (BAT) fest, dass Angestellte des öffentlichen Dienstes sich auch außerbetrieblich so zu verhalten haben, wie es von Angehörigen des öffentlichen Dienstes erwartet wird. Sie hatten auch außerhalb des Dienstes die Rechtsordnung zu wahren, da sonst die Glaubwürdigkeit des öffentlichen Arbeitgebers in Frage gestellt würde.[33] Bei Straftaten mit einem gewissen Gewicht (z.B. Tötungsdelikte) war die Kündigung auch ohne konkrete Ansehensschädigung des Arbeitgebers – sowie ohne vorherige Abmahnung – gerechtfertigt.[34]

Solch eine strenge Sichtweise ist jedoch nicht interessengerecht. Sie privilegiert öffentliche Arbeitgeber in einem zu hohen Maße. Es ist deshalb zu begrüßen, dass diese Regelung in den neuen Tarifverträgen (TVöD ab 2005) nicht übernommen wurde. Nach § 41 S. 2 TVöD-BT-V und § 3 Abs. 1 S. 2 TV-L müssen sich Beschäftigte durch ihr gesamtes Verhalten lediglich zur freiheitlich demokratischen Grundordnung bekennen. Diese Regelungen setzen eine besondere politische Loyalitätspflicht fest.[35] Wie weit die Treuepflicht reicht, ergibt sich aus der Stellung und dem Aufgabenkreis des Arbeitnehmers, der mit dem hoheitlichen Amt betraut ist (Funktionstheorie).[36] Es wird nur ein solches Maß an politischer Loyalität geschuldet, die für die funktionsgerechte Ausübung

---

32 BAG, Urt. v. 6.9.2012 – 2 AZR 372/11, NZA-RR 2013, 441 (442); BAG, Urt. v. 12.5.2011 – 2 AZR 479/09, NZA-RR 2012, 43 (45).

33 BAG, Urt. v. 8.6.2000 – 2 AZR 638/99, NZA 2000, 1282 (1285).

34 Siehe BAG, Urt. v. 8.6.2000 – 2 AZR 638/99, NZA 2000, 1282 (1285); vgl. auch BAG, Urt. v. 21.6.2001 – 2 AZR 325/00, NZA 2002, 1030 (1031).

35 BAG, Urt. v. 6.9.2012 – 2 AZR 372/11, NZA-RR 2013, 441 (442); BAG, Urt. v. 12.5.2011 – 2 AZR 479/09, NZA-RR 2012, 43 (45); LAG Baden-Württemberg, Urt. v. 2.2.2022 – 10 Sa 66/21, NZA-RR 2022, 262 (264).

36 BAG, Urt. v. 6.9.2012 – 2 AZR 372/11, NZA-RR 2013, 441 (442); BAG, Urt. v. 12.5.2011 – 2 AZR 479/09, NZA-RR 2012, 43 (45); LAG Baden-Württemberg, Urt. v. 2.2.2022 – 10 Sa 66/21, NZA-RR 2022, 262 (264).

der Tätigkeit unverzichtbar ist.[37] Die Pflicht zur Verfassungstreue gilt daher nur gestuft:

Für Arbeitnehmer des öffentlichen Dienstes, die keine hoheitlichen Aufgaben ausführen, gelten die gleichen Regelungen wie in der Privatwirtschaft, also die allgemeinen Regeln zum außerdienstlichen Verhalten.[38] Das für alle Mitarbeiter des öffentliches Dienstes geltende Mindestmaß an Verfassungstreue wird bei solchen Arbeitnehmern schon dann gewahrt, wenn sie die freiheitlich demokratische Grundordnung nicht aktiv bekämpfen oder darauf ausgehen, den Staat, die Verfassung oder deren Organe zu beseitigen, zu beschimpfen oder verächtlich zu machen (einfache Loyalitätspflicht).[39]

Arbeitnehmer, die hoheitlich tätig werden, schulden dagegen „positive Verfassungstreue", d.h. sie müssen sich mit der freiheitlich demokratischen Grundordnung identifizieren und bereit sein, für sie jederzeit aktiv einzutreten.[40]

Eine Verachtung der gesetzgeberischen Organe und damit eine Verletzung der einfachen Loyalitätspflicht ist beispielsweise bei einer Gleichsetzung des Bevölkerungsschutzgesetzes vom 18.11.2020 mit dem Ermächtigungsgesetz aus dem Jahre 1933 im Zuge der Corona Pandemie gegeben.[41] Eine Polizeiärztin verletzt deshalb schuldhaft ihre einfache Treuepflicht, wenn sie in einer Zeitungsanzeige dem Bundestag sowie auch ihrem Arbeitgeber (dem Land als Mitglied des Bundesrats) vorwirft, durch ein Verfahren, das dem Verhalten des Reichstags im Jahr 1933 entspricht, den unantastbaren Gehalt der Grundrechte und der Staatsfundmentalprinzipien zu missachten.[42]

Im öffentlichen Dienst können außerdienstlich begangene Straftaten eines mit hoheitlichen Aufgaben betrauten Arbeitnehmers zu einem Eignungsmangel führen, auch wenn es an einem unmittelbaren Bezug zum Arbeitsverhältnis

---

37 BAG, Urt. v. 6.9.2012 – 2 AZR 372/11, NZA-RR 2013, 441 (442); BAG, Urt. v. 12.5.2011 – 2 AZR 479/09, NZA-RR 2012, 43 (45); LAG Baden-Württemberg, Urt. v. 2.2.2022 – 10 Sa 66/21, NZA-RR 2022, 262 (264).

38 BAG, Urt. v. 28.10.2010 – 2 AZR 293/09, NZA 2011, 112 (113); BAG, Urt. v. 10.9.2009 – 2 AZR 257/08, NZA 2010, 220; APS/*Vossen* BGB § 626 Rn. 81; MHdB ArbR/*Rachor* § 124 Rn. 46.

39 BAG, Urt. v. 6.9.2012 – 2 AZR 372/11, NZA-RR 2013, 441; BAG, Urt. v. 12.5.2011 – 2 AZR 479/09, NZA-RR 2012, 43; MüKo BGB/*Hergenröder* KSchG § 1 Rn. 283.

40 LAG Baden-Württemberg, Urt. v. 2.2.2022 – 10 Sa 66/21, NZA-RR 2022, 262 (264).

41 Vgl. dazu LAG Baden-Württemberg, Urt. v. 2.2.2022 – 10 Sa 66/21, NZA-RR 2022, 262 (267): „Ein schärferer Vorwurf gegenüber den gesetzgebenden Organen ist kaum denkbar."

42 Vgl. LAG Baden-Württemberg, Urt. v. 2.2.2022 – 10 Sa 66/21, NZA-RR 2022, 262.

fehlt.[43] Je näher die Aufgaben eines solchen Arbeitnehmers dem Bereich der klassischen Eingriffsverwaltung kommen, desto höhere Anforderungen sind an seine Zuverlässigkeit und Vertrauenswürdigkeit zu stellen.[44]

So kann die Herstellung von „K.o.-Tropfen" die Eignung eines Wachpolizisten im Objektschutz in Frage stellen, der gegenüber der Öffentlichkeit als mit hoheitlichen Befugnissen ausgestatteter Ordnungshüter auftritt (Dienstwaffe).[45] Selbst wenn die Verfolgung von Verstößen gegen das BtMG nicht zu seinem unmittelbaren beruflichen Aufgabenkreis zählt, kann er sich durch die Straftat in Widerspruch zu den Aufgaben der Anstellungsbehörde setzen und dadurch Zweifel säen, dass er die Gewähr dafür biete, jederzeit korrekt und integer seinen Dienst als Wachpolizist zu versehen.[46] Als milderes Mittel zur Beendigungskündigung kommt jedoch eine Weiterbeschäftigung des Arbeitnehmers im Innendienst in Betracht.[47]

2. Tendenzbetriebe

Tendenzbetriebe sind Betriebe, die nicht allein erwerbswirtschaftlicher Natur sind, sondern unmittelbar und überwiegend politischen, koalitionspolitischen, konfessionellen, caritativen, erzieherischen, wissenschaftlichen oder künstlerischen Bestimmungen oder Zwecken der Berichterstattung oder Meinungsäußerung dienen (vgl. § 118 Abs. 1 BetrVG). Mitarbeiter, deren Tätigkeit für die Zwecke des Betriebs prägend ist, bezeichnet man als Tendenzträger.[48] Als Tendenzträger anerkannt sind beispielsweise Redakteure bei Tageszeitungen, hauptberufliche Funktionsinhaber in politischen Parteien, Lehrer an privaten Schulen oder Orchestermitglieder.[49]

---

43 BAG, Urt. v. 10.4.2014 – 2 AZR 684/13, NZA 2014, 1197; BAG, Urt. v. 20.6.2013 – 2 AZR 583/12, NZA 2013, 1345; APS/*Vossen* BGB § 626 Rn. 80b; MHdB ArbR/*Rachor* § 124 Rn. 47.

44 Vgl. BAG, Urt. v. 20.6.2013 – 2 AZR 583/12, NZA 2013, 1345.

45 BAG, Urt. v. 20.6.2013 – 2 AZR 583/12, NZA 2013, 1345 (1346).

46 BAG, Urt. v. 20.6.2013 – 2 AZR 583/12, NZA 2013, 1345 (1346).

47 Vgl. BAG, Urt. v. 20.6.2013 – 2 AZR 583/12, NZA 2013, 1345, das hier dem Verhältnismäßigkeitsgrundsatz hohe Bedeutung einräumte.

48 BAG, Beschl. v. 13.2.2007 – 1 ABR 14/06, NZA 2007, 1121 (1122).

49 ErfK/*Kania* BetrVG § 118 Rn. 20 m.w.N.

a. Gesteigerte Anforderungen an die Loyalitätspflicht?

Bei Tendenzbetrieben stehen nicht die Gewinnerzielung, sondern ideelle Interessen im Vordergrund. Deshalb besteht auch hier ein gesteigertes Interesse des Arbeitgebers, dass seine Mitarbeiter die Werte des Unternehmens nicht negieren. Die persönliche, weltanschauliche oder politische Überzeugung spielt stets schon für die Einstellung des Arbeitnehmers eine wichtige Rolle. Nicht tendenzbezogene Betriebe legen das Augenmerk dagegen meist auf die rein *fachliche* Eignung. Die (persönliche) Grundüberzeugung des Arbeitnehmers ist dabei für die arbeitsvertraglich geschuldete Tätigkeit unerheblich, da diese für die Arbeitsleistung nicht prägend ist. Die Mitarbeiter von Tendenzbetrieben repräsentieren hingegen das Unternehmen und damit auch die tendenzbezogenen Interessen des Betriebs.

Jedenfalls an das außerdienstliche Verhalten von sog. Tendenzträgern können insofern gesteigerte Anforderungen gestellt werden.[50] Diese Mitarbeiter sind auch außerdienstlich verpflichtet, nicht gegen die grundsätzliche Zielsetzung des Betriebs (Tendenz) zu verstoßen.[51] Sie haben im außerdienstlichen Bereich solche Äußerungen und Handlungen zu unterlassen, die der Tendenz des Unternehmens nachhaltig zuwiderlaufen und damit betriebliche Interessen des Unternehmens erheblich berühren.[52] So hat sich ein Redakteur einer Tageszeitung auch außerhalb seiner Dienstzeit solcher Äußerungen zu enthalten, durch die die publizistische Grundhaltung oder Glaubhaftigkeit des Zeitungsunternehmens in Frage gestellt wird.[53]

Aber auch Arbeitnehmer in Tendenzbetrieben, die keine tendenzfördernden Tätigkeiten erledigen (z.B. Buchhalter, Lagerarbeiter), haben ihr Verhalten an die Zielsetzung des Betriebes anzupassen.[54] Im Rahmen der Interessenabwägung

---

50 BAG, Urt. v. 23.10.2008 – 2 AZR 483/07, NZA-RR 2009, 362; BAG, Beschl. v. 28.8.2003 – 2 ABR 48/02, NZA 2004, 501 (506); APS/*Vossen* KSchG § 1 Rn. 857; ErfK/*Niemann* BGB § 611a Rn. 8; KR/*Fischermeier/Krumbiegel* BGB § 626 Rn. 129; KR/*Rachor* § 1 Rn. 494; HaKo-KSchR/*Zimmermann* KSchG § 1 Rn. 409; LBK/*Krause* KSchG § 1 Rn. 428.

51 BAG, Urt. v. 23.10.2008 – 2 AZR 483/07, NZA-RR 2009, 362 (364); BAG, Beschl. v. 28.8.2003 – 2 ABR 48/02, NZA 2004, 501 (506); Schaub ArbR-HdB/*Linck* § 127 Rn. 128a; HaKo-KSchR/*Zimmermann* KSchG § 1 Rn. 409.

52 BAG, Urt. v. 23.10.2008 – 2 AZR 483/07, NZA-RR 2009, 362; BAG, Beschl. v. 28.8.2003 – 2 ABR 48/02, NZA 2004, 501 (506).

53 Vgl. LAG Berlin, Urt. v. 6.12.1982 – 9 Sa 80/82, ZUM 1895, 272 (275).

54 So zutreffend LSSW/*Schlünder* KSchG § 1 Rn. 217; HaKo-KSchR/*Zimmermann* KSchG § 1 Rn. 409; **a.A.** KR/*Rachor* § 1 Rn. 494.

muss aber berücksichtigt werden, ob es sich bei dem Arbeitnehmer um einen Tendenzträger handelt oder nicht.[55] Durch die Eigenschaft des Tendenzträgers wird lediglich die Schwere des Pflichtenverstoßes bestimmt, nicht der Pflichtenverstoß an sich.[56]

Arbeitnehmer ohne tendenzfördernde Tätigkeit erledigen ihre Aufgaben meist zwar ohne Außenwirkung, weshalb ein strengerer Maßstab auf den ersten Blick nicht gerechtfertigt erscheint. Trotzdem können sie durch ihr außerdienstliches Verhalten den Ruf und das Ansehen des Arbeitgebers in der Öffentlichkeit nachhaltig schädigen. Die Öffentlichkeit unterscheidet in der Regel nicht nach dem Merkmal der Tendenzträgereigenschaft eines Mitarbeiters. Für sie stehen alle Mitarbeiter eines Tendenzunternehmens gleich. Die Schäden, die ein Arbeitnehmer für das Tendenzunternehmen anrichten kann, sind ähnlich – unabhängig von der Tendenzträgereigenschaft.

Deshalb muss für alle Arbeitnehmer eines Tendenzträgers gefordert werden, dass sie sich durch ihr Verhalten nicht in den Widerspruch zur Zielsetzung ihres Arbeitgebers setzen. Verstoßen sie mit ihrem außerdienstlichen Verhalten gegen diese Pflicht, sind verhaltensbedingte oder personenbedingte Kündigungen möglich.

b. Sonderfall: Kirchliche Einrichtungen

Die Kirchen nehmen in Deutschland auch im Arbeitsrecht eine Sonderstellung ein. Kirchliche Einrichtungen sind letztlich Sonderfälle der Tendenzbetriebe. Bei ihnen besteht die zusätzliche Eigenheit, dass ihnen verfassungsrechtlich ein Selbstbestimmungsrecht eingeräumt wird (Art. 140 GG i.V.m. Art. 137 Abs. 3 WRV). Es gelten daher Besonderheiten, die sich auf das Kündigungsrecht auswirken.

Die obersten Bundesgerichte halten das kirchliche Selbstbestimmungsrecht weiterhin für wesentlich, d.h. die Kirchen können – im Rahmen des gesetzlich Zulässigen – den kirchlichen Dienst nach ihrem Selbstverständnis regeln und den Arbeitnehmern spezifische Obliegenheiten auferlegen.[57] Nach diesem

---

55 HaKo-KSchR/*Zimmermann* KSchG § 1 Rn. 409; vgl. auch SPV/*Preis* Rn. 644.
56 Siehe auch HaKo-KSchR/*Zimmermann* KSchG § 1 Rn. 409.
57 BVerfG, Beschl. v. 22.10.2014 – 2 BvR 661/12, NZA 2014, 1387 (1392); BVerfG, Beschl. v. 7.3.2002 – 1 BvR 1962/01, NZA 2002, 609; BVerfG, Beschl. v. 4.6.1985 – 2 BvR 1703/83, 2 BvR 1718/83, 2 BvR 856/84, NJW 1986, 367; vgl. auch BAG, Urt. v. 10.4.2014 – 2 AZR 812/12, NZA 2014, 653 (655 f.); BAG, Urt. v. 25.4.2013 – 2 AZR 579/12, NZA 2013, 1131 (1133); APS/*Vossen* BGB § 626 Rn. 320; MüKo BGB/*Henssler* BGB § 626 Rn. 259; MHdB ArbR/*Mestwerdt* § 116 Rn. 4.

Verständnis ist es daher gestattet, die Arbeitnehmer an die Grundsätze der Glaubens- und Sittenlehre zu binden.[58] Der EGMR betont in diesen Fällen die Grundrechte der kirchlichen Arbeitnehmer.[59] Deshalb bedarf es einer intensiven Interessenabwägung.[60] Neben dem Selbstbestimmungsrecht der Kirche muss die damit kollidierende Grundrechtsposition des Arbeitnehmers, die nach Art. 4 Abs. 1 GG garantierte Glaubens-, Gewissens- und Bekenntnisfreiheit, in die Interessenabwägung miteinbezogen werden.[61]

Eine strikte Trennung von Privat- und Arbeitsleben findet bei kirchlichen Arbeitgebern aufgrund verfassungsrechtlicher Besonderheiten und des „umfassenden Verkündungsauftrags"[62] der Kirchen folglich nicht statt.[63]

IV. Klassische Fallkonstellationen außerdienstlichen Fehlverhaltens

Die Arbeitsgerichte beschäftigen sich fortlaufend mit Kündigungen aufgrund von außerdienstlichen Straftaten oder außerdienstlicher Meinungsäußerung. Bei diesen Konstellationen spielen besondere Belange mit hinein, die im Folgenden anhand von ausgewählten Beispielen aus der Rechtsprechung aufgezeigt werden.

1. Außerdienstliche Straftaten

Bei straffälligen Arbeitnehmern werden Arbeitgeber oft besonders hellhörig. Der Wunsch des Arbeitgebers, sich von einem straffälligen Arbeitnehmer zu trennen, ist (je nach Delikt) durchaus nachvollziehbar. Auf den ersten Blick mögen besonders schwere Straftaten dazu verleiten, die Zulässigkeit einer Kündigung zu bestätigen. Die Bestrafung selbst obliegt allerdings dem Strafrichter nach den Vorgaben der einschlägigen Strafgesetze und der Strafprozessordnung. Das Arbeitsrecht beschäftigt sich dagegen nur mit der möglichen Auswirkung des Verhaltens auf die zwischen Arbeitgeber und Arbeitnehmer vereinbarten Vertragspflichten sowie die Störung des Vertrauensverhältnisses. Straftaten,

---

58 BVerfG, Beschl. v. 22.10.2014 – 2 BvR 661/12, NZA 2014, 1387 (1392); BVerfG, Beschl. v. 4.6.1985 – 2 BvR 1703/83, 2 BvR 1718/83, 2 BvR 856/84, NJW 1986, 367.

59 EGMR, Urt. v. 23.9.2010 – 1620/03, NZA 2011, 279; EGMR, Urt. v. 23.9.2010 – 425/03, NZA 2011, 277; EGMR, Urt. v. 3.2.2011 – 18136/02, NZA 2012, 199.

60 Siehe ErfK/*Niemann* BGB § 626 Rn. 112.

61 BVerfG, Beschl. v. 22.10.2014 – 2 BvR 661/12, NZA 2014, 1387 (1396); BVerfG, Beschl. v. 7.3.2002 – 1 BvR 1962/01, NZA 2002, 609.

62 *Melot de Beauregard/Baur*, NZA-RR 2014, 625 (626).

63 Vgl. auch BAG, Urt. v. 4.3.1980 – 1 AZR 125/78, NJW 1980, 2211 (2212).

seien sie noch so gesellschaftlich geächtet, stehen per se nicht mit den zwischen den Parteien geltenden arbeitsvertraglichen Pflichten in Verbindung. Die Straftat muss nach allgemeinen Regeln einen Bezug zum Arbeitsverhältnis aufweisen. Der Bezug zur dienstlichen Tätigkeit liegt etwa vor, wenn ein Arbeitnehmer die Straftat unter Nutzung von Betriebsmitteln oder betrieblichen Einrichtungen begeht.[64] Ferner besteht ein Konnex, wenn sich der Arbeitgeber selbst oder andere Arbeitnehmer staatlichen Ermittlungen ausgesetzt sehen, oder der Arbeitgeber in der Öffentlichkeit mit der begangenen Straftat in Verbindung gebracht wird.[65]

Ausschlaggebend für die Rechtfertigung einer Kündigung ist aber nicht die strafrechtliche Würdigung des Verhaltens, sondern die Schwere des Verstoßes gegen die vertraglich verankerte Rücksichtnahmepflicht.[66] Das zeigt folgender Fall der fristlosen Kündigung eines Arbeitnehmers eines Chemieunternehmens, die das LAG Düsseldorf richtigerweise für unzulässig erklärte:[67]

In der Wohnung eines Arbeitnehmers wurden 1,5 kg gefährliche chemische Stoffmischungen sowie 1 kg eines Betäubungsmittels gefunden. Das Strafgericht verurteilte ihn daraufhin wegen des Versuchs eines Sprengstoffvergehens. Die Arbeitgeberin, die dem Arbeitnehmer aus diesem Grund kündigte, trug vor, dass der Mitarbeiter im Unternehmen Zugang zu chemischen Stoffen habe, mit denen die Herstellung sprengbaren Materials möglich sei. Das LAG Düsseldorf sah darin aber keinen hinreichenden Zusammenhang zwischen Straftat und Arbeitsleistung. Der Arbeitnehmer sei im Chemieunternehmen als Laborant in der Qualitätsanalyse beschäftigt, in der diese Stoffe nicht verwendet würden. Die von der Arbeitgeberin geäußerten Verdachtsmomente begründen deshalb keinen belegten Zusammenhang zwischen der Straftat und der Arbeitsleistung, die darüber hinaus auch keine Zweifel an der Zuverlässigkeit bzw. der Eignung des Mitarbeiters belegen. Die bloße abstrakte Gefahr, es könne auch zu Straftaten im dienstlichen Bereich kommen, reiche nicht aus, zumal diese Gefahr mit einer Zugangsbeschränkung verringert werden könne.[68]

---

64 BAG, Urt. v. 28.10.2010 – 2 AZR 293/09, NZA 2011, 112 (113); BAG, Urt. v. 10.9.2009 – 2 AZR 257/08, NZA 2010, 220 (222); MüKo BGB/*Henssler* BGB § 626 Rn. 214; Schaub/*Linck* ArbR-Hdb § 53 Rn. 7.

65 BAG, Urt. v. 28.10.2010 – 2 AZR 293/09, NZA 2011, 112 (113 f.); HaKo-KSchR/*Zimmermann* KSchG § 1 Rn. 413.

66 Siehe auch BAG, Urt. v. 19.7.2012 – 2 AZR 989/11, NZA 2013, 143 (146); BAG, Urt. v. 10.6.2010 – 2 AZR 541/09, NZA 2010, 1227 (1230).

67 Vgl. zu alldem LAG Düsseldorf, Urt. v. 12.4.2018 – 11 Sa 319/17, BeckRS 2018, 5368.

68 So zutreffend LAG Düsseldorf, Urt. v. 12.4.2018 – 11 Sa 319/17, BeckRS 2018, 5368.

Der notwendige Zusammenhang von Fehlverhalten und Arbeitsverhältnis muss sich freilich nicht nur aus der Tat selbst, sondern kann sich auch im Kontext mit dem Nachtatverhalten ergeben. Eine Kündigung ist daher gerechtfertigt, wenn ein Arbeitnehmer in einem Strafverfahren wegen Zuhälterei und Körperverletzung öffentlichkeitswirksam einen Zusammenhang zwischen Tatmotiv und angeblich zu geringem Arbeitsentgelt herstellt.[69] Der Arbeitgeber wird mit dieser Einlassung in Verbindung mit der Straftat gebracht und in seinen Interessen verletzt.

In kündigungsrechtlicher Sicht weitgehend unproblematisch sind Fälle, in denen dem Arbeitnehmer die Eignung für die weitere Tätigkeit fehlt, z.B. aufgrund einer privaten Trunkenheitsfahrt und damit einhergehenden Führerscheinverlustes eines Berufskraftfahrers. Eine (außerordentliche) Kündigung kann gerechtfertigt sein.[70]

2. Meinungsäußerungen

Die außerdienstliche Meinungsäußerung ist ein Hauptanwendungsfall des außerdienstlichen Verhaltens, welcher häufig zu Streitigkeiten führt. Sie hat viele Facetten, die im Folgenden überblickartig dargestellt werden. Beurteilungsparameter ist dabei stets das Grundrecht nach Art. 5 Abs. 1 S. 1 GG, das jedem Menschen das Recht gibt, seine Meinung in Wort, Schrift und Bild frei zu äußern und zu verbreiten.[71]

Die im Grundgesetz verankerte Meinungsfreiheit schützt jede Äußerung, die ein Werturteil enthält, d.h. jede Äußerung, die durch das Element der

---

69 Vgl. BAG, Urt. v. 28.10.2010 – 2 AZR 293/09, NZA 2011, 112.

70 Siehe BAG, Urt. v. 22.8.1963 – 2 AZR 114/63, NJW 1964, 74; LAG Schleswig-Holstein, Urt. v. 3.7.2014 – 5 Sa 27/14, NZA-RR 2014, 582; LAG Köln, Urt. v. 22.6.1995 – 5 Sa 781/94, NZA-RR 1996, 170.

71 Privatrechtssubjekte sind zwar nicht unmittelbar an Grundrechte gebunden, da sich die Grundrechte an den Staat adressieren (Art. 1 Abs. 3 GG). Trotzdem ist allgemein anerkannt, dass sich der Rechtsgehalt der Grundrechte auch im Privatrecht entfaltet. Sog. Lüth-Urteil als wegweisende Entscheidung, BVerfG, Urt. v. 15.1.1958 – 1 BvR 400/51, GRUR 1958, 254 (255). Seitdem st. Rspr. BVerfG, Urt. v. 6.2.2001 – BvR 12/92, NJW 2001, 957 (958); BVerfG, Beschl. v. 22.10.2014 – 2 BvR 661/12, NZA 2014, 1387 (1391); BVerfG, Beschl. v. 11.4.2018 – 1 BvR 3080/09, NJW 2018, 1667 (1668); a.A. noch *Nipperdey*, Grundrechte und Privatrecht, 1961; *Leisner*, Grundrechte und Privatrecht, S. 356 ff., die für eine Reihe von Grundrechten für eine unmittelbare Drittwirkung plädieren.

Stellungnahme, des Dafürhaltens oder Meinens geprägt ist.[72] Es ist unerheblich, ob „eine Äußerung rational oder emotional, begründet oder grundlos ist und ob sie von anderen für nützlich oder schädlich, wertvoll oder wertlos gehalten wird".[73] Eine inhaltliche Bewertung der abgegebenen Meinung ist verfassungsrechtlich unzulässig.[74]

Unwahre Tatsachenbehauptungen, Schmähkritik[75] oder Formalbeleidigungen des Arbeitgebers, Kollegen oder Kunden, genießen grundsätzlich nicht den Schutz der Meinungsfreiheit.[76]

Trotz des hohen Gutes der Meinungsfreiheit unterliegt die Meinungsfreiheit gewissen Grenzen. Dieses Grundrecht wird durch die allgemeinen Gesetze und das Recht der persönlichen Ehre beschränkt (Art. 5 Abs. 2 GG). Zu den allgemeinen Gesetzen des Art. 5 Abs. 2 GG gehört die Pflicht zur gegenseitigen Rücksichtnahme auf die Interessen der anderen Vertragspartei (§ 241 Abs. 2 BGB).[77]

Zwischen der Meinungsfreiheit und den allgemeinen Gesetzen findet jedoch eine Wechselwirkung derart statt, dass die allgemeinen Gesetze im Lichte des Art. 5 Abs. 1 GG ausgelegt werden müssen und so in ihrer begrenzenden Wirkung selbst wieder eingeschränkt werden müssen.[78] Letztlich kommt es zu einer

---

72 In den Schutzbereich der Meinungsfreiheit fallen daher auch Äußerungen, in denen sich Tatsachen und Meinungen vermengen, BVerfG, Beschl. v. 25.10.2012 – 1 BvR 901/11, NJW 2013, 217 (218); BVerfG, Beschl. v. 8.5.2007 – 1 BvR 193/05, NJW 2008, 358 (359); BAG, Urt. v. 31.7.2014 – 2 AZR 505/13, NZA 2015, 245 (249); BAG, Urt. v. 5.12.2019 – 2 AZR 240/19, NZA 2020, 646; Dürig/Herzog/Scholz/*Grabenwarter* GG Art. 5 Abs. 1, Abs. 2 Rn. 48.

73 BAG, Urt. v. 6.11.2003 – 2 AZR 177/02, BeckRS 2004, 40345.

74 Staudinger/*Temming* BGB § 626 Rn. 184.

75 Schmähkritik sind Äußerungen bei denen die Diffamierung der Person und nicht die Auseinandersetzung in der Sache im Vordergrund steht. Solche Äußerungen treten meist hinter dem Persönlichkeitsrecht des Betroffenen zurück, vgl. BVerfG, Beschl. v. 30.5.2018 – 1 BvR 1149/17, NZA 2018, 924; BAG, Urt. v. 5.12.2019 – 2 AZR 240/19, NZA 2020, 646; Dreier/*Schulze-Fielitz* GG Art. 5 Abs. 1, 2 Rn. 70, 179; Sachs/*Bethge* GG Art. 5 Rn. 33.

76 BAG, Urt. v. 24.6.2004 – 2 AZR 63/03, NZA 2005, 158 (161); BAG, Urt. v. 6.11.2003 – 2 AZR 177/02, BeckRS 2004, 40345.

77 BAG, Urt. v. 5.12.2019 – 2 AZR 240/19, NZA 2020, 646 (655); BAG, Urt. v. 6.9.2012 – 2 AZR 372/11, NZA-RR 2013, 441; BAG, Urt. v. 24.11.2005 – 2 AZR 584/04, NZA 2006, 650 (653); BAG, Urt. v. 24.6.2004 – 2 AZR 63/03, NZA 2005, 158 (161); HK-ArbR/*Becker* GG Art. 5 Rn. 8; NK-GA/*Frieling* GG Art. 5 Rn. 18.

78 Vgl. BVerfG, Beschl. v. 16.6.2022 – 2 BvR 784/21, NStZ-RR 2022, 259; BVerfG, Beschl. v. 4.11.2009 – 1 BvR 2150/08, NJW 2010, 47 (52); BVerfG, Urt. v. 15.1.1958 – 1 BvR

Abwägung der gegenseitigen Belange, d.h. der Meinungsfreiheit einerseits und den Rechtsgütern des Arbeitgebers andererseits (wirtschaftliche Betätigungsfreiheit Art. 12 GG, Eigentumsfreiheit Art. 14 Abs. 1 GG, Recht am eingerichteten und ausgeübten Gewerbebetrieb).[79] In diese Abwägung ist dabei die besondere Bedeutung der Meinungsfreiheit miteinzubeziehen.[80]

Die Schwere des Verstoßes gegen die Loyalitätspflicht hängt auch davon ab, in welcher Position sich der Arbeitnehmer befindet. Bei Arbeitnehmern mit Repräsentationsfunktion gegenüber Kunden oder Lieferanten kann die Meinungsfreiheit stärker eingeschränkt sein, da die Meinungsäußerung unter Umständen dem Arbeitgeber zugerechnet werden kann.[81]

a. Äußerungen in sozialen Netzwerken

Äußerungen in Sozialen Medien stellen in der heutigen Zeit keinen Sonderfall mehr dar. Auf diesen Plattformen wird – sei es im Anschein der Anonymität oder Belanglosigkeit – viel diskutiert, kommentiert sowie „geliked".

Aus kündigungsrechtlicher Sicht ergeben sich dadurch kaum Unterschiede. Für die materielle Beurteilung einer Kündigung ist es unerheblich, ob die Äußerung „offline" oder über das Internet erfolgt. Einzig im Rahmen der Interessenabwägung kommen weitere Aspekte hinzu, die im Vergleich zu der gesprochenen Meinung berücksichtigt werden müssen, da sie die Rechtsverletzung des Arbeitgebers schwerwiegender machen können. Schwierigkeiten für den Arbeitgeber ergeben sich vor allem bei der Zulässigkeit der Beweiserhebung und -verwertung.

Ein wichtiger Aspekt, um die Schwere der Rechtsverletzung zu beurteilen, ist die öffentliche Zugänglichkeit der Meinung. Der Empfängerkreis ist im Internet oft nicht steuerbar. Zwar können Beiträge oft entweder öffentlich, d.h. für jedermann zugänglich oder nicht öffentlich, d.h. nur für die eigenen Freunde/ Follower, gepostet werden. Bei ersterem wiegt die Rechtsverletzung des Arbeitgebers weitaus schwerer. Jedoch kann es auch bei nicht öffentlichen Beiträgen dazu kommen, dass der Adressatenkreis unüberschaubar wird und die Aussage nicht mehr gänzlich zurückgenommen werden kann. Selbst wenn der Arbeitnehmer

---

400/57, NJW 1958, 257 (258); Dürig/Herzog/Scholz/*Grabenwarter* GG Art. 5 Abs. 1, Abs. 2 Rn. 139; Sachs/*Bethge* GG Art. 5 Rn. 145; Jarass/Pieroth/*Jarass* GG Art. 5 Rn. 69.

79 Vgl. BAG, Urt. v. 24.6.2004 – 2 AZR 63/03, NZA 2005, 158 (161); *Fuhlrott/Oltmanns*, DB 2017, 1840 (1841).

80 BAG, Urt. v. 5.12.2019 – 2 AZR 240/19, NZA 2020, 646 (655).

81 Vgl. ErfK/*Schmidt* GG Art. 5 Rn. 35.

seinen Beitrag im Nachhinein löscht, kann seine Aussage z.b. durch Bildschirm-kopien („screenshots") weiterverbreitet werden und so den Ruf des Arbeitgebers (noch weiter) schädigen.[82] Die Rechtsverletzung wird dadurch weiter vertieft. Eine Löschung des Beitrages kann aber im Rahmen der Interessenabwägung zu Gunsten des Arbeitnehmers berücksichtigt werden.[83]

Ein zusätzliches Problem ergibt sich mit dem sog. „Like-Button", der aus der Welt der sozialen Netzwerke nicht mehr wegzudenken ist. Mit ihm kann durch einen Klick auf Beiträge „reagiert" und so Zustimmung, Trauer, Freude oder Wut kundge-tan werden. Betätigt ein Arbeitnehmer bei einem Beitrag den „Like-Button", macht sich ein Arbeitnehmer dadurch eine beleidigende Aussage über den Arbeitgeber zu eigen.[84] In dieser Verhaltensweise kann deshalb eine Loyalitätspflichtverletzung begründet werden. Allerdings muss in der Interessenabwägung miteinbezogen werden, dass es sich bei dem „Klick" um ein spontanes, unüberlegtes Tun handeln dürfte.[85] Der EGMR stufte die Betätigung des Like-Buttons ebenso als „übliche und beliebte Form" der Meinungsäußerung ein, hob aber gleichzeitig hervor, dass dem „Liken" nicht dasselbe Gewicht wie einer eigenen Mitteilung im Netz zukommt.[86] Es bringe nur die Sympathie mit der Mitteilung zum Ausdruck; dagegen nicht den aktiven Willen, sie zu verbreiten.[87] Eine Kündigung ist daher nur im Ausnahmefall, unter Berücksichtigung der konkreten Umstände des Einzelfalles, gerechtfertigt.[88]

Für die Kommunikation mit einer Person in einem Chat kann dagegen nichts anderes gelten als bei einem vertraulichen Vier-Augen-Gespräch.[89] Das

---

82 Thüsing/Wurth Social Media/*Vossen* § 10 Rn. 35; *Wittek*, Soziale Netzwerke, S. 171 ff.

83 Vgl. LAG Berlin-Brandenburg, Urt. v. 11.4.2014 – 17 Sa 2200/13, NZA-RR 2014, 468 (471).

84 So auch *Däubler*, Digitalisierung und Arbeitsrecht, § 4 Rn. 55; Kramer IT-ArbR/ *Kramer* Teil B Rn. 348; Thüsing/Wurth Social Media/*Vossen* § 10 Rn. 51; *Bauer/ Günther*, NZA 2013, 67 (71); a.A. *Burr*, NZA-Beil. 2015, 114 (116), der darin kein „Zueigenmachen" sieht, es jedoch für möglich hält, dass der Arbeitnehmer eine fremde Rechtsverletzung vertieft, indem der Post verbreitet und in seinem Bedeutungsgehalt gesteigert wird und auf diese Weise zu einem Verstoß gegen die arbeitsvertragliche Loyalitätspflicht kommt.

85 Zutreffend ArbG Dessau-Roßlau, Urt. v. 21.3.2012 – 1 Ca 148/11, ZD 2012, 344 (346); *Däubler*, Digitalisierung und Arbeitsrecht, § 4 Rn. 55; Thüsing/Wurth Social Media/ *Vossen* § 10 Rn. 52.

86 EGMR, Urt. v. 15.6.2021 – 35786/19, NZA 2022, 33 (35).

87 EGMR, Urt. v. 15.6.2021 – 35786/19, NZA 2022, 33 (35).

88 A.A. *Wittek*, Soziale Netzwerke, S. 183.

89 So auch LAG Berlin-Brandenburg, Urt. v. 19.7.2021 – 21 Sa 1291/20, MMR 2022, 319; ArbG Bochum, Urt. v. 9.2.2012 – 3 Ca 1203/11, BeckRS 2012, 68181; *Däubler*,

Bundesarbeitsgericht hält eine Kündigung bei Äußerungen im vertrauten Kreis (enge Freunde oder Familienangehörige) für unzulässig, da der Arbeitnehmer in solchen Fällen darauf vertraut, dass seine Äußerung nicht nach außen getragen wird und das Vertrauensverhältnis der Arbeitsvertragsparteien nicht zerstört wird.[90]

Große Schwierigkeiten im Zusammenhang mit Äußerungen in sozialen Netzwerken liegen in beweisrechtlichen Fragen.

Für den Arbeitgeber ist es zwar meist unkomplizierter, die Äußerung des Arbeitnehmers nachzuweisen, da er sie – anders als beim gesprochenen Wort – „schwarz auf weiß" vorlegen kann. Aber natürlich darf der Zugriff auf die Daten nicht in unrechtmäßiger Weise erlangt werden. Der Arbeitgeber hat hierbei vor allem datenschutzrechtliche Gesichtspunkte zu beachten, allen voran § 26 BDSG. Sonst kann dies ggf. in einem Sachvortrags- und Beweisverwertungsverbot in einem anschließenden Kündigungsprozess münden.

Für die Nachweisbarkeit kommt es stets darauf an, ob der Arbeitnehmer die Äußerung unter einem Kürzel/Pseudonym oder unter seinem Klarnamen getätigt hat. Bei ersterem ist die Zuordnung an einen bestimmten Arbeitnehmer eher schwierig. Die (geistige) Urheberschaft kann in diesen Fällen meist nicht eindeutig nachgewiesen werden.[91] Anders ist die Beweislage bei Medien, die unter echten Namen genutzt werden und deren Zugang durch ein Passwort beschränkt ist. Der Arbeitnehmer könnte sich aber auch in solchen Fällen der Kündigung durch den bloßen Hinweis der Mehrfachnutzung des Accounts entziehen, indem er behauptet, eine andere Person hätte den Beitrag verfasst.[92] Ob

---

Digitalisierung und Arbeitsrecht, § 4 Rn. 50; Thüsing/Wurth Social Media/*Vossen* § 10 Rn. 43.

90   Vgl. BAG, Urt. v. 10.10.2002 – 2 AZR 418/01, NJOZ 2003, 3169; BAG, Urt. v. 17.2.2000 – 2 AZR 927/98, BeckRS 2000, 30783188.

91   Thüsing/Wurth Social Media/*Vossen* § 10 Rn. 72.

92   Im Bereich der deliktischen Haftung hat der BGH in der „Halzband"-Entscheidung (BGH, Urt. v. 11.3.2009 – I ZR 114/06, NJW 2009, 1960) entschieden, dass der Kontoinhaber eines ebay-Accounts haftet, wenn er seine Zugangsdaten nicht vor dem Zugriff durch Dritte schützt. Der Kontoinhaber muss sich in solchen Fällen so behandeln lassen, als ob er selbst gehandelt hätte. Diese Rechtsprechung ist auf das Arbeitsverhältnis jedoch nicht übertragbar, da es im Kündigungsschutzverfahren nicht um die Durchsetzung von (deliktischen) Ansprüchen gegenüber dem Kontoinhaber geht (zutreffend *Burr*, Posting als Kündigungsgrund, S. 139 ff.). Im Fall des BGH lag eine Willenserklärung vor. Der tatsächliche Schädiger war nur schwer zu ermitteln, weshalb ein Rückgriff auf die Anscheins-/Duldungsvollmacht nötig wurde. Bei Äußerungen im Arbeitsrecht handelt es sich dagegen um Realakte aufgrund derer der Arbeitgeber keine

der Arbeitgeber beweisen muss, dass die Äußerung vom betroffenen Arbeitnehmer stammt, wird unterschiedlich beurteilt.[93] Dem Arbeitgeber in diesen Fällen die volle Beweislast aufzubürden, wäre lebensfremd, da eine Mehrfachnutzung des Accounts nur in absoluten Ausnahmefällen vorliegen wird. Mittlerweile hat fast jede Person einen eigenen Social-Media-Account. In den meisten AGB der Betreiber von Social-Media-Plattformen ist die Weitergabe von Daten außerdem untersagt. Der typische Geschehensverlauf spricht dafür, dass Beiträge auf dem Social-Media-Profil des Inhabers auch von diesem selbst stammen. Da der Arbeitnehmer den Anscheinsbeweis durch den Vortrag konkreter Tatsachen (z.b. wie ein Dritter Zugriff auf sein Profil erlangt hat) erschüttern kann, ist diese Lösung auch interessengerecht.

Ein Verstoß gegen datenschutzrechtliche Bestimmungen bei der Beweiserhebung führt jedoch noch nicht zwingend zu einem Beweisverwertungsverbot im Prozess. Ein solches kann dann angenommen werden, wenn dadurch zugleich eine schwere Beeinträchtigung des Persönlichkeitsrechts des Arbeitnehmers eintritt.[94] Ein Beweisverwertungsverbot kann vorliegen, wenn sich ein Arbeitgeber durch eine Identitätstäuschung oder durch die Überwindung von hohen Zugangshindernissen (z.b. Zugang zu einem nicht öffentlichen Bereich, der nur für Freunde bestimmt ist) Kenntnis von den Äußerungen verschafft.[95]

b. Verrat von Betriebs- und Geschäftsgeheimnissen

Die Meinungsäußerung im außerdienstlichen Bereich kann selbstverständlich ebenso die Verschwiegenheitspflicht verletzten. Eine solche Pflicht findet sich entweder ausdrücklich als Verschwiegenheitsklausel im Arbeitsvertrag oder kann ganz allgemein aus § 241 Abs. 2 BGB abgeleitet werden. So kann

---

(haftungsrechtlichen) Ansprüche gegenüber dem Arbeitnehmer geltend machen will, sondern eine Kündigung wegen Verletzung vertraglicher Pflichten anstrebt (vgl. *Burr*, Posting als Kündigungsgrund, S. 139 ff.).

93 Für einen Anscheinsbeweis Thüsing/Wurth Social Media/*Vossen* § 10 Rn. 74; *Fuhlrott/ Oltmanns*, DB 2017, 1840 (1843); *Bauer/Günther*, NZA 2013, 67 (73); *Burr*, NZA-Beil. 2015, 114 (116); einen vollständigen Beweis fordert dagegen ArbG Dessau-Roßlau, Urt. v. 21.3.2012 – 1 Ca 148/11, ZD 2012, 344.

94 BAG, Urt. v. 22.9.2016 – 2 AZR 848/15, NZA 2017, 112 (113); BAG, Urt. v. 20.6.2013 – 2 AZR 546/12, NZA 2014, 143 (145 f.); Kramer IT-ArbR/*Kramer* Teil B Rn. 56; Thüsing/ Wurth Social Media/*Vossen* § 10 Rn. 76. *Bauer/Günther*, NZA 2013, 67 (73); *Kort*, NZA 2012, 1321 (1325); **a.A.** LAG Hamm, Urt. v. 17.6.2016 – 16 Sa 1711/15, ZD 2017, 140; LAG Baden-Württemberg, Urt. v. 20.7.2016 – 4 Sa 61/15, ZD 2017, 88.

95 *Bauer/Günther*, NZA 2013, 67 (73); *Kort*, NZA 2012, 1321 (1325).

ein Verstoß gegen die Verschwiegenheitspflicht daher zweifelsohne, je nach Schwere, zu einer (außerordentlichen) Kündigung berechtigen. Eine unerlaubte Veröffentlichung von Patientenbildern in den sozialen Netzwerken durch Pflegepersonal kann geeignet sein, einen wichtigen Grund für eine außerordentliche Kündigung darzustellen.[96]

c. Rechtsradikale und rassistische Äußerungen

Kündigungen aufgrund von rechtsradikalen und rassistischen Äußerungen beschäftigen die Arbeitsgerichte immer häufiger. Bei solchen Sachverhalten besteht die Schwierigkeit, dass die Richter, die über die Angelegenheit entscheiden, selbst Träger von Meinungen, Haltungen und Einschätzungen sind und ihre eigenen Meinungen nicht zum Maßstab der Beurteilung anderer Meinungen machen dürfen.[97] Der Arbeitgeber kann und darf nicht von all seinen Beschäftigten eine ähnliche politische Grundeinstellung erwarten. Für die Erfüllung der Arbeitspflicht spielt die politische Überzeugung des Arbeitnehmers in der Regel keine Rolle.

Im privatwirtschaftlichen Bereich sind in diesem Zusammenhang an die Zulässigkeit einer Kündigung höhere Voraussetzungen zu stellen als im öffentlichen Dienst, bei dem ein Mindestmaß an Verfassungstreue eine Nebenpflicht darstellt.[98] Im Arbeitsverhältnis zwischen Privaten besteht dagegen keine politische Treuepflicht.[99]

All das bedeutet indes nicht, dass private Arbeitgeber jegliche politisch extremistische oder rechtsradikale Äußerung dulden müssten. Wird durch die rassistische Äußerung ein Bezug zum Arbeitsverhältnis hergestellt, kann eine Kündigung unter Umständen gerechtfertigt sein.

Eine fristlose Kündigung eines Arbeitnehmers, der öffentlich unter seinem Namen und in Dienstkleidung rassistische Beiträge auf Facebook postet, ist beispielsweise zulässig, da er sich hierbei erkennbar als Beschäftigter des Arbeitgebers ausgibt.[100] Durch das Tragen der Uniform werde ein Bezug zum Arbeitgeber hergestellt, der somit auch in die Nähe der Ausländerfeindlichkeit gerückt wird.[101]

---

96 Vgl. LAG Berlin-Brandenburg, Urt. v. 11.4.2014 – 17 Sa 2200/13, NZA-RR 2014, 468.
97 Zutreffend *Fischer*, jurisPR-ArbR 19/2016 Anm. 2.
98 Siehe dazu Kapitel 1, A. III. 1.
99 *Picker*, RdA 2021, 33 (34) m.w.N.
100 Vgl. LAG Sachsen, Urt. v. 27.2.2018 – 1 Sa 515/17, NZA-RR 2018, 244.
101 LAG Sachsen, Urt. v. 27.2.2018 – 1 Sa 515/17, NZA-RR 2018, 244.

In einem ähnlich gelagerten Fall verneinte das Arbeitsgericht Mannheim die Rechtfertigung der außerordentlichen Kündigung.[102] Hier stellt der Arbeitnehmer ein Bild auf sein Facebook-Nutzerkonto, in dem er in seiner Arbeitskleidung neben dem Eingangstor des Konzentrationslagers Ausschwitz mit der Tor-Überschrift „Arbeit macht frei" zu sehen war. Die Bildunterschrift lautete: „Polen ist bereit für die Flüchtlingsaufnahme". Das Gericht sah darin zwar eine Verletzung des § 241 Abs. 2 BGB, hielt die Kündigung im Ergebnis aber für unzulässig, und zwar wegen einer 14-jährigen Betriebszugehörigkeit und der Tatsache, dass der Arbeitnehmer das Bild sofort löschte und sich entschuldigte. Das ist nicht überzeugend. Ein solcher Umstand darf nicht dazu führen, dass die Interessenabwägung in diesem Fall zugunsten des Arbeitnehmers ausfällt.[103] Das Posting ist eine menschenverachtende Anspielung auf die Deportation in der Zeit des Nationalsozialismus. Der Arbeitgeber war in diesem Fall ein deutsches Bahnunternehmen, in dessen Zügen auch Flüchtlinge transportiert wurden. Für ihn kann solch ein Beitrag äußerst rufschädigend sein. Die Entschuldigung des Arbeitnehmers kann ihm zwar zugutegehalten werden, allerdings stellt sie den Vertrauensverlust nicht wieder her, zumal die Entschuldigung erst auf Anfrage des Arbeitgebers in Anbetracht etwaiger arbeitsrechtlicher Konsequenzen erfolgte. Die außerordentliche Kündigung hätte deshalb bestätigt werden müssen.

Im öffentlichen Dienst geht es dagegen meist um die persönliche Eignung zur Ausübung der vertraglich vereinbarten Arbeitsleistung, die durch politisch extremistische Äußerungen entfallen kann.

Ein angestellter Lehrer, der mit rechtsextremen Symbolen und Texten tätowiert ist, kann außerordentlich gekündigt werden.[104] Das Tragen von Tätowierungen mit verfassungsfeindlichem Inhalt verletzt die Verfassungstreuepflicht, wenn dadurch die Ablehnung der verfassungsmäßigen Ordnung zum Ausdruck kommt.[105] Dafür ist es nicht mal erforderlich, dass sich die Tätowierungen in einem sichtbaren Bereich des Körpers befinden.[106] Denn ein Lehrer muss ein besonders hohes Maß an Verfassungstreue zeigen, da er diese Werte seinen Schülern zu vermitteln hat.[107] Ein Lehrer, der die Grundwerte der Verfassung

---

102 Vgl. ArbG Mannheim, Urt. v. 19.2.2016 – 6 Ca 190/15, NZA-RR 2016, 254.
103 A.A. *Görg*, ArbRAktuell 2016, 173.
104 Vgl. LAG Berlin-Brandenburg, Urt. v. 11.5.2021 – 8 Sa1655/20, NZA-RR 2021, 427.
105 LAG Berlin-Brandenburg, Urt. v. 11.5.2021 – 8 Sa 1655/20, NZA-RR 2021, 427 (429).
106 LAG Berlin-Brandenburg, Urt. v. 11.5.2021 – 8 Sa 1655/20, NZA-RR 2021, 427 (430).
107 LAG Berlin-Brandenburg, Urt. v. 11.5.2021 – 8 Sa 1655/20, NZA-RR 2021, 427 (429).

ablehnt, ist schlichtweg ungeeignet für den Beruf einer Lehrkraft, der eine „Aufgabe von großer staatspolitischer Bedeutung" zufällt.[108]

Auch Grundschullehrer, die im Internet auf YouTube oder in geheimen Netzwerken rechte Verschwörungstheorien oder antisemitische Inhalte verbreiten und den Holocaust relativieren, verstoßen in einem so schweren Maße gegen die Loyalitätspflicht, dass eine außerordentliche Kündigung gerechtfertigt ist.[109]

Die Reichsbürgerbewegung, die in diesem Zusammenhang immer öfter auftaucht, ist in Deutschland mittlerweile sehr virulent.[110] „Reichsbürger" leugnen (mit unterschiedlichen Begründungen) die Existenz der Bundesrepublik Deutschland und erkennen den demokratisch gewählten Repräsentanten die Legitimation ab. In der Privatwirtschaft wird damit (abgesehen von besonderen Tendenzbetrieben) in der Regel nicht gegen die Loyalitätspflicht verstoßen. Das Arbeitsverhältnis berühren diese Belange grundsätzlich nicht.

Bei Arbeitnehmern des öffentlichen Dienstes, die sich mit der Reichsbürger-ideologie identifizieren, liegen dagegen erhebliche Zweifel an der Verfassungstreue des Beschäftigten und damit einhergehend der Eignung des Arbeitnehmers für die weitere Tätigkeit vor. Es ist unmöglich, die rechtliche Existenz des Staates zu leugnen und sich zugleich zu dessen Grundordnung zu bekennen und einzusetzen, wie es die besondere politische Loyalitätspflicht von ihnen verlangt.[111]

Das LAG Hamburg bestätigte die ordentliche Kündigung eines Angestellten im Polizeidienst, der sich mit der Reichsbürger-Ideologie identifizierte.[112]

Im Zuge der Corona-Pandemie sahen einige Menschen die Einschränkungen der Grundrechte als unverhältnismäßig an. Grundsätzlich ist Kritik an staatlichen Maßnahmen nicht untersagt. Auch die Teilnahme an einer Corona-Leugner-Demonstration ist von der Meinungsfreiheit gedeckt und

---

108 LAG Berlin-Brandenburg, Urt. v. 11.5.2021 – 8 Sa 1655/20, NZA-RR 2021, 427 (429).

109 Siehe LAG Mecklenburg-Vorpommern, Urt. v. 21.6.2022 – 5 Sa 256/21, NZA-RR 2022, 586; ArbG Berlin, Urt. v. 16.1.2019 – 60 Ca 7170/18, NZA-RR 2019, 414.

110 Vgl. zur beamtenrechtlichen Würdigung einer solchen Einstellung, BVerwG, Urt. v. 12.5.2022 – 2 WD 10.21, NVwZ 2023, 91; VGH München, Urt. v. 20.7.2022 – 16a D 20.1464, NVwZ 2022, 1386; VGH München, Urt. v. 28.7.2021 – 16a D 19.989, BeckRS 2021, 30890; OVG Magdeburg, Urt. v. 15.3.2018 – 10 L 9/17, NVwZ-RR 2018, 774; *Nitschke*, NJW 2023, 8.

111 Vgl. VGH München, Urt. v. 20.7.2022 – 16a D 20.1464, NVwZ 2022, 1386.

112 LAG Hamburg, Urt. v. 22.4.2022 – 7 Sa 49/21, BeckRS 2022, 37160; zur Pflicht der Verfassungstreue für Tarifbeschäftigte, vgl. *Wagner*, öAT 2021, 183 (184) m.w.N; insb. zur Funktionstheorie des BAG, vgl. BAG, Urt. v. 6.9.2012 – 2 AZR 372/11, NZA-RR 2013, 441.

rechtfertigt im Grundsatz keine Kündigung eines in der Privatwirtschaft angestellten Arbeitnehmers.[113]

Anders liegt die Sache bei Beschäftigten des öffentlichen Dienstes. Den Ländern
stand die Gesetzgebungskompetenz für die Corona-Eindämmungsverordnungen
zu, d.h. der Arbeitgeber der Beschäftigten des öffentlichen Dienstes erließ die
einschränkenden Maßnahmen für Bürger. Kritik an den Maßnahmen war den
Beschäftigten trotzdem nicht allgemein verwehrt, solange sie von der Meinungsfreiheit gedeckt waren und die Loyalitätspflicht nicht berührt wurde.

Die Kündigung eines Lehrers war jedoch gerechtfertigt, der im Zuge der
Corona Pandemie auf YouTube ein Video veröffentlichte, das eine Darstellung
des Tores eines Konzentrationslager mit dem (online bearbeiteten) Schriftzug
„IMPFUNG MACHT FREI" zeigte, da dies die zulässige Kritik des Arbeitgebers (Land Berlin) überschreitet und diese Verharmlosung des Holocausts nicht
mehr von der Meinungsfreiheit gedeckt ist.[114] Ein Lehrer, der Corona als Lüge
bezeichnet und behauptet, es würden die ersten Konzentrationslager (KZ) für
Impfgegner wieder aufgebaut werden und er selbst müsse sich darauf einstellen,
in ein KZ zu kommen, wenn er sich nicht impfen lasse, rechtfertigt ebenso eine
Kündigung.[115]

Aber auch in der Privatwirtschaft sind Kündigungen aufgrund rechtsextremer
Gesinnung ohne konkrete Äußerung oder Geste zulässig. Ein Arbeitnehmer,
der in einer Sozialeinrichtung beruflich ein Fußball-Fanprojekt leitet, dessen
zentrales Ziel die Eindämmung von Gewalt sowie der Abbau extremistischer
Orientierung ist, kann gekündigt werden, wenn er in seiner Freizeit Konzerte
veranstaltet, deren Interpreten der rechtsextremen Szene zuzuordnen sind.[116]

d. Kritik am Arbeitgeber und unternehmensschädliche Äußerungen

Kritik am Arbeitgeber ist dem Arbeitnehmer nicht allgemein verwehrt. Sie ist
allerdings nicht immer von der Meinungsfreiheit gedeckt, denn bei Formalbeleidigungen und Schmähkritik tritt die Meinungsfreiheit regelmäßig zurück.[117]

---

113 So auch *Stück*, ArbRAktuell 2021, 70.
114 Vgl. ArbG Berlin, Urt. v. 12.9.2022 – 22 Ca 223/22.
115 Vgl. ArbG Darmstadt, Urt. v. 9.11.2012 – 9 Ca 163/21, BeckRS 2021, 37099.
116 Vgl. LAG Hamm, Urt. v. 4.11.2008 – 14 Sa 157/08, BeckRS 2009, 55975.
117 Dreier/*Helmuth Schulze-Fielitz* GG Art. 5 Abs. 1, 2 Rn. 70, 179; Sachs/*Bethge* GG Art. 5
     Rn. 33.

Die Kritik darf nicht grob unsachlich sein und zu einer Untergrabung der Position des Vorgesetzten führen.[118]

Und auch hier gilt die Loyalitätspflicht: eine Kündigung ist deshalb beispielsweise zulässig, wenn ein Arbeitnehmer durch die Verteilung von Partei-Flugblättern die Berufssparte des Arbeitgebers im Allgemeinen und den Arbeitgeber im Besonderen diskriminiert und in der Öffentlichkeit herabsetzt.[119]

Das Spannungsverhältnis zwischen der Meinungsfreiheit des Arbeitnehmers und der Loyalitätspflicht gegenüber dem Arbeitgeber zeigt sich besonders im Fall des sog. Whistleblowing.

Einerseits ist die Offenlegung von Missständen von der Meinungsfreiheit geschützt.[120] Bei der Aufdeckung eines Missstandes wegen eines Straftatbestandes, stellt die Mitwirkung am Strafverfahren sogar eine staatsbürgerliche Pflicht dar.[121] Mit dem Rechtsstaatsprinzip wäre es unvereinbar, wenn der Arbeitnehmer durch die Wahrnehmung dieser Rechte zivilrechtliche Nachteile erleidet.[122] In diesen Fällen ist deshalb eine Kündigung in der Regel unzulässig.[123]

Andererseits ist der Arbeitnehmer aufgrund der Rücksichtnahme- bzw. Loyalitätspflicht gehalten, Zurückhaltung und Vertraulichkeit zu wahren. Wird ein unternehmensinterner Missstand nicht erst gegenüber dem Arbeitgeber, sondern unmittelbar extern, beispielsweise durch Anzeigen gegen den Arbeitgeber oder das Einschalten der Presse publik gemacht, kann dies enorme Auswirkungen auf den Ruf des Unternehmens haben.

Die Anzeige des Arbeitnehmers darf deshalb keine unverhältnismäßige Reaktion auf das Verhalten des Arbeitgebers oder das seiner Repräsentanten darstellen.[124] Indizien für eine unverhältnismäßige Reaktion können die Berechtigung der Anzeige bei Polizei oder Staatsanwaltschaft, die Motivation des Anzeigenden oder ein fehlender innerbetrieblicher Hinweis auf die angezeigten Missstände

---

118 BAG, Urt. v. 27.9.2012 – 2 AZR 646/11, NJOZ 2013, 1064; BAG, Urt. v. 10.12.2009 – 2 AZR 534/08, NZA 2010, 698; BAG, Urt. v. 24.11.2005 – 2 AZR 584/04, NZA 2006, 650.

119 Vgl. BAG, Urt. v. 28.9.1972 – 2 AZR 469/71, NJW 1973, 77.

120 Siehe EGMR, Urt. v. 16.2.2021 – 23922/19, NZA 2021, 851; EGMR, Urt. v. 21.7.2011 – 28274/08, NZA 2011, 1269.

121 BVerfG, Beschl. v. 2.7.2001 – 1 BvR 2049/00, NZA 2001, 888.

122 BVerfG, Beschl. v. 2.7.2001 – 1 BvR 2049/00, NZA 2001, 888.

123 BAG, Urt. v. 15.12.2016 – 2 AZR 42/16, NZA 2017, 703 (704); ErfK/*Schmidt* GG Art. 5 Rn. 37.

124 BAG, Urt. v. 15.12.2016 – 2 AZR 42/16, NZA 2017, 703 (704); BAG, Urt. v. 3.7.2003 – 2 AZR 235/02, NZA 2004, 427; ErfK/*Preis* BGB § 611a Rn. 819.

sein.[125] Der innerbetriebliche Klärungsversuch, der als milderes Mittel bis dato stets aufgeführt wurde (sofern zumutbar),[126] wird in Zukunft wohl nicht mehr vonnöten sein, da dem Arbeitnehmer mit Einführung des Hinweisgeberschutzgesetzes freisteht, externe Meldestellen zu kontaktieren. Der Gang an die Öffentlichkeit ist damit aber nicht gleichzusetzen, weshalb dieser nach wie vor nur als letztes Mittel in Frage kommt.[127]

Die gegenläufigen Interessen sind in den Abwägungsprozess einer Kündigung miteinzubeziehen. Auch das öffentliche Interesse an dem Missstand kann für die Beurteilung von Bedeutung sein.[128] Bei einem berechtigten Hinweis auf einen Missstand an eine interne oder externe Meldestelle ist die Kündigung jedenfalls unzulässig (vgl. § 36 Abs. 1 HinSchG).

Eine Kündigung ist aber im Einzelfall dann möglich, wenn der Vorwurf einer Strafbarkeit völlig haltlos und dies dem Abreitnehmer erkennbar ist.[129]

3. Verschuldung/Lohnpfändung

Die Verschuldung eines Arbeitnehmers ist Sache des Privatlebens und weist keinen allgemeinen Bezug zum Arbeitsverhältnis auf. Schulden eines Arbeitnehmers und damit ggf. einhergehende Lohnpfändungen oder -abtretungen stellen demnach grundsätzlich kein Grund zur (außerordentlichen) verhaltensbedingten Kündigung dar.[130] Die Kreditaufnahme oder ähnliche Verhaltensweisen, auf denen die Schulden und Lohnpfändungen basieren, richten sich schließlich nicht gegen den Arbeitgeber.[131]

Etwas anderes kann gelten, wenn eine Verschuldung Rückschlüsse auf die Eignung des Arbeitnehmers zulässt. Deshalb ist richtigerweise anerkannt, dass

---

125 BAG, Urt. v. 15.12.2016 – 2 AZR 42/16, NZA 2017, 703 (704); BAG, Urt. v. 3.7.2003 – 2 AZR 235/02, NZA 2004, 427; MHdB ArbR/*Reichold* § 55 Rn. 20.

126 BAG, Urt. v. 5.12.2019 – 2 AZR 240/19, NZA 2020, 646 (653); BAG, Urt. v. 15.12.2016 – 2 AZR 42/16, NZA 2017, 703 (704); BAG, Urt. v. 3.7.2003 – 2 AZR 235/02, NZA 2004, 427.

127 Vgl. ErfK/*Preis* BGB § 611a Rn. 819; Staudinger/*Preis* BGB § 626 Rn. 132.

128 EGMR, Urt. v. 21.7.2011 – 28274/08, NZA 2011, 1269; BAG, Urt. v. 15.12.2016 – 2 AZR 42/16, NZA 2017, 703 (704); ErfK/*Preis* BGB § 611a Rn. 819.

129 BAG, Urt. v. 15.12.2016 – 2 AZR 42/16, NZA 2017, 703.

130 BAG, Urt. v. 4.11.1981 – 7 AZR 264/79, NJW 1982, 1062; ErfK/*Niemann* BGB § 626 Rn. 153; LKB/*Krause* KSchG § 1 Rn. 640; MüKo BGB/*Hergenröder* KSchG § 1 Rn. 318; KR/*Fischermeier/Krumbiegel* BGB § 626 Rn. 475; APS/*Vossen* BGB § 626 Rn. 78; Schaub ArbR-HdB/*Linck* § 133 Rn. 35.

131 *Preis,* DB 1990, 630 (632).

ein personenbedingter Kündigungsgrund bei Arbeitnehmern vorliegen kann, die eine spezifische monetäre Vertrauensstellung innehaben.[132] Die besondere Vertrauensposition wird allerdings nur begründet, sofern der Umgang mit Geld eine wesentliche Voraussetzung für die Ausübung des Berufs ist (z.b. Börsenbevollmächtigter einer Bank[133]).

Eine verhaltensbedingte Kündigung können Schulden bzw. dadurch einhergehende Gehaltsabtretungen/-pfändungen grundsätzlich nicht rechtfertigen.

Bis dato war in Ausnahmefällen jedoch anerkannt, dass eine Kündigung zulässig sein kann, wenn zahlreiche Lohnpfändungen oder Lohnabtretungen aufeinander folgen.[134] Sie stellen einen erhöhten Arbeitsaufwand dar, die zu wesentlichen Störungen im Betriebsablauf führen können.[135] Mittlerweile verbietet (der Ende 2021 neu eingefügte) § 308 Nr. 9 BGB Abtretungsausschlüsse in vorformulierten Verträgen. Abtretungsverbote in Arbeitsverträgen waren in der Praxis bisher durchaus üblich. Dem Arbeitnehmer stünde es damit neuerdings frei, sein Gehalt an Dritte abzutreten. Wie sich das Verbot der Vereinbarung von Abtretungsausschlüssen in AGB im Arbeitsrecht auswirkt, ist noch ungeklärt. Teilweise wird für eine generelle Unwirksamkeit solcher Abtretungsverbote plädiert,[136] andere sehen in der Norm wohl keine Einschränkung für solche Klauseln.[137]

Eine Nichtbeachtung dieser Norm in Arbeitsverträgen könnte mit den sog. arbeitsrechtlichen Besonderheiten begründet werden (§ 310 Abs. 4 S. 2 BGB). Der Gesetzgeber hat explizit Ansprüche aus Zahlungsdiensterahmenverträgen aus dem Geltungsbereich der Norm ausgenommen. In der Gesetzesbegründung heißt es: „Solche vereinbarten Abtretungsverbote schützen insbesondere auch Verbraucher und Verbraucherinnen davor, künftige Ansprüche unbedacht abzutreten, die sie zur Bestreitung ihres Lebensunterhalts benötigen."[138] Das gleiche

---

132 BAG, Urt. v. 15.12.2005 – 6 AZR 197/05, NZA 2006, 841 (844); BAG Urt. v. 15.10.1992 – 2 AZR 188/92, BeckRS 1992, 30742857; BAG Urt. v. 29.8.1980 – 7 AZR 726/77, BeckRS 1980, 2883; ErfK/*Niemann* BGB § 626 Rn. 153; LKB/*Krause* KSchG § 1 Rn. 640; Schaub ArbR-HdB/*Linck* § 133 Rn. 35; *Lepke*, RdA 1980, 185 (188).

133 KR/*Fischermeier/Krumbiegel* BGB § 626 Rn. 475.

134 BAG, Urt. v. 4.11.1981 – 7 AZR 264/79, NJW 1982, 1062; ErfK/*Niemann* BGB § 626 Rn. 153; LKB/*Krause* KSchG § 1 Rn. 640; MüKo BGB/*Hergenröder* KSchG § 1 Rn. 318.

135 BAG, Urt. v. 4.11.1981 – 7 AZR 264/79, NJW 1982, 1062; ErfK/*Niemann* BGB § 626 Rn. 153; LKB/*Krause* KSchG § 1 Rn. 640; MüKo BGB/*Hergenröder* KSchG § 1 Rn. 318.

136 So ErfK/*Preis* § 611a Rn. 579; *Bayreuther*, NZA 2022, 433 trotz rechtspolitischer Zweifel.

137 So BeckOK ArbR/*Jacobs* BGB § 308 Rn. 40.

138 BT-Drs. 19/30840 S. 14.

Argument greift in aller Regel auch bei Lohnansprüchen, durch die Arbeitnehmer ihren Lebensunterhalt bestreiten.

Der Gesetzgeber hat neben den Ansprüchen aus Zahlungsdiensterahmenverträgen allerdings auch Ansprüche auf Versorgungsleistungen im Sinne des Betriebsrentengesetzes ausgenommen. Damit muss dem Gesetzgeber, wenn auch die Gesetzgebungsbegründung zunächst anderes vermuten lässt, unterstellt werden, dass er alle anderen Vereinbarungen des Arbeitsrechts von dem Verbot solcher Vereinbarung nicht ausnehmen wollte. Aus § 310 Abs. 4 S. 2 BGB lässt sich daher nicht die Unanwendbarkeit des § 308 Nr. 9 BGB entnehmen. In Zukunft sind Abtretungsverbote in Arbeitsverträgen mithin unzulässig. Somit steht es dem Arbeitnehmer frei, seine Gehaltsansprüche an andere Personen abzutreten. Er muss insofern im Hinblick auf § 612a BGB keine kündigungsrechtlichen Konsequenzen fürchten.[139]

V. Ergebnis

Privat- und Arbeitsleben sind grundsätzlich voneinander zu trennen. Der Arbeitnehmer darf, nicht zuletzt aufgrund der grundgesetzlich verankerten allgemeinen Handlungsfreiheit, sein Privatleben nach seinem eigenen Belieben gestalten. Außerdienstliche Verhaltensweisen berühren das Arbeitsverhältnis daher in der Regel nicht.

Sobald das außerdienstliche Verhalten auch arbeitsvertragliche Pflichten verletzt, kann der Arbeitgeber mit einer Abmahnung oder ggf. einer (außerordentlichen) Kündigung reagieren.

In Arbeitsverträgen dürfen in gewissen Grenzen außerdienstliche Verhaltensgebote vereinbart werden. Wird gegen zulässige arbeitsvertragliche Klauseln verstoßen, kann sich das außerdienstliche Verhalten auf das Arbeitsverhältnis auswirken.

Wurden dem Arbeitnehmer ausdrücklich keine außerdienstlichen Verhaltenspflichten auferlegt, folgt aus der Rücksichtnahmepflicht (§ 241 Abs. 2 BGB), dass der Arbeitnehmer die Interessen des Arbeitgebers – auch außerdienstlich – wahren muss. Die Interessen des Arbeitgebers werden mit einem außerdienstlichen Verhalten allerdings nur dann verletzt, wenn das Verhalten des Arbeitnehmers negative Auswirkungen auf den Betrieb oder einen Bezug zum Arbeitsverhältnis hat.

---

139 Zutreffend *Bayreuther*, NZA 2022, 433.

Daneben kann außerdienstliches Verhalten im Einzelfall auch einen personenbedingten Kündigungsgrund darstellen, sofern durch die außerdienstliche
Verfehlung die Zuverlässigkeit und Eignung für die weitere Tätigkeit in Frage
stehen (z.b. Verlust der Berufsausübungserlaubnis, fehlende Verfassungstreue
eines Beschäftigten im öffentlichen Dienst).

Im öffentlichen Dienst und in Tendenzbetrieben können erhöhte Anforderungen an das außerdienstliche Verhalten gestellt werden. Dort rechtfertigt die
besondere Interessenlage die Konkretisierung der Loyalitätspflicht.

B. Außerdienstliches Fehlverhalten während der Arbeitsunfähigkeit

I. Allgemeine Grundsätze

Der Arbeitgeber hat im Allgemeinen ein hohes Interesse daran, dass Arbeitnehmer durch ihr Verhalten im privaten Bereich ihrer Arbeitskraft nicht schaden. Ist ein Beschäftigter bereits arbeitsunfähig erkrankt, liegt dem Arbeitgeber
besonders viel daran, dass der Arbeitnehmer sich zügig erholt und die Arbeitsunfähigkeit nicht hinauszögert.

Der Arbeitnehmer kann in dieser Zeit seiner Arbeitspflicht nicht nachkommen. Der Arbeitgeber hat dem erkrankten Arbeitnehmer für den Zeitraum von
sechs Wochen trotzdem das Entgelt fortzuzahlen (vgl. § 3 Abs. 1 S. 1 EFZG). Das
Austauschverhältnis ist in der Zeit der Arbeitsunfähigkeit gestört, da nur der
Arbeitgeber seiner vertraglichen Leistungspflicht nachkommen muss. Für ihn
ist es bedeutend, dass der Arbeitnehmer schnellstmöglich wieder in den Betrieb
zurückkehrt und seine Arbeitsleistung erbringen kann. Aus diesem Grund ist
es gerechtfertigt, dem Arbeitnehmer aufzuerlegen, sein Verhalten während der
Arbeitsunfähigkeit an die Interessen des Arbeitgebers anzupassen. Der erkrankte
Arbeitnehmer hat alles zu unterlassen, was seine Genesung verzögern könnte.[140]
Er hat sich so zu verhalten, dass er zeitnah wieder gesund wird, damit er bald-
möglichst an seinen Arbeitsplatz zurückkehren kann.[141]

---

140 Vgl. BAG, Urt. v. 2.3.2006 – 2 AZR 53/05, NZA-RR 2006, 636; BAG, Urt. v. 26.8.1993 –
2 AZR 154/93, NZA 1994, 63 (66); APS/*Vossen* KSchG § 1 Rn. 321; HaKo-KSchR/
Zimmermann KSchG § 1 Rn. 395; MHdB AbrR/*Rachor* § 124 Rn. 54; Schaub-ArbR
HdB/*Linck* § 98 Rn. 39; KR/*Fischermeier/Krumbiegel* BGB § 626 Rn. 446.
141 BAG, Urt. v. 2.3.2006 – 2 AZR 53/05, NZA-RR 2006, 636 (638 f.); BAG,
Urt. v. 26.8.1993 – 2 AZR 154/93, NZA 1994, 63 (66).

Das bedeutet indes nicht, dass ein arbeitsunfähiger Arbeitnehmer sein gesamtes Freizeitverhalten einzuschränken hat. Außerdienstliches Verhalten, das die Genesung nicht verzögert, ist allemal gestattet, da dort die Interessen des Arbeitgebers nicht überwiegen.

1. Rechtspflicht oder Obliegenheit?

Die Herleitung der Verhaltensanforderung an einen arbeitsunfähig erkrankten Arbeitnehmer wird unterschiedlich beurteilt. Überwiegend wird die Pflicht, sich nicht genesungswidrig zu verhalten, als vertragliche Nebenpflicht aus § 241 Abs. 2 BGB (Treuepflicht) angesehen.[142] Die vertraglichen Nebenpflichten zwischen Arbeitgeber und Arbeitnehmer bleiben mithin auch während einer Arbeitsunfähigkeit bestehen.

Andere Stimmen in der Literatur stufen das Verhaltensgebot dagegen nur als Obliegenheit ein.[143] Letzteres ist nicht überzeugend. Eine Obliegenheit sollte immer im eigenen Interesse befolgt werden, da deren Verletzung nachteilige Folgen für die Person selbst hat.[144] Natürlich ist die Gesundheit zunächst Privatsache des Arbeitnehmers und betrifft damit zuallererst den eigenen Rechtskreis. Genesungswidriges Verhalten kann allerdings zur Verlängerung des Heilungsprozesses führen. Der Arbeitnehmer kann sodann noch längere Zeit seiner vertraglich geschuldeten Leistungspflicht nicht nachkommen. In der Folge muss der Arbeitgeber für einen noch längeren Zeitraum Entgeltfortzahlung oder nach Ablauf der Entgeltfortzahlungspflicht andere Zuzahlungen leisten, ohne eine Gegenleistung zu erhalten. Außerdem fehlt für den Arbeitgeber Planungssicherheit, ob und wann der erkrankte Arbeitnehmer wieder in den Betrieb zurückkehrt. Die zeitliche Verlängerung der Erkrankung aufgrund des (unzulässigen) Privatverhaltens des Arbeitnehmers wirkt sich daher faktisch auch auf den Leistungsbereich des Arbeitsverhältnisses und den Rechtskreis des Arbeitgebers aus.[145]

---

142 So BAG, Urt. v. 2.3.2006 – 2 AZR 53/05, NZA-RR 2006, 636; LAG Köln, Urt. v. 19.4.2012 – 7 Sa 1399/11, BeckRS 2013, 69791; APS/*Vossen* KSchG § 1 Rn. 321; KR/*Fischermeier/Krumbiegel* BGB § 626 Rn. 446; LSSW/*Schlünder* KSchG § 1 Rn. 201; HaKo-KSchR/*Zimmermann* KSchG § 1 Rn. 395; MHdB ArbR/*Rachor* § 124 Rn. 54.
143 So HK-KSchG/*Dorndorf* § 1 Rn. 763; *Lepke*, Kündigung bei Krankheit, Rn. 610 ff.; *Künzl*, NZA 1999, 744 (745); *Künzl/Weinmann*, AuR 1996, 256 (259 f.).
144 Alpmann, Brockhaus Studienlexikon Recht, „Obliegenheit" S. 827.
145 So auch APS/*Vossen* KSchG § 1 Rn. 321.

Bei der Pflicht zum genesungsfördernden Verhalten handelt es sich daher um eine Nebenpflicht.

2. Zulässigkeit arbeitsrechtlicher Maßnahmen bei genesungswidrigem Verhalten

Ein arbeitsunfähig erkrankter Arbeitnehmer, der sich genesungswidrig verhält, verstößt mithin gegen seine arbeitsvertraglichen Pflichten. Darauf kann der Arbeitgeber mit einer Abmahnung oder gar einer (fristlosen) Kündigung reagieren.

Die Anforderungen an die konkrete Zulässigkeit einer Kündigung sind allerdings relativ hoch. Die zunächst weit gefasste Pflicht des Arbeitnehmers, sich nicht genesungswidrig zu verhalten, muss in der konkreten Einzelfallbetrachtung interessengerecht eingeschränkt werden. Welche arbeitsvertraglichen Konsequenzen solch ein Verhalten nach sich ziehen, hängt davon ab, wie intensiv und hartnäckig sich das genesungswidrige Verhalten darstellt und welches Maß an Rücksichtlosigkeit der Arbeitnehmer gegenüber dem Arbeitgeber demonstriert.[146]

Nicht jedes außerdienstliche Verhalten indiziert die Genesungswidrigkeit des Verhaltens. In der Regel ist die Krankheit selbst ausschlaggebend dafür, welches Verhalten als genesungswidrig zu qualifizieren ist. Bei einer psychischen Erkrankung können die Teilnahme am gesellschaftlichen Leben oder sportliche Aktivitäten die Heilung beispielsweise fördern. Bei rein körperlichen Krankheiten sind sportliche Betätigungen dagegen meist tabu. Die ärztliche Anordnung ist für die Einstufung des Verhaltens als genesungswidrig oftmals ein hilfreicher Anknüpfungspunkt. Wurden dem Arbeitnehmer von ärztlicher Seite keine besonderen Verhaltensmaßregeln aufgegeben, sind leichte körperliche Tätigkeiten in der Regel zulässig.[147]

Ein Verhalten ist aber genesungswidrig, wenn der Heilungsprozess ernsthaft gefährdet oder erheblich beeinträchtigt wird.[148] Einer *tatsächlichen Verzögerung*

---

146 LAG Köln, Urt. v. 19.4.2012 – 7 Sa 1399/11, BeckRS 2013, 69791; LKB/*Krause* § 1 Rn. 570.

147 Vgl. z.B. LAG Köln, Urt. v. 9.10.1998 – 11 Sa 400/98, NZA-RR 1999, 188: Unterstützung eines Freundes bei der Wohnungsrenovierung.

148 So die h.M. BAG, Urt. v. 2.3.2006 – 2 AZR 53/05, NZA-RR 2006, 636; BAG, Urt. v. 26.8.1993 – 2 AZR 154/93, NZA 1994, 63 (66); LAG Köln, Urt. v. 9.10.1998 – 11 Sa 400/98, NZA-RR 1999, 188; APS/*Vossen* KSchG § 1 Rn. 321; LSSW/*Schlünder* KSchG § 1 Rn. 201; HaKo-KSchR/*Zimmermann* KSchG § 1 Rn. 396; Staudinger/*Temming* BGB § 626 Rn. 183.

des Heilungsprozesses bedarf es nicht.[149] Den vereinzelten Stimmen, die eine tatsächliche Verzögerung verlangen,[150] ist entgegenzusetzen, dass der Nachweis der tatsächlichen Verzögerung, dessen Beweislast der Arbeitgeber trüge, in den meisten Fällen nahezu unmöglich ist. Heilungsprozesse sind individuell. Die Feststellung, ob der Heilungsverlauf durch ein bestimmtes Verhalten negativ beeinflusst wurde, ist manchmal selbst für einen Arzt ausgeschlossen, da die Heilung schlichtweg von verschiedenen Faktoren abhängt.

Insofern wird deshalb teilweise gefordert, dass das Verhalten des Arbeitnehmers nach allgemeiner Lebenserfahrung eine Genesungsverzögerung erwarten lässt und dass Umstände vorhanden sind, die eine konkrete Verzögerung vermuten lassen.[151]

Auch dieser vermittelnden Sichtweise ist nicht uneingeschränkt zuzustimmen. Genesungswidriges Verhalten stellt unabhängig von einer tatsächlichen Verzögerung des Heilungsprozesses einen Verstoß gegen die Treuepflicht dar. Ob durch das Verhalten letztlich eine Genesungsverzögerung eintritt, ändert nichts an der Vorwerfbarkeit des Pflichtverstoßes. Mit genesungswidrigem Verhalten zerstört der Arbeitnehmer das Vertrauen des Arbeitgebers in seine Redlichkeit.[152] Dazu kommt, dass die Heilungsverzögerung ein Umstand ist, den der Arbeitnehmer nicht beeinflussen kann und der sich erst nachträglich (gar „zufällig") zugunsten oder zulasten des Arbeitnehmers auswirkt. Die Frage der tatsächlichen (oder vermuteten) Verzögerung ist daher letztlich in der gebotenen Interessenabwägung zu berücksichtigen.[153]

Inwieweit die Gefährdung des Heilungsprozesses die Kündigung konkret rechtfertigt, ist abhängig von der Art und Schwere der Krankheit.[154] Geringfügige Verstöße (z.B. der Verstoß gegen die ärztlich verordnete Bettruhe) ziehen nicht ohne weiteres eine Kündigung nach sich.[155]

In der Interessenabwägung kann auch der Zeitpunkt des genesungswidrigen Verhaltens eine Rolle spielen. An den letzten Tagen der Arbeitsunfähigkeit ist

---

149 Staudinger/*Temming* § 626 Rn. 183; LSSW/*Schlünder* KSchG § 1 Rn. 201; APS/*Vossen* KSchG § 1 Rn. 321; HaKo-KSchR/*Zimmermann* KSchG § 1 Rn. 396.

150 So *Lepke*, Kündigung bei Krankheit, Rn. 643, 645.

151 So KR/*Rachor* KSchG § 1 Rn. 521; *Künzl/Weinmann*, AuR 1996, 256 (261).

152 BAG, Urt. v. 2.3.2006 – 2 AZR 53/05, NZA-RR 2006, 636; BAG, Urt. v. 26.8.1993 – 2 AZR 154/93, NZA 1994, 63 (66).

153 So auch APS/*Vossen* KSchG § 1 Rn. 321.

154 MAH ArbR/*Ulrich C./Ulrich A.* § 43 Rn. 412; HaKo-KSchR/*Zimmermann* KSchG § 1 Rn. 396.

155 LKB/*Krause* KSchG § 1 Rn. 570; HaKo-KSchR/*Zimmermann* KSchG § 1 Rn. 396.

ein Arbeitnehmer, lebensnah betrachtet, schon kräftiger und leistungsfähiger als am ersten Tag der Arbeitsunfähigkeit.[156] Ihm ist daher ein Mehr an Aktivität zuzubilligen.

Grundsätzlich bedarf es vor Ausspruch der Kündigung zunächst einer Abmahnung.[157] Bei besonders groben Pflichtverletzungen, bei denen der Arbeitnehmer seine Pflichtwidrigkeit ohne weiteres erkennt und er mit der Billigung des Verhaltens nicht rechnen kann (z.B. vollschichtige Erwerbstätigkeit für einen anderen Arbeitgeber während der Arbeitsunfähigkeit zur Aufbesserung der Lohnfortzahlung), ist die außerordentliche Kündigung ausnahmsweise auch ohne vorherige Abmahnung zulässig.[158]

3. Darlegungs- und Beweislast

Im Zusammenhang mit der Arbeitsunfähigkeit spielt in der Praxis oft der Vorwurf der vorgetäuschten Arbeitsunfähigkeit eine gewichtige Rolle. Die Vorspiegelung einer Krankheit lässt sich für den Arbeitgeber nicht leicht belegen. Arbeitsunfähigkeitsbescheinigungen kommt ein hoher Beweiswert zu.[159] Im Prozess kann der Richter mit Vorlage einer ärztlichen Arbeitsunfähigkeitsbescheinigung den Beweis einer krankheitsbedingten Arbeitsunfähigkeit normalerweise als erbracht ansehen.[160] Um diesen Beweiswert zu erschüttern, muss der Arbeitgeber Umstände vortragen, die ernsthafte Zweifel an der Erkrankung des Arbeitnehmers begründen.[161] Insbesondere durch einschlägiges Verhalten während der Arbeitsunfähigkeit kann der Beweiswert der Arbeitsunfähigkeitsbescheinigung erschüttert werden, z.B. durch die Teilnahme an einem Fußballspiel durch einen wegen einer Knieverletzung krankgeschriebenen Arbeitnehmers.[162]

Auch aus der Intensität von (anderweitigen) Nebenbeschäftigungen während einer Arbeitsunfähigkeit kann sich ein begründeter Verdacht ergeben, dass die

---

156 Vgl. LAG Rheinland-Pfalz, Urt. v. 13.7.2017 – 5 Sa 49/17, BeckRS 2017, 123587.

157 HaKo-KSchR/*Zimmermann* KSchG § 1 Rn. 396; *Künzl/Weinmann,* AuR 1996, 256 (261).

158 Siehe BAG, Urt. v. 26.8.1993 – 2 AZR 154/93, NZA 1994, 63.

159 BAG, Urt. v. 8.9.2021 – 5 AZR 149/21, NZA 2022, 39; BAG, Urt. v. 26.10.2016 – 5 AZR 167/16, NZA 2017, 240; ErfK/*Reinhard* EFZG § 5 Rn. 14; MüKo BGB/*Müller-Göge* EFZG § 3 Rn. 79; Schmitt/*Schmitt/Küfner-Schmitt* EFZG § 5 Rn. 111.

160 BAG, Urt. v. 8.9.2021 – 5 AZR 149/21, NZA 2022, 39; BAG, Urt. v. 26.10.2016 – 5 AZR 167/16, NZA 2017, 240 (241).

161 BAG, Urt. v. 8.9.2021 – 5 AZR 149/21, NZA 2022, 39; BAG, Urt. v. 26.10.2016 – 5 AZR 167/16, NZA 2017, 240 (241).

162 LAG Rheinland-Pfalz, Urt. v. 11.11.2015 – 7 Sa 672/14, BeckRS 2016, 66299.

Arbeitsunfähigkeit nur vorgetäuscht wird.[163] Je näher die ausgeübte Nebentätigkeit an der arbeitsvertraglich geschuldeten Tätigkeit ist, desto naheliegender ist es, dass die Erkrankung gar nicht vorgelegen hat oder vom Arzt falsch eingeschätzt wurde.[164]

Es ist sodann Sache des Arbeitnehmers, konkret darzulegen, weshalb er krankheitsbedingt gefehlt hat und trotzdem der Nebenbeschäftigung nachgehen konnte.[165]

Generell muss der Arbeitgeber bei einem Kündigungsschutzprozess wegen einer Kündigung aufgrund genesungswidrigen Verhaltens den Beweiswert der Arbeitsunfähigkeitsbescheinigung nicht erschüttern. Der Kündigungsvorwurf des genesungswidrigen Verhaltens kann nur bestehen, wenn der Arbeitnehmer tatsächlich arbeitsunfähig krank ist.[166] Es setzt daher die Richtigkeit der Arbeitsunfähigkeitsbescheinigung voraus. Beschränkt sich der Vorwurf auf das genesungswidrige Verhalten, muss der Arbeitgeber nur den Kündigungsgrund des genesungswidrigen Verhaltens darlegen und beweisen (vgl. § 1 Abs. 2 S. 4 KSchG).

II. Praxisbedeutende Fallbeispiele des genesungswidrigen Verhaltens

Außerdienstliches Verhalten während ärztlich attestierter Arbeitsunfähigkeit kann in zwei klassische Fallgruppen eingeordnet werden: Nebentätigkeit und Freizeitaktivitäten. Welche Voraussetzungen an die Zulässigkeit einer (außerordentlichen) Kündigung hierbei gestellt werden, soll anhand einzelner Urteile nachfolgend exemplarisch aufgezeigt werden.

1. Nebentätigkeiten

In der Rechtsprechung wird das Arbeiten für Dritte während einer bestehenden Arbeitsunfähigkeit meist streng beurteilt. Das liegt daran, dass bei der Ausübung

---

163 BAG, Urt. v. 26.8.1993 – 2 AZR 154/93, NZA 1994, 63 (64 f.); LAG Hessen, Urt. v. 1.4.2009 – 6 Sa 1593/08, BeckRS 2010, 66992; APS/*Vossen* BGB § 626 Rn. 245; SPV/*Preis* Rn. 668; ErfK/*Niemann* BGB § 626 Rn. 120.

164 LAG Hamm, Urt. v. 18.12.2003 – 8 Sa 1401/03, BeckRS 2003, 31031411; LKB/*Krause* § 1 Rn. 575.

165 BAG, Urt. v. 26.8.1993 – 2 AZR 154/93, NZA 1994, 63 (64 f.); LAG Hessen, Urt. v. 1.4.2009 – 6 Sa 1593/08, BeckRS 2010, 66992; APS/*Vossen* BGB § 626 Rn. 245; SPV/*Preis* Rn. 668.

166 LAG Berlin, Urt. v. 3.8.1998 – 9 TaBV 4/98, BeckRS 1998, 30456032.

einer Nebentätigkeit Arbeitskraft zur Verfügung gestellt wird, die beim Arbeit-geber aufgrund der festgestellten Arbeitsunfähigkeit gerade nicht aufgebracht werden kann. Die Nebentätigkeit hat, anders als das bei Freizeitaktivitäten der Fall ist, oft eine ähnliche Ausrichtung wie die Tätigkeit beim Arbeitgeber. Eine Behinderung des Heilungsprozesses kann regelmäßig angenommen werden, wenn die (zumeist körperlichen) Belastungen bei Ausübung der Haupt- und der Nebentätigkeit vergleichbar sind.

Generell sind Nebenbeschäftigungen aber zulässig, wenn sie das Haupt-arbeitsverhältnis nicht beeinträchtigen.[167] Der Arbeitgeber hat sie in einem gewissen Rahmen daher hinzunehmen. So sind auch während einer Arbeitsun-fähigkeit Nebentätigkeiten nicht generell verboten. Sie sind gestattet, soweit sie aus Wettbewerbsgründen den Interessen des Arbeitgebers nicht zuwiderlaufen und der Heilungsprozess nicht verzögert wird.[168] Die Nebentätigkeit verzögert den Heilungsprozess, wenn sie in Art oder Umfang der eigentlich geschuldeten Tätigkeit im Hauptarbeitsverhältnis ähnelt. Je nach Umständen kann sogar eine fristlose Kündigung gerechtfertigt sein.

Ein Arbeitnehmer, der wegen eines Lendenwirbelsyndroms krankgeschrie-ben ist, darf während seiner Arbeitsunfähigkeit keiner Tätigkeit als Fahrer eines Behindertenbusses nachgehen.[169] Das LAG Rheinland-Pfalz hielt eine außeror-dentliche Kündigung richtigerweise für zulässig, da sowohl die Art (Hilfe beim Ein- und Aussteigen; Fahrtätigkeit), als auch der Umfang (mehrere Stunden am Tag) zur Verzögerung des Heilungsprozesses beiträgt.[170]

Vermittlungstätigkeiten sah das BAG bei einem an Gelbsucht erkrankten Arbeitnehmer dagegen für zulässig an.[171] Es lagen in dieser Konstellation keine ausreichenden Anhaltspunkte vor, dass der Heilungsprozess durch die Vermitt-lung von Bausparverträgen und Kapitalanlagen beeinträchtigt wurde, weshalb die Kündigung nicht gerechtfertigt war.[172]

---

167 ErfK/*Preis* BGB § 611a Rn. 829 ff.; LKB/*Krause* KSchG § 1 Rn. 645; MüKo BGB/
     Spinner BGB § 611a Rn. 1015 ff.; HaKo-KSchR/*Zimmermann* KSchG § 1 Rn. 442;
     MHdB ArbR/*Reichold* § 55 Rn. 50.
168 BAG, Urt. v. 26.8.1993 – 2 AZR 154/93, NZA 1994, 63; BAG, Urt. v. 13.11.1979 – 6
     AZR 934/77, NJW 1980, 1917; APS/*Vossen* KSchG § 1 Rn. 322; ErfK/*Niemann* BGB
     § 626 Rn. 120; MHdB ArbR/*Reichold* § 55 Rn. 51.
169 Vgl. LAG Rheinland-Pfalz, Urt. v. 11.1.2002 – 8 Sa 1159/01, BeckRS 2002, 30466558.
170 LAG Rheinland-Pfalz, Urt. v. 11.1.2002 – 8 Sa 1159/01, BeckRS 2002, 30466558.
171 BAG, Urt. v. 13.11.1979 –6 AZR 932/77, NJW 1980, 1917.
172 BAG, Urt. v. 13.11.1979 – 6 AZR 932/77, NJW 1980, 1917.

Eine außerordentliche Kündigung ist wiederum gerechtfertigt, wenn ein arbeitsunfähiger Arbeitnehmer in erheblichem Umfang einer (anderweitigen) Nebentätigkeit nachgeht.[173] In diesem Fall betraf die Kündigung einen Schlosser, der generell in einer 40-Stunden-Woche an fünf Wochentagen mit einer Arbeitszeit von 7:00 Uhr bis 16:15 Uhr arbeitete. Darüber hinaus ging der Arbeitnehmer einer Nebentätigkeit nach, bei der er zwischen 22:00 Uhr und 5:00 Uhr Reinigungsarbeiten an Spritzboxen für Fahrzeuglackierungen vornahm. Diese Nebentätigkeit erbrachte er auch, während er bei seinem Hauptarbeitgeber arbeitsunfähig erkrankt war. Das BAG stützte sich zur Begründung der Entscheidung insbesondere auf Ausführungen des Arbeitnehmers, der gestand, dass seine Arbeitsleistung durch die Ausübung der Nebentätigkeit erheblich beeinträchtigt wurde. Wenn der arbeitsunfähige Arbeitnehmer in der Lage sei, acht Stunden in seiner Nebentätigkeit zu arbeiten, müsse er dies auch in seinem Hauptarbeitsverhältnis tun, so das BAG. Der Arbeitnehmer sei verpflichtet, seine „Restarbeitsfähigkeit" in seinem Hauptarbeitsverhältnis zu verwerten.[174]

2. Freizeitaktivitäten

Freizeitaktivitäten sind während einer Arbeitsunfähigkeit nicht zwingend unzulässig. Sie sollten unterlassen werden, wenn sie sich genesungsverzögernd auswirken. Dabei sind vor allem die Art der Erkrankung und die konkrete Freizeitaktivität ausschlaggebend.

a. Sportliche Tätigkeit

Sportliche Tätigkeiten sind meist nur schwer mit einer Arbeitsunfähigkeit zu vereinbaren. Das gilt jedenfalls dann, wenn ein körperliches Gebrechen Hintergrund der Arbeitsunfähigkeit ist. Pauschale Äußerungen lassen sich hierzu jedoch nicht treffen. Bei einzelnen Erkrankungen kann die sportliche Betätigung die Genesung sogar beschleunigen. Dem ärztlichen Rat kommt hier entscheidende Bedeutung zu. Wird ein Arbeitnehmer ärztlich angewiesen, sich ruhig zu verhalten und tritt trotzdem als Linienrichter eines Fußballspiels auf, kann eine ordentliche Kündigung gerechtfertigt sein.[175]

---

173 BAG, Urt. v. 26.8.1993 – 2 AZR 154/93, NZA 1994, 63.
174 Zu einem ähnlich gelagerten Fall vgl. LAG Hamm, Urt. v. 28.5.1998, BeckRS 1998, 30460861. Dort ging eine arbeitsunfähige Druckerin mehrere Stunden einer Nebentätigkeit in einer Gaststätte nach. Die darauffolgende Kündigung war rechtswirksam.
175 Vgl. LAG Niedersachsen, Urt. v. 1.9.1983 – 11 Sa 20/83, BB 1984, 1233.

Letztlich sind die Umstände des Einzelfalles entscheidend, ob die sportliche Tätigkeit zur Zulässigkeit einer Kündigung führen kann. Die Stellung im Betrieb und damit einhergehende Verantwortung kann eine besondere Betrachtung nahelegen, wie dieser Fall zeigt:[176]

Der Arbeitnehmer ist als ärztlicher Gutachter für Arbeitsunfähigkeitsbescheinigungen bei einem Medizinischen Dienst der Krankenversicherung beschäftigt. Er war aufgrund einer Hirnhautentzündung für einige Monate krankgeschrieben. Während dieser Zeit unternahm er einen mehrtägigen Skiurlaub, in dem er stürzte und sich das Schien- und Wadenbein brach. Dieser Unfall verlängerte seine Arbeitsunfähigkeit, woraufhin er gekündigt wurde. Der Arbeitnehmer behauptete im Prozess, er habe durch die Krankheit nur Konzentrationsprobleme, dagegen keine körperlichen Beschwerden gehabt, weshalb das Skifahren seine Krankheit nicht verschlimmerte.

Vor dem BAG hielt die außerordentliche Kündigung stand. Der Arbeitnehmer müsse als Arzt in besonderem Maße dafür sensibilisiert sein, dass ein Skiurlaub nicht mit seiner auf einer Hirnhautentzündung beruhenden Arbeitsunfähigkeit in Einklang zu bringen war.[177] Der Senat sah in dem Verhalten sogar einen besonders schweren Pflichtenverstoß, da der Arbeitnehmer als ärztlicher Gutachter in besonderem Maße dazu verpflichtet sei, das Vertrauen Außenstehender in die korrekte Aufgabenerledigung seines Arbeitgebers nicht zu erschüttern.[178] Durch sein eigenes genesungswidriges Verhalten gebe der Arbeitnehmer zu erkennen, dass die Maßstäbe bei der Begutachtung anderer Arbeitnehmer für ihn selbst nicht greifen.[179] Das Ansehen des Arbeitgebers als neutrale und objektive Gutachterstelle werde dadurch wesentlich beeinträchtigt.[180] Durch den Skiurlaub schürte der Arbeitnehmer zudem Zweifel, ob er die seiner Arbeit zugrundeliegenden Richtlinien ausreichend verinnerlicht habe und damit beeinträchtigte er die Vertragspflichten erheblich.[181]

b. Sonstige Tätigkeiten

Sonstige Freizeitaktivitäten eines Arbeitnehmers während einer Arbeitsunfähigkeit sind oft zulässig. Ein Arbeitnehmer muss nicht während der gesamten Zeit

---

176 Vgl. BAG, Urt. v. 2.3.2006 – 2 AZR 53/05, NZA-RR 2006, 636.
177 Vgl. BAG, Urt. v. 2.3.2006 – 2 AZR 53/05, NZA-RR 2006, 636.
178 BAG, Urt. v. 2.3.2006 – 2 AZR 53/05, NZA-RR 2006, 636 (639).
179 Vgl. BAG, Urt. v. 2.3.2006 – 2 AZR 53/05, NZA-RR 2006, 636.
180 BAG, Urt. v. 2.3.2006 – 2 AZR 53/05, NZA-RR 2006, 636 (639).
181 BAG, Urt. v. 2.3.2006 – 2 AZR 53/05, NZA-RR 2006, 636 (639).

der Arbeitsunfähigkeit das Bett hüten. Denn Arbeitsunfähigkeit ist nicht mit der Pflicht gleichzusetzen, Bett oder Haus nicht zu verlassen.[182] Sofern der Arbeitnehmer nicht unter häuslicher Aufenthaltspflicht steht, darf er in einem gewissen Rahmen Aktivitäten auch außerhalb der Wohnung wahrnehmen.

Ein Fußballfan muss beispielsweise nicht zwangsweise auf den Sportstadienbesuch verzichten. Der Besuch eines Fußballspiels stellt nämlich nicht so ein schwerwiegendes genesungswidriges Verhalten dar, dass eine ordentliche Kündigung angemessen wäre, wenn der Arbeitnehmer mit einer Fußverletzung nicht zur Bettruhe oder zum Aufenthalt zu Hause verpflichtet ist.[183]

Ebenso darf ein erkrankter Lagerarbeiter für fünf Stunden als Ordner eines Fußballspiels tätig sein.[184] Eine außerordentliche Kündigung ist nicht gerechtfertigt, wenn dem Arbeitnehmer keine besonderen ärztlichen Verhaltensregeln auf den Weg gegeben wurden, denn die Ordnertätigkeit ist nicht vergleichbar mit den arbeitsvertraglichen Pflichten des Lagerarbeiters, da die Tätigkeit kein ständiges Heben und Bücken erfordere.[185]

Ein mehrstündiger Besuch eines Spielkasinos mit einer längeren An- und Abfahrt im PKW am Tag der Krankschreibung, kann dagegen zur Verzögerung der Genesung beitragen und eine ordentliche Kündigung rechtfertigen.[186]

Die Unterstützung eines Freundes bei der Wohnungsrenovierung (Halten der Tapete, Messen mit einem Zollstock) trägt ohne vorherige Abmahnung dagegen keine ordentliche Kündigung.[187]

III. Ergebnis

An das außerdienstliche Verhalten während einer ärztlich attestierten Arbeitsunfähigkeit sind andere Anforderungen zu stellen als an das außerdienstliche Verhalten von gesunden Arbeitnehmern. Da der Arbeitgeber ohne Gegenleistung zur Lohnfortzahlung bis zur Dauer von sechs Wochen (§ 3 Abs. 1 EFZG) verpflichtet ist bzw. nach Ablauf der sechs Wochen ggf. Zuzahlungen leisten muss und keine Planungssicherheit besteht, gilt für den erkrankten Arbeitnehmer die Pflicht, sich nicht genesungswidrig zu verhalten. Er muss sein privates Leben so ausrichten, dass er bald wieder gesundet und hat alles zu unterlassen, was der

---

182 LAG Hamm, Beschl. v. 13.12.2006 – 10 TaBV 72/06, BeckRS 2007, 44221.
183 Vgl. ArbG Dortmund, Urt. v. 12.3.2019 – 5 Ca 3705/18, BeckRS 2019, 22119.
184 Vgl. LAG Hamm, Urt. v. 16.9.2005 – 10 Sa 2425/04, BeckRS 2005, 43788.
185 LAG Hamm, Urt. v. 16.9.2005 – 10 Sa 2425/04, BeckRS 2005, 43788.
186 Vgl. LAG Hamm, Urt. v. 11.5.1982 – 13 Sa 85/82, DB 1983, 235.
187 Vgl. LAG Köln, Urt. v. 9.10.1998 – 11 Sa 400/98, NZA-RR 1999, 188.

Genesung schaden kann. Verstößt er gegen diese Treuepflicht, die sich aus § 241 Abs. 2 BGB ableitet, kann eine Abmahnung oder Kündigung gerechtfertigt sein. Welche Verhaltensweisen mit der Arbeitsunfähigkeit nicht in Einklang zu bringen sind, ist abhängig von dem konkreten Einzelfall. Je nach Art, Schwere und Dauer der Arbeitsunfähigkeit sowie ärztlichem Rat, kann ein Verhalten als genesungswidrig eingestuft werden. Es reicht aus, wenn durch das Verhalten der Heilungsprozess verzögert werden kann; eine tatsächliche Verzögerung ist nicht erforderlich.

Nebentätigkeiten bei Dritten sind auch während der Arbeitsunfähigkeit erlaubt. Sie dürfen jedoch nicht gegen die Wettbewerbsinteressen des Arbeitgebers verstoßen und den Heilungsprozess verzögern. Ist die Beschäftigung der Haupt- und Nebentätigkeit in ihrer Art und ihrem Umfang vergleichbar, kann eine Kündigung – entweder im Vorwurf der vorgetäuschten Arbeitsunfähigkeit oder des genesungswidrigen Verhaltens – zulässig sein.

Sportliche Aktivitäten während der Arbeitsunfähigkeit sind differenziert zu beurteilen. Die ärztliche Diagnose sowie Therapieempfehlung sind hierbei von ausschlaggebender Bedeutung.

Sonstige Freizeitaktivitäten führen dagegen nicht stets zu einer Verzögerung des Heilungsprozesses. Eine Abmahnung hat in solchen Fällen einer Kündigung in der Regel vorauszugehen.

C. Gesamtergebnis des ersten Kapitels

Außerdienstliches Verhalten kann eine Kündigung nur in Ausnahmefällen rechtfertigen. Das Privatleben ist vom Arbeitsverhältnis grundsätzlich zu trennen. Den Arbeitgeber geht es an sich nichts an, wie sich der Arbeitnehmer in seinem Privatleben verhält. Die vertragliche Rücksichtnahmepflicht aus § 241 Abs. 2 BGB gebietet es jedoch, das außerdienstliche Verhalten so zu gestalten, dass berechtigte Interessen des Arbeitgebers nicht beeinträchtigt werden. Eine Verletzung der Rücksichtnahmepflicht liegt vor, wenn das Verhalten negative Auswirkungen auf den Betrieb oder einen Bezug zum Arbeitsverhältnis hat. Das ist beispielsweise der Fall, wenn ein Arbeitnehmer eine Straftat unter Nutzung der Betriebsmittel begeht, oder der Arbeitgeber mit der Straftat in Verbindung gebracht wird.

In Ausnahmefällen können dem Arbeitnehmer im Arbeitsvertrag ausdrückliche Handlungspflichten auferlegt werden (z.B. Verbot der Einnahme von Dopingmittel im Profisport). Ein Verstoß gegen diese Pflicht kann ebenso eine verhaltensbedingte Kündigung nach sich ziehen.

Daneben kann außerdienstliches Verhalten Rückschlüsse auf die Eignung des Arbeitnehmers zulassen, die eine personenbedingte Kündigung rechtfertigen können.

Im öffentlichen Dienst und bei Tendenzträgern dürfen in bestimmten Grenzen erhöhte Anforderungen an das außerdienstliche Verhalten der Mitarbeiter gestellt werden. Ähnliches gilt für arbeitsunfähige Arbeitnehmer. Sie dürfen sich während der Arbeitsunfähigkeit nicht genesungswidrig verhalten, d.h. den Heilungsprozess durch ihr außerdienstliches Verhalten verzögern.

Welches Verhalten das Arbeitsverhältnis konkret berührt, ist eine Frage des Einzelfalles. Es kommt unter anderem auf die Stellung des Arbeitnehmers im Betrieb sowie die Art und Schwere der Pflichtverletzung an.

Zweites Kapitel: Außerarbeitsvertragliches Fehlverhalten bei Arbeitsverhältnissen mit Konzernbezug

Mit dem Zusammenschluss von Unternehmen zu einem Konzern ergeben sich viele rechtliche Fragen, die immer wieder Einschlag in den rechtswissenschaftlichen Diskurs finden. Ein Konzern ist ein Zusammenschluss mehrerer Unternehmen unter einheitlicher Leitung (vgl. § 18 AktG). Der Konzern weist keine eigenständige Rechtspersönlichkeit auf.[188] Die Konzernunternehmen sind rechtlich selbständig. In ihrem Bestand sind sie voneinander unabhängig.

Trotzdem sind die Unternehmen durch den Zusammenschluss in gewisser Weise verbunden. Auch der Gesetzgeber erkennt diese Verbindung in einigen Belangen an, indem er Konzernunternehmen eine Sonderstellung einräumt. Durch das Konzernprivileg in § 1 Abs. 3 Nr. 2 AÜG unterliegt die Arbeitnehmerüberlassung in konzernverbundenen Unternehmen beispielsweise geringeren Hürden.

Besondere Fallgestaltungen treten bei Konzernunternehmen bezüglich außerarbeitsvertraglichem Fehlverhalten auf. Sie wurzeln in den Eigenarten des Konzerngefüges. Diese speziell konzernspezifischen Rechtsfragen kommen im Zusammenhang mit Pflichtverletzungen bei Entsendungen sowie bei Straftaten auf, die sich z.B. gegen das Vermögen einer Konzernschwester richten.

A. Entsendungsfälle

Von Arbeitnehmern wird immer häufiger Mobilität erwartet und gefordert. In (internationalen) Konzernen kommen Entsendungen von Arbeitnehmern in der Praxis mehr und mehr vor. Viele Arbeitnehmer wechseln innerhalb eines Konzerns den Arbeitsplatz, sei es z.B. für eine berufliche Weiterentwicklung, eine Beförderung oder für einen sachlich notwendigen oder gewünschten Auslandsaufenthalt.

Mit dem Wechsel der Arbeitsstelle innerhalb des Konzerns wechselt meist auch der Arbeitgeber. Die konkreten Arbeitsverträge werden nur zwischen dem Arbeitnehmer und dem Unternehmen selbst geschlossen. Die Vertragspartei

---

188 ErfK/*Preis* BGB § 611a Rn. 217; HK-ArbR/*Kreuder/Matthiessen-Kreuder* BGB §§ 611, 611a Rn. 109; *Henssler*, Arbeitsvertrag im Konzern, S. 38.

auf Arbeitgeberseite ist nicht „der Konzern". Folglich bestehen die vertraglichen Pflichten auch nur gegenüber dem Unternehmen, in dem der Arbeitnehmer faktisch beschäftigt ist.

Für die Entsendung innerhalb des Konzerns gibt es viele vertragliche Gestaltungsmöglichkeiten. In der Praxis sehr verbreitet ist die Konstellation, bei der das Arbeitsverhältnis mit dem entsendenden Unternehmen („Stammarbeitsverhältnis") weiterhin aufrechterhalten bleibt. Die Rechte und Pflichten aus diesem Rechtsverhältnis werden während der Zeit der Entsendung ruhend gestellt. Das hat zur Folge, dass die Hauptleistungspflichten ausgesetzt sind. Die Nebenpflichten aus § 241 Abs. 2 BGB bestehen weiterhin grundsätzlich fort.[189]

Daneben schließt eine Tochtergesellschaft (der neue Arbeitgeber) mit dem Arbeitnehmer ein Arbeitsverhältnis, das die Vertragspflichten und Rahmenbedingungen für das nun aktive Beschäftigungsverhältnis begründet.

In dieser Variante kommt es damit zu einer „Vervielfachung der Schuldverhältnisse".[190]

Wurde ein Arbeitnehmer zu einem anderen Konzernunternehmen entsandt und begeht dort ein Fehlverhalten, wird dies selbstverständlich Konsequenzen in diesem Vertragsverhältnis haben. Fraglich ist, ob dieses Fehlverhalten auch eine Abmahnung oder Kündigung im Stammarbeitsverhältnis tragen kann. Die Antworten sind teilweise umstritten.

I. Grundsatz des BAG und der herrschenden Lehre

Die Rechtsprechung[191] und die herrschende Lehre[192] nehmen im Grundsatz an, dass ein erhebliches Fehlverhalten eines Arbeitnehmers in einem konzernrechtlich verbundenen Unternehmen eine ordentliche oder außerordentliche Kündigung des Stammarbeitsverhältnisses rechtfertigen kann, wenn das Arbeitsverhältnis durch das Fehlverhalten konkret und erheblich beeinträchtigt wird. Es könne entweder eine verhaltensbedingte Kündigung oder, wenn das Verhalten für die Eignung des Mitarbeiters erheblich wird, eine personenbedingte

---

189 BAG, Urt. v. 27.11.2008 – 2 AZR 193/07, NZA 2009, 671 (674).
190 *Vielmeier*, NZA 2020, 1510.
191 BAG, Urt. v. 27.11.2008 – 2 AZR 193/07, NZA 2009, 671; BAG, Urt. v. 20.9.1984 – 2 AZR 233/83, NZA 1985, 285; siehe auch LAG Köln, Urt. v. 28.3.2001 – 8 Sa 405/00, NZA-RR 2002, 85.
192 *Windbichler*, Arbeitsrecht im Konzern S. 141 ff.; MHdB ArbR/*Temming* § 25 Rn. 31; *Sauerzapf*, Ruhendes Arbeitsverhältnis, S. 134 ff.; KR/*Fischmeier/Krumbiegel* BGB § 626 Rn. 430; *Neufeld*, BB 2009, 1868 (1871); *Reiter*, NZA-Beilage 2014, 22 (27).

Kündigung gerechtfertigt sein.[193] Letzteres wäre der Fall, wenn der Arbeitgeber wegen des groben Fehlverhaltens gegenüber dem anderen Konzernunternehmen nicht mehr mit einer sachgerechten Vertragserfüllung rechnen kann.[194] Die konzernrechtliche Verknüpfung führe allerdings nicht dazu, dass ein Fehlverhalten in dem „aktiven" Rechtsverhältnis automatisch auch im Stammarbeitsverhältnis eine Vertragspflichtverletzung darstellt und kündigungsrelevant wird.[195] Allein die Konzernbindung berühre die Rechte und Pflichten des Arbeitnehmers noch nicht.[196] Vielmehr müsse das Tätigkeitwerden bei den unterschiedlichen Konzernunternehmen in Zusammenhang stehen, beispielsweise durch entsprechende arbeitsvertragliche Pflichtenumschreibung (Konzernversetzungs-, Abordnungs-, Matrixklausel[197]).[198] Wenn eine solche Verknüpfung besteht, hänge es im Wesentlichen vom Inhalt der getroffenen Vereinbarung ab, ob und inwieweit ein Fehlverhalten für das Stammarbeitsverhältnis kündigungsrelevant werden kann.[199]

Fehlt eine solche Pflichtenvereinbarung, kann die verhaltensbedingte Kündigung nur über einen Pflichtenverstoß gegen die Rücksichtnahmepflicht aus § 241 Abs. 2 BGB begründet werden.

Die Rücksichtnahmepflicht aus § 241 Abs. 2 BGB bestehe insofern auch bei ruhenden Arbeitsverhältnissen fort, da sie nicht in unmittelbarem Zusammenhang mit den Hauptleistungspflichten stehen.[200] Trotz dessen stünden die Rücksichtnahmepflichten nicht in einem freien Raum.[201] Sie sind vielmehr schon nach dem Wortlaut des § 241 Abs. 2 BGB eng mit dem Inhalt des Schuldverhältnisses verknüpft.[202] Handlungs- und Unterlassungspflichten können sie nur

---

193 BAG, Urt. v. 27.11.2008 – 2 AZR 193/07, NZA 2009, 671 (673).
194 BAG, Urt. v. 27.11.2008 – 2 AZR 193/07, NZA 2009, 671 (673).
195 BAG, Urt. v. 27.11.2008 – 2 AZR 193/07, NZA 2009, 671 (673); BAG, Urt. v. 20.9.1984 – 2 AZR 233/83, NZA 1985, 285; *Windbichler*, Arbeitsrecht im Konzern, S. 152 f.
196 BAG, Urt. v. 27.11.2008 – 2 AZR 193/07, NZA 2009, 671 (673); APS/*Preis* Teil 1 C Rn. 88.
197 Maschmann/Fritz Matrixorganisationen/*Maschmann* Kapitel 3 Rn. 271.
198 BAG, Urt. v. 27.11.2008 – 2 AZR 193/07, NZA 2009, 671 (673).
199 BAG, Urt. v. 27.11.2008 – 2 AZR 193/07, NZA 2009, 671 (673); BAG, Urt. v. 20.9.1984 – 2 AZR 233/83, NZA 1985, 285.
200 BAG, Urt. v. 27.11.2008 – 2 AZR 193/07, NZA 2009, 671 (673).
201 ErfK/*Preis* BGB § 611a Rn. 809.
202 BAG, Urt. v. 27.11.2008 – 2 AZR 193/07, NZA 2009, 671 (673); Schaub ArbR-HdB/ *Linck* § 53 Rn. 3.

in Bezug auf das Arbeitsverhältnis auslösen.[203] Sind die Hauptleistungspflichten ruhend gestellt, liegt in der Rücksichtnahmepflicht vor allem die Verpflichtung, das Wiederaufleben des Arbeitsverhältnisses nicht zu gefährden und sich gegenüber dem Arbeitgeber loyal zu verhalten.[204] Eine Pflicht zur ordnungsgemäßen Tätigkeit im Entsendungsunternehmen folge daraus allerdings nicht.[205] Auch könne aus der Rücksichtnahmepflicht von ruhenden Arbeitsverhältnissen die Pflicht abgeleitet werden, den Arbeitgeber nicht zu schädigen und während der Zeit des Ruhens besonders schädigende Verhaltensweisen zu unterlassen.[206] Durch die Verursachung eines wirtschaftlichen Schadens könne es daher auch zu einer Vertragsverletzung des Stammarbeitsverhältnisses kommen.[207]

Nach der Rechtsprechung und der herrschenden Meinung in der Literatur schlägt Fehlverhalten bei einer Konzernschwester also im Ergebnis nicht automatisch auf das Arbeitsverhältnis mit dem anderen Unternehmen durch. Die Konzernbindung führe in der Regel nicht zu einer Vergrößerung des Pflichtenrahmens und einer Bindung des Arbeitnehmers gegenüber sämtlichen Unternehmen des Konzerns. Die Arbeitsverhältnisse sind deshalb grundsätzlich getrennt zu beurteilen und die soziale Rechtfertigung der Kündigung richtet sich nach den jeweiligen arbeitsvertraglichen Beziehungen. Eine Pflichtverletzung im Leistungsbereich „indiziert wegen der unterschiedlichen Pflichtenstruktur der Rechtsverhältnisse nicht zwingend vergleichbare Vertragsverletzungen in dem fortbestehenden Arbeitsverhältnis".[208]

II. Einschränkende Sicht eines Teils der Literatur

Einzelne Stimmen in der Literatur[209] weichen von den Grundsätzen des BAG teilweise ab.

203 BAG, Urt. v. 27.11.2008 – 2 AZR 193/07, NZA 2009, 671 (674); ErfK/*Preis* BGB § 611a Rn. 809.
204 BAG, Urt. v. 27.11.2008 – 2 AZR 193/07, NZA 2009, 671 (674); *Sauerzapf*, Ruhendes Arbeitsverhältnis, S. 105.
205 BAG, Urt. v. 27.11.2008 – 2 AZR 193/07, NZA 2009, 671 (674); so aber die Vorinstanz LAG Berlin, Urt. v. 19.12.2006 – 7 Sa 1335/06, BeckRS 2009, 62450.
206 BAG, Urt. v. 27.11.2008 – 2 AZR 193/07, NZA 2009, 671 (674).
207 In diese Richtung BAG, Urt. v. 27.11.2008 – 2 AZR 193/07, NZA 2009, 671 (674).
208 BAG, Urt. v. 27.11.2008 – 2 AZR 193/07, NZA 2009, 671.
209 Braun/Wisskirchen/*Röhrborn*, Konzernarbeitsrecht, Teil I. Abschn. 3. Rn. 148; Maschmann/Fritz Matrixorganisation/ *Maschmann*, Kap. 3 Rn. 272.

Sie sehen die in der Entscheidung aufgestellten Grundsätze für richtig an, wenn das Arbeitsverhältnis nur zwischen Arbeitgeber und Arbeitnehmer besteht und es keinerlei vertragliche Abreden im Verhältnis zum verbundenen Unternehmen gibt.[210]

Wird das Arbeitsverhältnis dagegen ruhend gestellt, können Pflichtverletzungen in einem anderen Konzernunternehmen für das ruhende Arbeitsverhältnis nicht von Bedeutung sein.[211] Es mache nämlich einen Unterschied, „ob der Arbeitnehmer [einerseits] in Vollzug seiner Tätigkeitspflicht gegenüber seinem Vertragspartner (Arbeitgeber) bei einem verbundenen Unternehmen ein erhebliches Fehlverhalten zeigt, z.B. bei einer Matrixstruktur oder konzerninterner Arbeitnehmerüberlassung [...]. Oder aber andererseits, ob der Mitarbeiter sein Arbeitsverhältnis mit dem Arbeitgeber ruhend gestellt hat und bei einem [anderen] Konzernunternehmen auf Grundlage eines dortigen neuen Arbeitsvertrages tätig ist. Denn im ersteren Fall schuldet der Arbeitnehmer ja seine fehlerfreie Tätigkeit gegenüber seinem Vertragspartner, in dessen Betrieb der Mitarbeiter zwar nicht arbeitet, dem gegenüber er aber unmittelbar zur sorgfältigen Pflichtenerfüllung verpflichtet ist. Bei ruhendem Arbeitsverhältnis und Entsendung in ein anderes Konzernunternehmen ist der Mitarbeiter zunächst nur gegenüber seinem aktuellen Arbeitgeber verpflichtet. Das ruhende Arbeitsverhältnis wird durch Pflichtverletzungen beim verbundenen Unternehmen grundsätzlich nicht berührt".[212] Die Konzernunternehmen hätten in diesem Fall nichts miteinander zu tun.[213]

Röhrborn plädiert deshalb dafür, ein Durchschlagen des Fehlverhaltens auf ruhende Arbeitsverhältnisse nur dann anzunehmen, wenn besonders schwere Verfehlungen vorliegen, die im Zusammenhang mit der arbeitsvertraglichen Pflichtenerfüllung stehen (Straftaten wie Untreue, Geheimnisverrat oder Bestechung).[214] Im Übrigen seien die Grundsätze des außerdienstlichen Verhaltens heranzuziehen.[215]

---

210 Braun/Wisskirchen/*Röhrborn*, Konzernarbeitsrecht, Teil I. Abschn. 3. Rn. 148.
211 Braun/Wisskirchen/*Röhrborn*, Konzernarbeitsrecht, Teil I. Abschn. 3. Rn. 148.
212 Braun/Wisskirchen/*Röhrborn*, Konzernarbeitsrecht, Teil I. Abschn. 3. Rn. 148; zustimmend Maschmann/Fritz Matrixorganisation/ *Maschmann*, Kap. 3 Rn. 272.
213 Maschmann/Fritz Matrixorganisation/*Maschmann*, Kap. 3 Rn. 272.
214 Braun/Wisskirchen/*Röhrborn*, Konzernarbeitsrecht, Teil I. Abschn. 3. Rn. 149.
215 Braun/Wisskirchen/*Röhrborn*, Konzernarbeitsrecht, Teil I. Abschn. 3. Rn. 149.

III. Bewertung und Stellungnahme

Um sich der Lösung zu nähern, bietet es sich an, gedanklich zwei Schritte zu gehen. Zunächst muss geprüft werden, ob sich eine Pflichtverletzung bei einem anderen Arbeitgeber auf das Arbeitsverhältnis auswirken kann. Sodann muss überprüft werden, ob sich an dem Ergebnis aufgrund der Konzernbindung etwas ändert.

Fehlverhalten eines Arbeitnehmers bei einem anderen Unternehmen kann grundsätzlich nicht auf ein anderes Arbeitsverhältnis durchschlagen.

Die vertraglichen Pflichten gelten im Zivilrecht grundsätzlich nur zwischen den vertragsschließenden Parteien. Eine Wirkung darüber hinaus ist dem deutschen Vertragsrecht – abgesehen von sehr wenigen Ausnahmen wie dem Vertrag zugunsten Dritter – fremd. Somit müssen im Ausgangspunkt die beiden Schuldverhältnisse getrennt voneinander betrachtet werden. Das Fehlverhalten in einem Arbeitsverhältnis wirkt sich damit auch nur in diesem aus. Das folgt aus dem Grundsatz der Relativität der Schuldverhältnisse.

Die Lage kann nicht anders bewertet werden, weil sich die Unternehmen in einem Konzernzusammenschluss befinden. Denn die Konzernbindung ändert nichts an der rechtlichen Selbständigkeit der einzelnen Unternehmen. Die arbeitsvertraglichen Bindungen bestehen nach wie vor nur zwischen den vertragsschließenden Unternehmen und den Arbeitnehmern. Auch das Weisungsrecht nach § 106 S. 1 BGB steht nicht jedem Konzernunternehmen zu, sondern nur den jeweiligen Vorgesetzten des konkreten Unternehmens.

Würde man die Konzernbindung als ausreichenden Zusammenhang für ein Durchschlagen ansehen, wäre das eine unsachgerechte Besserstellung des Arbeitgebers. Es gibt keinen sachlichen Grund, dem Arbeitgeber (entgegen allgemein vertraglicher Regelungen) eine Kündigungsmöglichkeit zugutekommen zu lassen.

Etwas anderes kann und muss aber dann gelten, wenn die Pflichten durch besondere Abreden bei dem Schwesterunternehmen Einschlag in das Stammarbeitsverhältnis finden. In diesem Fall erweitern sich die vertraglichen Pflichten des Stammarbeitsverhältnisses auf das Verhalten im aktiven Arbeitsverhältnis. Das Fehlverhalten bei dem Schwesterunternehmen stellt damit zugleich eine Pflichtverletzung des Stammarbeitsverhältnisses dar.

Mit einer solchen Abrede werden aber keine aktiven Handlungspflichten gegenüber dem bisherigen Arbeitgeber begründet. Der Arbeitnehmer schuldet durch die Pflichtenumschreibung nicht eine fehlerfreie Tätigkeit gegenüber dem bisherigen Arbeitgeber. Mithilfe der vertraglichen Abrede sollen vielmehr solche Pflichten niedergelegt werden, auf deren Einhaltung der Arbeitgeber – auch während der Entsendung – besonderen Wert legt. Dogmatisch handelt es sich dabei letztlich um eine ausdrückliche Konkretisierung der Rücksichtnahmepflicht. Verstößt der Arbeitnehmer gegen diese Pflichten, wird das (ruhende) Arbeitsverhältnis konkret und erheblich berührt, weshalb eine Kündigung möglich ist.

Abreden dieser Art unterliegen der Vertragsfreiheit. Sie begünstigen den (Stamm-) Arbeitgeber auch nicht auf ungerechtfertigte Weise, da sie sich in der Regel entweder auf schwere Verstöße beschränken oder in dem bisherigen Arbeitsverhältnis ohnehin von tragender Bedeutung waren.

Bestehen keine vertraglichen Abreden, ist der Rückgriff auf einen Verstoß gegen die Rücksichtnahmepflichten aus § 241 Abs. 2 BGB nach allgemeinen Regeln zulässig.

Dem BAG und der herrschenden Meinung ist daher vollends zuzustimmen.

IV. Anwendungsfälle

Im Folgenden werden die bisher abstrakt erörterten Kriterien mit Beispielen aus der Rechtsprechung belegt.

1. Geschäftsführertätigkeit bei konzernverbundenen Unternehmen

Oftmals bewährt sich ein Arbeitnehmer während seiner Beschäftigung, zeigt Führungsqualitäten und wird deshalb als Geschäftsführer in einer Tochtergesellschaft eingesetzt. Die vertragliche Umsetzung solcher Abreden erfolgt auf unterschiedlichem Wege. Häufig wird ein befristeter Dienstvertrag für die Tätigkeit als Geschäftsführer und daneben eine Entsendevereinbarung abgeschlossen. In dieser werden die gegenseitigen Hauptpflichten aus dem Stammarbeitsverhältnis ruhend gestellt.

a. Vertragliche Verknüpfung der Rechtsverhältnisse

Für eine erweiterte Kündigungsmöglichkeit sollten Arbeitgeber in die Entsendevereinbarung einen Katalog an Pflichten mitaufnehmen, deren Verletzung auch für das Stammarbeitsverhältnis relevant wird. Wie die Vertragsabreden für die erforderliche inhaltliche Verknüpfung ausgestaltet sein müssen, soll hier exemplarisch aufgezeigt werden.

In dem der Grundsatzentscheidung des BAG[216] zugrundeliegenden Sachverhalt war ein Arbeitnehmer zur Ausführung von Geschäftsführertätigkeiten in

---

216 Vgl. BAG, Urt. v. 27.11.2008 – 2 AZR 193/07, NZA 2009, 671.

ein anderes Konzernunternehmen entsandt. Mit dem früheren Arbeitgeber ist eine Entsendungsvereinbarung geschlossen worden, in der die Pflichten des Arbeitsverhältnisses ruhend gestellt waren. Gleichzeitig hielt man ausdrücklich fest, dass der Geschäftsführer nach Beendigung dieser Tätigkeit wieder die Arbeit beim früheren Arbeitgeber aufnehmen soll. Diese „Rückkehroption" machte man allerdings nicht davon abhängig, aus welchem Grund der Geschäftsführervertrag beendet würde. Eine konkrete Pflichtenumschreibung enthielt die Vereinbarung, abgesehen von der Fortgeltung einiger Nebenpflichten (z.b. Schweigepflicht), nicht.

Solch eine Vereinbarung reichte dem Senat nicht aus, um ein Durchschlagen der Pflichtverletzung auf das Stammarbeitsverhältnis zu begründen. Die Entsendungsvereinbarung erkläre zwar die Fortgeltung arbeitsvertraglicher Nebenpflichten, jedoch handle es sich hierbei nur um die üblichen Nebenpflichten.[217] All diese Umstände sprächen eher für eine grundsätzlich gewollte Trennung der Leistungspflichten, die sich aus den jeweiligen Rechtsverhältnissen ergeben.[218]

In einem vom LAG Köln entschiedenen Fall[219] war ein Arbeitnehmer zum Geschäftsführer bestellt. Mit dem ursprünglichen Arbeitgeber schloss er daraufhin einen neuen Arbeitsvertrag, der die vertraglichen Pflichten ruhend stellte. Ein Entsendevertrag bestand, anders als im Urteil des BAG, nicht. Daher ist es wenig überraschend, dass die Kammer die rechtliche Verknüpfung zwischen dem Geschäftsführerdienstvertrag und dem Anschlussarbeitsvertrag als zu lose ansah.[220]

Die Tätigkeit als Geschäftsführer sei in keiner Weise Inhalt oder Gegenstand des ruhenden Anschlussarbeitsverhältnisses, so das LAG Köln.[221] Lediglich die getroffene Anrechnungsabrede, nach der – im Falle der Aktivierung des ruhenden Arbeitsverhältnisses – die absolvierte Dienstzeit als Geschäftsführer als Zeit der Unternehmenszugehörigkeit angerechnet werden soll, zeige eine rechtliche Verknüpfung.[222] Der ruhende Arbeitsvertrag sei demnach als Absicherung des Geschäftsführers für die Zeit nach Beendigung der Geschäftsführertätigkeit geschlossen worden.[223] Das sei aber ein Zeichen für eine grundsätzliche

---

217 BAG, Urt. v. 27.11.2008 – 2 AZR 193/07, NZA 2009, 671 (674).
218 BAG, Urt. v. 27.11.2008 – 2 AZR 193/07, NZA 2009, 671 (674).
219 Vgl. LAG Köln, Urt. v. 02.10.2014 – 7 Sa 7/14, BeckRS 2015, 70902.
220 LAG Köln, Urt. v. 02.10.2014 – 7 Sa 7/14, BeckRS 2015, 70902.
221 LAG Köln, Urt. v. 2.10.2014 – 7 Sa 7/14, BeckRS 2015, 70902.
222 LAG Köln, Urt. v. 2.10.2014 – 7 Sa 7/14, BeckRS 2015, 70902.
223 BAG, Urt. v. 27.11.2008 – 2 AZR 193/07, NZA 2009, 671 (674); LAG Köln, Urt. v. 2.10.2014 – 7 Sa 7/14, BeckRS 2015, 70902.

Trennung der jeweiligen Rechtsverhältnisse und der sich daraus ergebenden Leistungspflichten.[224]

In einem Fall des LAG Baden-Württemberg[225] hatte das Fehlverhalten als CEO dagegen eine Verletzung der arbeitsvertraglichen Pflichten zur Folge. In der dortigen Entsendungsvereinbarung war festgehalten, dass die Bestimmungen des bestehenden Arbeitsvertrages fortgelten, soweit nichts anderes vereinbart ist. Die geschuldete Arbeitsleistung sollte demnach gegenüber der Tochtergesellschaft erbracht werden. Außerdem war dem entsandten Arbeitnehmer ausdrücklich auferlegt, die Firmeninteressen des Einsatzunternehmens zu wahren. Solch eine Vereinbarung verknüpft nach Ansicht der Kammer den Einsatz in der Tochtergesellschaft eng mit dem Arbeitsverhältnis zum ursprünglichen Arbeitgeber.[226] Die Verletzung einer Vertragspflicht, konkret einer Vermögensbetreuungspflicht, im Einsatzunternehmen schlug in diesem Fall deshalb auf das Arbeitsverhältnis durch.[227]

b. Nebenpflichtverletzung/Personenbedingter Kündigungsgrund

Gibt es keine ausreichende (vertragliche) Verknüpfung der beiden Rechtsverhältnisse, kann die Kündigung des Arbeitsverhältnisses auf die Verletzung der Rücksichtnahmepflicht aus § 241 Abs. 2 BGB oder auf personenbedingte Gründe gestützt werden.

Generell gilt es bei einem Fehlverhalten in der Stellung als Geschäftsführer zu beachten, dass sich die Pflichten als Geschäftsführer und die Pflichten als Arbeitnehmer verhaltens- und personenbezogen unterscheiden und dadurch unterschiedliche Bewertungsmaßstäbe gelten, mithin fehlt es in bestimmten Bereichen an der Vergleichbarkeit der Pflichten.

Ein schlechter Geschäftsführer ist noch lange kein schlechter Arbeitnehmer.[228] Kompetenzüberschreitungen als Geschäftsführer sind wegen der vorherrschenden Eigenständigkeit anders zu bewerten als Kompetenzüberschreitungen als Arbeitnehmer, der weisungsgebunden tätig wird.[229] Hat der Arbeitnehmer

---

224 BAG, Urt. v. 27.11.2008 – 2 AZR 193/07, NZA 2009, 671 (674); LAG Köln, Urt. v. 2.10.2014 – 7 Sa 7/14, BeckRS 2015, 70902.

225 Vgl. LAG Baden-Württemberg, Urt. v. 11.7.2013 – 3 Sa 129/12, BeckRS 2013, 70631.

226 LAG Baden-Württemberg, Urt. v. 11.7.2013 – 3 Sa 129/12, BeckRS 2013, 70631.

227 LAG Baden-Württemberg, Urt. v. 11.7.2013 – 3 Sa 129/12, BeckRS 2013, 70631.

228 *Neufeld*, BB 2009, 1870 (1872); Maschmann/Fritz Matrixorganisationen/*Maschmann* Kap. 3 Rn. 278.

229 Maschmann/Fritz Matrixorganisationen/*Maschmann* Kap. 3 Rn. 278.

im Rahmen der weisungsgebundenen Tätigkeit bisher keinerlei Kompetenzen überschritten, stellt dies ein Indiz dar, dass mit zukünftigen Vertragsverstößen nicht zu rechnen ist.[230] Eine Kündigung des Stammarbeitsverhältnisses ist daher nur zulässig, wenn man aus dem Verhalten schließen kann, dass auch in diesem Vertragsverhältnis die Pflichten in ähnlicher Weise vernachlässigt werden könnten.[231] Es muss im Einzelfall sorgfältig geprüft werden, welche konkreten Auswirkungen das Fehlverhalten des Geschäftsführers auf das Stammarbeitsverhältnis hat und inwieweit daraus eine erhebliche Beeinträchtigung der betrieblichen Interessen des Arbeitgebers resultiert.[232] Dabei ist beispielsweise zu berücksichtigen, ob die zukünftigen Arbeitsaufgaben streng festgelegt sind oder einen weiten Spielraum eröffnen, was die Art der Arbeitsaufgabe angeht.[233]

Im ruhenden Arbeitsvertrag, der für die Entsendung neu geschlossen wird, kann beispielsweise festgelegt werden, dass die künftige Tätigkeit gleichwertig (und nicht: gleichartig) sein soll.[234] Wäre der Arbeitnehmer aufgrund des Fehlverhaltens als Geschäftsführer für eine gewisse Tätigkeit ungeeignet, könne ihm aber noch eine gleichwertige, aber andersartige Aufgabe übertragen werden.[235] Verletzt ein Geschäftsführer dagegen „nur" die Pflicht, seine Geschäftsführeraufgaben sorgfältig und gewissenhaft zu erledigen, ist die Abberufung als Geschäftsführers eine angemessene Reaktion.[236]

Ein personenbedingter Kündigungsgrund eines Arbeitnehmers, der in einer Tochtergesellschaft zum Geschäftsführer bestellt wurde, liegt beispielsweise vor, wenn der Geschäftsführer vorsätzlich Zustimmungserfordernisse im Verhältnis zum Aufsichtsrat missachtet.[237] Ein vorsätzliches Hinwegsetzen über Kompetenzregeln kann die Vertrauenswürdigkeit und Zuverlässigkeit des Arbeitnehmers beeinflussen.[238]

Das LAG Hessen hielt die außerordentliche Kündigung des (ruhenden) Arbeitsverhältnisses eines Geschäftsführers für zulässig, die auf eine schwere

230 BAG, Urt. v. 27.11.2008 – 2 AZR 193/07, NZA 2009, 671 (675).
231 Vgl. auch *Dikomey*, Ruhendes Arbeitsverhältnis, S. 212.
232 BAG, Urt. v. 27.11.2008 – 2 AZR 193/07, NZA 2009, 671 (676)
233 LAG Köln, Urt. v. 02.10.2014 – 7 Sa 7/14, BeckRS 2015, 70902.
234 So bei LAG Köln, Urt. v. 02.10.2014 – 7 Sa 7/14, BeckRS 2015, 70902.
235 LAG Köln, Urt. v. 02.10.2014 – 7 Sa 7/14, BeckRS 2015, 70902.
236 LAG Düsseldorf, Urt. v. 12.1.2011 – 12 Sa 1411/10, BeckRS 2011, 69009; *Dikomey*, Ruhendes Arbeitsverhältnis, S. 211 f.
237 Vgl. BAG, Urt. v. 27.11.2008 – 2 AZR 193/07, NZA 2009, 671.
238 BAG, Urt. v. 27.11.2008 – 2 AZR 193/07, NZA 2009, 671 (676).

Straftat im Geschäftsführerverhältnis gestützt war.[239] Der Geschäftsführer fingierte dabei ein Arbeitsverhältnis, in dem er nicht mit der eigentlichen Beschäftigten ein Arbeitsverhältnis schloss, sondern deren Sohn im Rahmen eines geringfügigen Beschäftigungsverhältnisses „auf dem Papier" anstellte. Hintergrund war, dass die Beschäftigte schon in einem anderen geringfügigen Beschäftigungsverhältnis stand und damit die Verdienstgrenzen einer gesetzlich zulässigen geringfügigen Beschäftigung überschritten hätte. Der Geschäftsführer teilte der Personalabteilung mit, dass mit dem Sohn ein Arbeitsvertrag abzuschließen sei. Mit dieser Fiktion des Arbeitsverhältnisses verwirklichte der Geschäftsführer die Betrugstatbestände der §§ 266a und 263 Abs. 1 StGB.

Das Gericht sah in diesem Verhalten sowohl eine Verletzung der Rücksichtnahmepflicht aus § 241 Abs. 2 BGB als auch einen personenbedingten Kündigungsgrund. „Indem er [der Geschäftsführer] die Straftatbestände der §§ 266a und 263 Abs. 1 StGB verwirklicht hat, hat er zugleich insbesondere gegen seine Verpflichtung verstoßen, dass [sic!] Wiederaufleben des Arbeitsverhältnisses nicht zu gefährden und sich weiterhin gegenüber dem Arbeitgeber loyal zu verhalten. Hierbei gilt es zu berücksichtigen, dass der Kläger nicht nur die angeführten Straftatbestände verwirklicht hat, sondern sich dazu auch der Personalabteilung der Beklagten bedient hat. Darüber hinaus hat der Kläger gezielt ausgenutzt, dass er als Geschäftsführer [...] in dieser Position keiner Kontrolle durch die Personalabteilung der Beklagten unterlag."[240]

Das Verhalten führte außerdem zu einem schweren Eignungsmangel für die sachgerechte Erfüllung seines (ruhenden) Arbeitsvertrages.[241] Grundsätzlich können Straftaten die Prognose rechtfertigen, der Arbeitnehmer werde seine Arbeitsaufgaben in Zukunft nicht mehr zuverlässig oder ordnungsgemäß erfüllen.[242] Der Geschäftsführer habe hier nicht lediglich versehentlich, sondern vorsätzlich gegen die ihm obliegenden Pflichten verstoßen.[243] Wegen der besonderen Schwere der Verfehlung gäben sie ein Indiz, dass vergleichbare Vertragsverletzungen im Arbeitsverhältnis folgen können.[244]

---

239 Vgl. LAG Hessen, Urt. v. 8.8.2014 – 3 Sa 571/13, BeckRS 2015, 70418.

240 LAG Hessen, Urt. v. 8.8.2014 – 3 Sa 571/13, BeckRS 2015, 70418.

241 LAG Hessen, Urt. v. 8.8.2014 – 3 Sa 571/13, BeckRS 2015, 70418.

242 BAG, Urt. v. 27.11.2008 – 2 AZR 193/07, NZA 2009, 671 (674); siehe auch BAG, Urt. v. 18.1.2007 – 2 AZR 731/05, NZA 2007, 680; LAG Hessen, Urt. v. 8.8.2014 – 3 Sa 571/13, BeckRS 2015, 70418; LKB/*Krause* KSchG § 1 Rn. 307; SPV/*Preis* Rn. 689; vgl. auch Kapitel 1, A. IV. 1.

243 LAG Hessen, Urt. v. 8.8.2014 – 3 Sa 571/13, BeckRS 2015, 70418.

244 LAG Hessen, Urt. v. 8.8.2014 – 3 Sa 571/13, BeckRS 2015, 70418.

2. Entsendungen im In- und ins Ausland

Die aufgestellten Grundsätze des BAG für das Durchschlagen von Pflichtverletzungen im Geschäftsführerverhältnis lassen sich problemlos auf alle Entsendungen im In- und Ausland übertragen, da die Ausgangslage ähnlich ist.[245] Die entsandten Arbeitnehmer bleiben dabei oft auch bei der Konzernschwester in der Stellung als Arbeitnehmer beschäftigt, weshalb sie im aktiven Arbeitsverhältnis sowie im Stammarbeitsverhältnis ähnliche Pflichten gegenüber ihrem Vertragsarbeitgeber treffen. Insoweit sind die Gesichtspunkte zu den unterschiedlichen Bewertungsmaßstäben der Tätigkeit eines Geschäftsführers meist irrelevant.

B. (Vermögens-)Delikte gegenüber Konzernschwestern

Die kündigungsrechtliche Relevanz von Straftaten im außerdienstlichen Bereich wurde im vorherigen Kapitel bereits behandelt. Bei Konzernsachverhalten kann es hier zu einer Besonderheit kommen, wenn der Arbeitnehmer nicht bei seinem eigenen Arbeitgeber, sondern gegenüber einer Konzernschwester eine Straftat begeht.

Die kündigungsrechtliche Beurteilung solcher Geschehnisse, in denen Arbeitnehmer eine (vermögensrechtliche) Straftat gegenüber einem konzernrechtlich verbundenen Unternehmen begehen, fand das ein oder andere Mal Eingang in die Rechtsprechung. In den beiden hier zu thematisierenden Entscheidungen handelt es sich um Vermögensdelikte, die gegenüber einer Konzernschwester des Arbeitgebers begangen worden sind. Der Schaden trat daher auch nicht beim Arbeitgeber, sondern bei der Konzernschwester ein.

I. Ordentliche Kündigung wegen Diebstahls

In einem vom BAG entschiedenen Fall[246] beging eine Arbeitnehmerin bei einer Konzernschwester außerhalb ihrer Arbeitszeit einen Diebstahl im Gesamtwert von 69,26 DM. Zunächst stellt der Senat fest, dass es sich bei dem im Warenhaus der Konzernschwester begangenen Diebstahl nicht um eine gegen den Arbeitgeber gerichtete Straftat handele. Es gäbe keine Anhaltspunkte für arbeitsvertragliche Abreden zur Konzernschwester.[247] Die Konzernbindung ändere nichts,

---

245 Vgl. auch *Sauerzapf*, Ruhendes Arbeitsverhältnis, S. 134 ff.; *Reiter*, NZA-Beilage 2014, 22 (27).

246 Vgl. BAG, Urt. v. 20.9.1984 – 2 AZR 233/83, NZA 1985, 285.

247 BAG, Urt. v. 20.9.1984 – 2 AZR 233/83, NZA 1985, 285.

da sie nicht zur Erweiterung der Pflichten führe.[248] Das Fehlverhalten sei daher als außerdienstliches Verhalten zu qualifizieren.[249] Trotzdem wurde durch den Diebstahl das Vertrauensverhältnis zum Arbeitgeber beeinträchtigt, weshalb eine ordentliche Kündigung im Endeffekt gerechtfertigt war.[250] Die Gründe lagen in speziellen Gegebenheiten des Einzelfalles: Der Arbeitgeber räumte seinen Mitarbeitern in dem bestohlenen Warenhaus einen Personalrabatt ein. Deshalb hätten die Arbeitnehmer das Eigentum an den Waren der Konzernschwester so zu achten, als wenn es solche des eigenen Arbeitgebers wären, so das BAG.[251] Der Personalrabatt stelle eine zusätzliche vermögenswerte Leistung dar, der die Arbeitnehmer veranlasse, die Warenhäuser aufzusuchen, in denen die Möglichkeit eines verbilligten Einkaufes bestehe.[252] Die Mitarbeiter stünden nicht sonstigen Kunden gleich.[253] Das Vertrauensverhältnis sei nicht auf die Beziehungen im Unternehmen beschränkt, weshalb der Diebstahl bei der Konzerngesellschaft dazu geeignet war, das Vertrauensverhältnis zu beeinträchtigen und die Kündigung zu rechtfertigen.[254]

Es wird in der Literatur bezweifelt, dass dieser Umstand als Vertragspflichtverletzung gegenüber dem Arbeitgeber zu werten sei.[255] Nach der gängigen Schuldrechtsdogmatik müsse die Schädigung des Arbeitgebers bei der Abwicklung des Schuldverhältnisses geschehen oder das vom Vertragszweck geforderte Vertrauen erschüttert werden.[256] Letzteres hänge von der Stellung des Arbeitnehmers im Betrieb und den konkreten Arbeitsvertragspflichten ab.[257] Das BAG berücksichtige die Frage, ob das Vermögensdelikt außerhalb der vertraglichen Arbeitspflichten bei Gelegenheit stattfand oder der Arbeitnehmer dadurch gerade eine vertragliche Obhutspflicht verletzte, nur im Rahmen einer

---

248 BAG, Urt. v. 20.9.1984 – 2 AZR 233/83, NZA 1985, 285.
249 BAG, Urt. v. 20.9.1984 – 2 AZR 233/83, NZA 1985, 285.
250 So BAG, Urt. v. 20.9.1984 – 2 AZR 233/83, NZA 1985, 285.
251 BAG, Urt. v. 20.9.1984 – 2 AZR 233/83, NZA 1985, 285; so auch APS/*Vossen* BGB § 626 Rn. 283; ErfK/*Niemann* BGB § 626 Rn. 85a.
252 BAG, Urt. v. 20.9.1984 – 2 AZR 233/83, NZA 1985, 285.
253 BAG, Urt. v. 20.9.1984 – 2 AZR 233/83, NZA 1985, 285.
254 BAG, Urt. v. 20.9.1984 – 2 AZR 233/83, NZA 1985, 285.
255 Siehe *Preis*, Prinzipien des Kündigungsrechts, Rn. 1152.
256 *Preis*, Prinzipien des Kündigungsrechts, Rn. 1152 mit Verweis auf *Dütz*, Anm. zu BAG v. 20.9.1984, EzA Nr. 91 zu § 626 BGB n.F., der diese Ausführungen in einem vergleichbaren Fall tätigte.
257 *Preis*, Prinzipien des Kündigungsrechts, Rn. 1152.

Gesamtwürdigung des Vorfalles.[258] Dadurch entstünde die Gefahr einer „unbeschränkten Expansion vertragsrelevanter Pflichten im Arbeitsrecht".[259]

Eine Vertragspflichtverletzung durch den Diebstahl bei der Konzernschwester zu begründen, ist in der Tat schwierig. Nach den Grundsätzen des außerdienstlichen Verhaltens muss die Tat einen Bezug zum Arbeitsverhältnis haben, um die Pflichten des § 241 Abs. 2 BGB zu verletzen.[260] Ohne einen solchen Bezug liegt keine Pflichtverletzung vor. Die Umstände, die den Bezug zum Arbeitsverhältnis rechtfertigen, müssen deshalb schon bei der Frage der Pflichtverletzung und nicht erst in der Gesamtabwägung berücksichtigt werden.

Im konkreten Fall kann dieser Bezug nicht hergestellt werden, weshalb die Rechtsprechung des BAG kritisch hinterfragt werden muss. Die Stellung der Arbeitnehmerin im Betrieb führte nicht zu einer konkreten Beeinträchtigung des Arbeitsverhältnisses. Das Kaufhaus der Konzernschwester gehörte nicht dem Betrieb an, in dem die Arbeitnehmerin tätig war. Der Diebstahl wurde deshalb nicht unter Ausnutzung der Betriebsmittel oder der betrieblichen Einrichtung begangen. Der Personalrabatt bzw. die damit einhergehende Veranlassung, dieses Kaufhaus aufzusuchen, ändert daran nichts. Beim Einkauf stand die Arbeitnehmerin hinsichtlich der Gelegenheit, Waren zu entwenden, anderen Kunden völlig gleich.[261]

Die Kündigung kann ebenso wenig auf Vertrauensgesichtspunkte gestützt werden. Im hiesigen Fall ergibt sich kein Zusammenhang zwischen der Tat und der Tätigkeit der Arbeitnehmerin im Betrieb, der die Eignung in Frage stellen könnte. Die Arbeitnehmerin war Karteiführerin einer Abteilung. Sie hatte damit gerade keinen Arbeitsplatz inne, bei dem sie mit Geld oder Waren in Berührung kam. Das notwendige Vertrauen wurde durch den Diebstahl bei der Konzernschwester deshalb nicht erschüttert.

II. Außerordentliche Kündigung wegen Diebstahls

Einen ähnlich gelagerten Fall hatte das LAG Rheinland-Pfalz[262] im Jahre 2015 zu entscheiden. Ein Arbeitnehmer wurde außerordentlich gekündigt, nachdem er einen Kleiderschrank aus dem Lager einer Konzernschwester stahl, um ihn

---

258 Vgl. *Preis*, Prinzipien des Kündigungsrechts, Rn. 1152.
259 *Preis*, Prinzipien des Kündigungsrechts, Rn. 1152.
260 Vgl. dazu Kapitel 1, A. I. 2.
261 *Dütz*, Anm. zu BAG v. 20.9.1984, EzA Nr. 91 zu § 626 BGB n.F. zu einem vergleichbaren Fall.
262 Vgl. LAG Rheinland-Pfalz, Urt. v. 29.5.2015 – 1 Sa 597/14, BeckRS 2015, 72005.

anschließend selbständig weiterzuverkaufen. Der Arbeitnehmer stand in keinem Arbeitsverhältnis zur Konzernschwester.

Das Gericht hielt die verhaltensbedingte Kündigung des Arbeitsnehmers für gerechtfertigt, obwohl das Verhalten sich unmittelbar gegen eine andere Konzerngesellschaft richtete.[263] Der verhaltensbedingte Kündigungsgrund lag letztlich in der Verletzung der Rücksichtnahmepflichten aus § 241 Abs. 2 BGB. Das LAG griff dabei auf die Grundsätze des außerdienstlichen Verhaltens zurück. Auch in einer Pflichtverletzung gegenüber einer Konzernschwester könne ein kündigungsgeeigneter Grund liegen, sofern das Arbeitsverhältnis durch die Pflichtverletzung konkret beeinträchtigt werde.[264]

Die konkrete Beeinträchtigung des Arbeitsverhältnisses lag nach Auffassung des LAG vor, weil die beiden Unternehmen nicht beziehungslos zueinanderstünden.[265] Denn die Unternehmen gehörten demselben Konzern an, befanden sich auf demselben Firmengelände, es bestanden ein gemeinsamer Internetauftritt sowie personelle Verflechtungen auf Leitungsebene.[266] Der notwendige Bezug liege auch deshalb vor, weil dem Arbeitnehmer die Verletzung der Rechtsgüter der Konzernschwester überhaupt erst durch einen im Lager tätigen Mitarbeiter der Schwesterfirma ermöglicht wurde.[267] Der Arbeitnehmer hätte als Lagerist auch beim Arbeitgeber unmittelbar Zugriff auf die Waren des Arbeitgebers gehabt.[268]

Der Entscheidung ist dogmatisch zuzustimmen, da durch die besonderen Umstände des Einzelfalles trotz der vermögensrechtlichen Schädigung der Konzernschwester ein Bezug zum Arbeitsverhältnis vorliegt.

Vielmeier zieht aus dieser Entscheidung dagegen einen irrtümlichen Schluss. Er erachtet in sog. „Drittschadensfällen"[269] eine verhaltensbedingte Kündigung regelmäßig für zulässig, weil die Nebenpflicht des Arbeitsverhältnisses umfasse, Rechtsgüter von anderen Konzernschwestern nicht zu schädigen.[270]

Solch eine Nebenpflicht wurde vom LAG Rheinland-Pfalz jedoch nie konstruiert. Es ist nicht richtig, einen generellen Rechtssatz zu Nebenpflichten gegenüber

---

263 LAG Rheinland-Pfalz, Urt. v. 29.5.2015 – 1 Sa 597/14, BeckRS 2015, 72005; zustimmend *Vielmeier*, NZA 2020, 1510 (1512).
264 LAG Rheinland-Pfalz, Urt. v. 29.5.2015 – 1 Sa 597/14, BeckRS 2015, 72005.
265 LAG Rheinland-Pfalz, Urt. v. 29.5.2015 – 1 Sa 597/14, BeckRS 2015, 72005.
266 LAG Rheinland-Pfalz, Urt. v. 29.5.2015 – 1 Sa 597/14, BeckRS 2015, 72005.
267 LAG Rheinland-Pfalz, Urt. v. 29.5.2015 – 1 Sa 597/14, BeckRS 2015, 72005.
268 LAG Rheinland-Pfalz, Urt. v. 29.5.2015 – 1 Sa 597/14, BeckRS 2015, 72005.
269 So *Vielmeier*, NZA 2020, 1510 (1512).
270 *Vielmeier*, NZA 2020, 1510 (1512).

Konzernschwestern zu ziehen. Die Kündigung war in diesem Fall zulässig, da der Diebstahl einen Bezug zum Arbeitsverhältnis aufwies. Der Bezug lag wegen der besonderen Umstände des Einzelfalles (Stellung des Arbeitnehmers, Zugriff zu Waren etc.) vor, war mithin einzelfallbezogen.

Die Annahme einer Nebenpflicht, Rechtsgüter von Konzernschwestern nicht zu schädigen, würde viel zu weit gehen. Die vertraglichen Beziehungen bestehen hier (anders als bei den Entsendungsfällen) ausschließlich zwischen dem Arbeitnehmer und dem Unternehmen, das keinen wirtschaftlichen Schaden erlitten hat. Die Rechte und Pflichten wirken, wie bereits bei den Entsendungsfällen ausgeführt, nicht gegenüber dem gesamten Konzern, da mit den anderen Unternehmen keine Rechtsbeziehung begründet wurde.

Für die vertraglichen Nebenpflichten kann nichts anderes gelten. Nach § 241 Abs. 2 BGB ist jede Partei des Arbeitsvertrags zur Rücksichtnahme auf die Rechte, Rechtsgüter und Interessen *des anderen Teils* verpflichtet. Die Nebenpflichten können natürlich auch gegenüber Dritten bestehen, die nicht selbst Vertragspartner sind. Das ist unter Geltung des § 311 Abs. 3 BGB möglich, dessen Fallgruppen hier aber nicht einschlägig sind. Auch sonst sind keine Gründe ersichtlich, weshalb sich die Nebenpflichten auf andere Konzernunternehmen erstrecken sollten, da die Unternehmen im geschilderten Fall rechtlich sowie unternehmerisch selbständig sind.

Auch sind die Folgewirkungen der gegenteiligen Auffassung zu berücksichtigen: eine immense Expansion der vertraglichen Pflichten, die für den Arbeitnehmer nicht überschaubar ist. Denn in großen Konzernen gibt es eine Vielzahl an Konzernunternehmen. Arbeitnehmern eines Konzernunternehmens dürfte nicht jedes Tochterunternehmen bekannt sein. Für sie stehen Konzernschwestern fremden Unternehmen teilweise gleich, da sie schließlich keine „greifbare" vertragliche Verbindung zu ihnen eingegangen sind. So käme es zu einer Ausweitung der Vertragspflichten, die für Arbeitnehmer nicht mehr wirklich beherrschbar ist.

Die Ansicht, es bestünde eine Nebenpflicht, das Eigentum von Konzernschwestern nicht zu schädigen, ist daher strikt abzulehnen.

C. Ergebnis des zweiten Kapitels

Fehlverhalten in einem Konzernunternehmen wirkt sich auf das Arbeitsverhältnis nicht anders aus als Fehlverhalten in einem konzernfremden Unternehmen. Ein Fehlverhalten bei einer Konzernschwester schlägt daher grundsätzlich nicht auf das Arbeitsverhältnis durch.

Eine Kündigung kann aber gerechtfertigt sein, wenn das Arbeitsverhältnis konkret und erheblich berührt wird. Dieser notwendige Bezug zum Arbeitsverhältnis liegt aber nicht schon aufgrund der Konzernbindung vor, da die vertraglichen Pflichten nur zwischen den vertragsschließenden Parteien bestehen und nicht gegenüber allen Konzernunternehmen wirken. Die Konzernbindung hebelt damit nicht das allgemein gültige schuldrechtliche Konzept der vertraglichen Bindung aus.[271]

In Fällen einer konzerninternen Entsendung muss daher für jedes Arbeitsverhältnis eigenständig geprüft werden, ob eine Pflichtverletzung vorliegt. Das (Stamm-)Arbeitsverhältnis ist durch ein Verhalten erst konkret und erheblich beeinträchtigt, wenn die Arbeitsverhältnisse durch eine Entsendevereinbarung verbunden sind. Ein Verstoß gegen die in einer solchen Vereinbarung festgelegten Pflichten kann eine Kündigung des Stammarbeitsverhältnisses sodann rechtfertigen.

Daneben kann das Fehlverhalten die Rücksichtnahmepflicht aus § 241 Abs. 2 BGB verletzen oder einen personenbedingten Kündigungsgrund darstellen.

In der Interessenabwägung gilt es jedoch zu beachten, dass die Pflichtenstruktur im Stammarbeitsverhältnis und im aktiven Arbeitsverhältnis unterschiedlich sein kann, weshalb ein Fehlverhalten als Geschäftsführer nicht zugleich eine Pflichtverletzung als Arbeitnehmer darstellt bzw. dessen Eignung als Arbeitnehmer in Frage stellt.

Straftaten, die sich gegen das Vermögen einer Konzernschwester richten, werden wie außerdienstliche Straftaten behandelt. Eine Kündigung ist nur dann zulässig, wenn ein Bezug zum Arbeitsverhältnis besteht. Dieser besteht nicht schon dann, wenn ein Arbeitgeber seinen Arbeitnehmern in einem Betrieb der Konzernschwester einen Personalrabatt einräumt. Eine generelle Nebenpflicht, das Vermögen der anderen Konzernunternehmen nicht zu schädigen, besteht nicht.

---

271 *Vielmeier,* NZA 2020, 1510 (1511).

Drittes Kapitel: Ruhende Arbeitsverhältnisse

Arbeitsverhältnisse werden ruhend gestellt, um den Vertragsparteien nicht die Nachteile einer Beendigung des Arbeitsverhältnisses zuzumuten. In den meisten Fällen soll das Arbeitsverhältnis nach einer gewissen Zeit weiter fortgesetzt werden. Aus diesem Grund werden die Hauptleistungspflichten (Arbeitsleistung und Vergütung) ausgesetzt, um sie nach Wegfall des Ruhenstatbestands wieder aufleben zu lassen.

Ruhende Arbeitsverhältnisse können entweder aufgrund vertraglicher Vereinbarungen (z.B. unbezahlter Urlaub, Entsendung), kraft Gesetzes (z.B. § 1 Abs. 1 ArbPlSchG, Elternzeit[272]) oder kraft einseitiger Erklärung (z.B. rechtmäßige Streikteilnahme[273]) eintreten.

Ist ein Arbeitnehmer arbeitsunfähig erkrankt, kommt es dadurch nicht zu einem Ruhen des Arbeitsverhältnisses, da lediglich eine Störung des Austauschverhältnisses vorliegt. Gleiches gilt, wenn der Arbeitnehmer wegen Krankheit oder Behinderung eine Erwerbsminderungsrente bezieht. Mit der Bewilligung der Erwerbsminderungsrente für einen voll erwerbsgeminderten Arbeitnehmer, der seiner Arbeitspflicht keineswegs nachgehen kann,[274] kommt es weder zu einer Beendigung des Arbeitsverhältnisses noch zu einem Ruhen des Arbeitsverhältnisses kraft Gesetz.[275] Dieses ruht nur, wenn eine entsprechende Vereinbarung

---

272 BAG, Urt. v. 10.2.1993 – 10 AZR 450/91, NZA 1993 NZA 1993, 801; Brose/Weth/Volk/*Schneider* BEEG § 15 Rn. 68; *Hager*, Ruhendes Arbeitsverhältnis, S. 24; anders noch die frühere Rspr., die ein Ruhen des Arbeitsverhältnisses nicht kraft Gesetz oder Vereinbarung, sondern aufgrund einer einseitigen Erklärung des berechtigten Arbeitnehmers annahm, vgl. BAG, Urt. v. 7.12.1989 – 6 AZR 322/88, NZA 1990, 494; BAG, Urt. v. 10.5.1989 – 6 AZR 660/87, NZA 1989, 759.

273 St. Rspr. vgl. nur BAG, Urt. v. 13.2.2007–9 AZR 374/06, NZA 2007, 573; BAG, Urt. v. 3.8.1999 – 1 AZR 735/98, NZA 2000, 487; BAG, Urt. v. 17.6.1997 – 1 AZR 674/96, NZA 1998, 47.

274 Als voll erwerbsgemindert gilt jeder Arbeitnehmer, der wegen Krankheit oder Behinderung nicht mindestens drei Stunden täglich erwerbstätig sein kann, vgl. § 43 Abs. 2 S. 2 SGB VI. In diesem Zusammenhang relevant sind jedoch nur die Fälle, in denen der Arbeitnehmer gar nicht mehr arbeiten kann. Denn nur dann läuft die Arbeitspflicht vollständig leer und es kommt zu der Problematik des ruhenden Arbeitsverhältnisses.

275 BAG, Urt. v. 11.10.1995 – 10 AZR 985/94, NZA 1996, 542 (545); BAG, Urt. v. 7.6.1990 – 6 AZR 52/89, NZA 1990, 943.

der Arbeitsvertragsparteien geschlossen wurde.[276] Eine solche Vereinbarung findet sich z.b. in § 33 Abs. 2 S. 5 und 6 TVöD-AT.[277] Ein einschlägiger Bescheid des Rentenversicherungsträgers ändert daher zunächst nichts an dem Fortbestand der arbeitsvertraglichen (Hauptleistungs-)Pflichten der Parteien.

I. Zulässigkeit einer Kündigung nach Fehlverhalten

Auch im Zeitraum des ruhenden Arbeitsverhältnisses kann der Arbeitnehmer ein Fehlverhalten begehen, das den Arbeitgeber zu einer Kündigung veranlasst.

Ruhende Arbeitsverhältnisse können durch den Arbeitgeber und den Arbeitnehmer grundsätzlich ordentlich und außerordentlich gekündigt werden.

Bei Ruhensanordnungen kraft Gesetzes gibt es meist besondere Kündigungsverbote (wie § 2 Abs. 1 ArbPlSchG: Ausschluss der ordentlichen[278] Kündigung von Wehrpflichtigen während ihrer Wehrdienstzeit; § 18 BEEG: Kündigungsschutz vor und während der Elternzeit). Bei vertraglichen Ruhensvereinbarungen gibt es dagegen meist keine Einschränkung des Kündigungsrechts, da Arbeitnehmer infolge des Ruhens der Hauptleistungspflichten nicht bessergestellt werden dürfen als Arbeitnehmer in aktiven Arbeitsverhältnissen.[279]

Eine Kündigung aufgrund von Fehlverhalten während eines ruhenden Arbeitsverhältnisses kann aus verhaltensbedingten und personenbedingten Gründen herrühren.

1. Verhaltensbedingter Kündigungsgrund

Eine verhaltensbedingte Kündigung kann nur selten auf die Verletzung von tätigkeitsbezogenen Pflichten gestützt werden, da der Arbeitnehmer in dieser Phase seiner Arbeitspflicht nicht nachkommt.

Die Rücksichtnahmepflichten aus § 241 Abs. 2 BGB bestehen demgegenüber auch bei ruhenden Arbeitsverhältnissen fort, da sie unabhängig von den

---

276 BAG, Urt. v. 11.10.1995 – 10 AZR 985/94, NZA 1996, 542 (545); BAG, Urt. v. 7.6.1990 – 6 AZR 52/89, NZA 1990, 943.

277 Die Verfassungskonformität dieser Vorschrift, die vor allem bei teilweiser Erwerbsminderung in Frage steht, bestätigte das BAG zu Recht, vgl. BAG, Urt. v. 17.3.2016 – 6 AZR 221/15, NZA 2016, 1220.

278 Die außerordentliche Kündigung bleibt gem. § 2 Abs. 3 ArbPlSchG weiter möglich.

279 Vgl. *Dikomey*, Ruhendes Arbeitsverhältnis, S. 210.

Hauptleistungspflichten sind.[280] Ein Verstoß gegen § 241 Abs. 2 BGB kann daher eine verhaltensbedingte Kündigung rechtfertigen.

Von den verschiedenen Formen der Rücksichtnahmepflicht sind einige im ruhenden Arbeitsverhältnis unerheblich, da sie an die persönliche Anwesenheit im Betrieb und die Einflussmöglichkeit auf betriebliche Abläufe anknüpfen.[281] In der Rücksichtnahmepflicht von ruhenden Arbeitsverhältnissen liegt vor allem die Verpflichtung, das Wiederaufleben des Arbeitsverhältnisses nicht zu gefährden und sich gegenüber dem Arbeitgeber loyal zu verhalten.[282] Außerdem besteht die Pflicht des Arbeitnehmers, den Arbeitgeber nicht zu schädigen und Schäden von ihm abzuwenden.[283] Die Rücksichtnahmepflicht erstreckt sich in ruhenden Arbeitsverhältnissen deshalb im Wesentlichen auf die Treue- und Loyalitätspflicht.

Ruhen die arbeitsvertraglichen Hauptleistungspflichten, befindet sich der Arbeitnehmer nicht im Betrieb, so spielt sich sein Verhalten demzufolge im außerdienstlichen Bereich ab. Deshalb gelten zunächst die Grundsätze des außerdienstlichen Verhaltens bei einem Fehlverhalten während ruhend gestellten Arbeitsverhältnissen.[284]

In der Interessenabwägung muss jedoch ggf. ein anderer Maßstab herangezogen werden als bei außerdienstlichem Verhalten im aktiven Arbeitsverhältnis. Der Arbeitnehmer empfindet wegen des Ruhens des Arbeitsverhältnisses eventuell nicht die gleiche Verantwortung gegenüber seinem Arbeitgeber wie während des vollzogenen Arbeitsverhältnisses.[285] Ein Kündigungsgrund kann deshalb geringeres Gewicht haben als im aktiven Arbeitsverhältnis.[286] Das Interesse des Arbeitgebers an einer sofortigen Lösung ist außerdem entsprechend geringer, wenn der Arbeitnehmer in dieser Zeit nicht im Betrieb anwesend

---

280 BAG, Urt. v. 27.11.2008 – 2 AZR 193/07, NZA 2009, 671; BAG, Urt. v. 7.6.1990 – 6 AZR 52/89, NZA 1990, 943; MAH ArbR/*Joussen* § 28 Rn. 17; Schaub ArbR-HdB/ *Linck* § 32 Rn. 73; *Joussen*, NZA 2022, 889 (890).
281 *Hager*, Ruhendes Arbeitsverhältnis, S. 249; *Leube*, Ruhendes Arbeitsverhältnis, S. 78.
282 BAG, Urt. v. 27.11.2008 – 2 AZR 193/07, NZA 2009, 671 (674).
283 BAG, Urt. v. 27.11.2008 – 2 AZR 193/07, NZA 2009, 671 (674); *Leube*, Ruhendes Arbeitsverhältnis, S. 77.
284 BAG, Urt. v. 17.2.1982 – 7 AZR 633/79, BeckRS 2009, 62690; KR/*Fischermeier/Krumbiegel* BGB § 626 Rn. 134; *Dikomey*, Ruhendes Arbeitsverhältnis, S. 211.
285 BAG, Urt. v. 17.2.1982 – 7 AZR 633/79, BeckRS 2009, 62690.
286 BAG, Urt. v. 17.2.1982 – 7 AZR 633/79, BeckRS 2009, 62690; vgl. auch BAG, Urt. v. 5.4.2001 – 2 AZR 217/00, NZA 2001, 837 im vergleichbaren Fall der Suspendierung.

ist.[287] Eine Pflichtverletzung, die im vollzogenen Arbeitsverhältnis eine außerordentliche Kündigung gerechtfertigt hätte, kann deshalb während des ruhenden Arbeitsverhältnisses ggf. nur eine ordentliche Kündigung tragen.

Eine strengere Betrachtung muss freilich bei Sachverhalten vorgenommen werden, bei denen das Arbeitsverhältnis ruhend gestellt wurde, um eine Organstellung (z.b. Geschäftsführer) auszuüben.[288] Dort wird das arbeitsrechtliche Band zwischen Arbeitnehmer und Arbeitgeber nicht derart gelockert, wie es bei anderen Fällen des ruhenden Arbeitsverhältnisses der Fall ist. Es muss daher stets geprüft werden, ob die Pflichtverletzung im Rahmen der Organstellung einzig Rückschlüsse auf die Eignung als Geschäftsführer zulässt (oftmals bei der Verletzung von Organpflichten), oder das Verhalten als Geschäftsführer zeigt, dass er auch als Arbeitnehmer nach Wiederaufleben des Arbeitsverhältnisses seine Pflichten in vergleichbarer Weise verletzen wird.[289] Dies gilt allerdings nur, wenn ein weiteres Vertragsverhältnis eingegangen wurde.

Anders beurteilt das BAG den Fall, wenn ein Arbeitnehmer während des ruhenden Arbeitsverhältnisses sporadisch Tätigkeiten am Arbeitsplatz ausführt, die sonst zu seinem arbeitsvertraglichen Tätigkeitsbereich gehörten.[290] Diese gelegentliche Tätigkeit an der Arbeitsstätte führt nicht zum Wiederaufleben des Arbeitsverhältnisses. Die sporadische Tätigkeit ist vom (ruhenden) Arbeitsverhältnis getrennt anzusehen.[291] Eine bei dieser Tätigkeit auftretende Fehlleistung kann daher nicht zwingend zur Beendigung des ruhenden Arbeitsverhältnisses führen.[292] Sie muss als außerdienstliches Verhalten betrachtet werden.[293]

2. Personenbedingter Kündigungsgrund

Personenbedingte Kündigungen sind im allgemeinen Rahmen möglich, da Arbeitnehmer ansonsten im Vergleich zu Mitarbeitern in aktiven Vertragsverhältnissen durch das Ruhen des Arbeitsverhältnisses privilegiert würden.[294]

---

287 BAG, Urt. v. 17.2.1982 – 7 AZR 633/79, BeckRS 2009, 62690.
288 Vgl. dazu schon Kapitel 2, A. IV. 1.
289 Siehe auch *Dikomey*, Ruhendes Arbeitsverhältnis, S. 211 f.
290 Vgl. BAG, Urt. v. 17.2.1982 – 7 AZR 633/79, BeckRS 2009, 62690.
291 BAG, Urt. v. 17.2.1982 – 7 AZR 633/79, BeckRS 2009, 62690.
292 BAG, Urt. v. 17.2.1982 – 7 AZR 633/79, BeckRS 2009, 62690.
293 BAG, Urt. v. 17.2.1982 – 7 AZR 633/79, BeckRS 2009, 62690; KR/*Fischermeier/Krumbiegel* BGB § 626 Rn. 134.
294 Vgl. *Dikomey*, Ruhendes Arbeitsverhältnis, S. 211; siehe auch BAG, Urt. v. 27.11.2008 – 2 AZR 193/07, NZA 2009, 671.

Auch bei ihnen kann sich während des ruhenden Arbeitsverhältnisses durch ihr außerdienstliches Verhalten die fehlende Eignung für die weitere Tätigkeit zeigen. Durch das Ruhen soll einzig verhindert werden, dem Arbeitnehmer die Nachteile einer Beendigung zuzumuten, er soll allerdings nicht besser gestellt werden als die arbeitenden Kollegen.[295]

II. Exkurs: Altersteilzeit im Blockmodell

Die Altersteilzeit im Blockmodell ist kein klassischer Unterfall des ruhenden Arbeitsverhältnisses. Bei diesem Teilzeitmodell arbeitet der Arbeitnehmer in der ersten Hälfte der Altersteilzeit wie gewohnt (Arbeitsphase) und wird in der zweiten Phase freigestellt (Freistellungsphase). Der Arbeitnehmer wird in der Freistellungsphase von seiner Arbeitspflicht suspendiert. Die Arbeitspflicht ruht nicht, sondern sie besteht von vornherein nicht.[296] Eine Rückkehr des Arbeitnehmers in den Betrieb ist somit nicht beabsichtigt.

Vereinzelt wird das Kündigungsrecht in der Freistellungsphase – ohne weitere Begründung – nach dem Grundsatz von Treu und Glauben ausgeschlossen.[297] Das ist nicht überzeugend. Wenn der tragende Gedanke hinter solch einem Kündigungsausschluss der mögliche Verlust von Lohnansprüchen ist, die dem Arbeitnehmer aufgrund der bereits erbrachten Arbeitsleistung zustehen, ist ein Kündigungsverbot das falsche Mittel. Der Arbeitnehmer hat nämlich schon während der Arbeitsphase einen Anspruch auf den vollen Lohn, der aber nur zur Hälfte durchsetzbar ist.[298] Eine Kündigung in der Freistellungsphase führt damit nicht zum Erlöschen des Lohnanspruchs, sondern zum Ausgleich der vom Arbeitnehmer schon erbrachten Vorleistung.[299]

Zudem bestehen die Treue- und Loyalitätspflichten auch in der Freistellungsphase weiter fort. Eine verhaltensbedingte Kündigung während der Freistellungsphase ist daher nach ganz herrschender Meinung möglich.[300]

---

295 *Dikomey*, Ruhendes Arbeitsverhältnis, S. 211.

296 BAG, Urt. v. 24.9.2019 – 9 AZR 481/18, NZA 2020, 300 (304); MAH ArbR/*Lüders* § 74 Rn. 52.

297 *Reichling/Wolf*, NZA 1997, 422 (426 f.)

298 ErfK/*Rolfs* ATG § 8 Rn. 23; *Rombach*, RdA 1999, 194 (195); in der Sache ebenso BAG, Urt. v. 19.12.2006 – 9 AZR 230/06, NJOZ 2010, 462; BAG, Urt. v. 24.6.2003 – 9 AZR 146/03, NZA 2004, 860.

299 BAG, Urt. v. 24.6.2003 – 9 AZR 146/03, NZA 2004, 860.

300 Vgl. LAG Niedersachsen, Urt. v. 6.8.2014 – 17 Sa 893/13; LAG Schleswig-Holstein, Urt. v. 20.5.2014 – 2 Sa 410/13, BeckRS 2014, 70692; LAG Hamm, Urt. v. 3.4.2009 – 10 Sa 1565/08, BeckRS 2009, 73749; LAG Schleswig-Holstein,

Aus der fehlenden Rückkehr des Arbeitsnehmers in den Betrieb darf allerdings nicht voreilig der Schluss gezogen werden, die Interessenabwägung ginge immer zugunsten des Arbeitnehmers aus. Denn auf Seiten des Arbeitgebers sind zusätzlich finanzielle Interessen zu beachten, nachdem er verpflichtet ist, in der Freistellungsphase das Teilzeitentgelt aufzustocken sowie Rentenversicherungsbeiträge zu entrichten (vgl. § 3 Abs. 1 Nr. 1 ATG).

Eine verhaltensbedingte Kündigung ist in der Freistellungsphase regelmäßig erschwert, aber keinesfalls ausgeschlossen. Wenn das Vertrauensverhältnis so schwerwiegend und nachhaltig zerstört ist, dass eine Fortsetzung des Arbeitsverhältnisses trotz der Freistellung unzumutbar ist, ist eine außerordentliche Kündigung zulässig.[301]

Eine personenbedingte Kündigung scheidet wegen der fehlenden Arbeitspflicht dahingegen grundsätzlich aus.[302]

Diebstähle im eigenen Betrieb stellen eine derart schwerwiegende Pflichtverletzung dar, dass sie eine (außerordentliche) Kündigung während der Freistellungsphase rechtfertigen können.[303]

Eine außerordentliche Kündigung eines Arbeitnehmers des öffentlichen Dienstes, der seine Dienstposition ausnutzte, um Befähigungszeugnisse zu beantragen, für die ihm die erforderlichen Voraussetzungen fehlten, hielt ebenso vor Gericht stand.[304]

Urt. v. 18.1.2005 – 2 Sa 413/04, NZA-RR 2005, 367; ArbG Stuttgart, Urt. v. 31.5.2011 – 8 Ca 307/10, BeckRS 2011, 77250; ErfK/*Rolfs* ATG § 8 Rn. 24; MAH ArbR/*Lüders* § 74 Rn. 61.

301 Siehe LAG Schleswig-Holstein, Urt. v. 20.5.2014 – 2 Sa 410/13, BeckRS 2014, 70692; LAG Hamm, Urt. v. 3.4.2009 – 10 Sa 1565/08, BeckRS 2009, 73749; LAG Schleswig-Holstein, Urt. v. 18.1.2005 – 2 Sa 413/04, NZA-RR 2005, 367; ArbG Stuttgart, Urt. v. 31.5.2011 – 8 Ca 307/10, BeckRS 2011, 77250.

302 ErfK/*Rolfs* ATG § 8 Rn. 24; MAH ArbR/*Lüders* § 74 Rn. 61; *Stück,* NZA 2000, 749 (751).

303 LAG Hamm, Urt. v. 3.4.2009 – 10 Sa 1565/08, BeckRS 2009, 73749; LAG Schleswig-Holstein, Urt. v. 18.1.2005 – 2 Sa 413/04, NZA-RR 2005, 367; ArbG Stuttgart, Urt. v. 31.5.2011 – 8 Ca 307/10, BeckRS 2011, 77250.

304 LAG Schleswig-Holstein, Urt. v. 20.5.2014 – 2 Sa 410/13, BeckRS 2014, 70692.

Viertes Kapitel: Fehlverhalten von Mandatsträgern

Arbeitnehmern steht es im Allgemeinen frei, bestimmte Interessen im Betrieb wahrzunehmen sowie bestimmte Aufgaben und Funktionen zu übernehmen.

Im Arbeitsrecht können Mandatsträger in zwei Gruppen mit unterschiedlichen Aufträgen unterteilt werden: Arbeitnehmervertretern obliegt die Vertretung der Interessen der Belegschaft; Beauftragten die Wahrung und Sicherstellung bestimmter (Umwelt- und Sicherheits-)Vorgaben.

Im Gegensatz zu den bisher beleuchteten Fallkonstellationen ist die Mandatsstellung – von einem streng vertraglichen Blickwinkel – meist nicht „außerarbeitsvertraglich". Die Rechte und Pflichten, die mit der Amtsstellung einhergehen, sind oft Teil des Arbeitsvertrags. Betrachtet man indes die Tätigkeit an sich, liegen mit der Wahl oder Bestellung in die Amtsstellung de facto zwei verschiedene Rechtsverhältnisse vor. Denn beide Vereinbarungen begründen unterschiedliche Rechte und Pflichten. Außerdem haben die Tätigkeiten eine unterschiedliche Zielrichtung.

Trotz alldem stehen sich die beiden Rechtsverhältnisse nicht unverbunden gegenüber, da die Ausübung der Amtspflichten im Betrieb des Arbeitgebers stattfinden. Ein Fehlverhalten in der Amtsstellung kann sich daher durchaus auf das Arbeitsverhältnis auswirken.

In diesem Zusammenhang kündigungsrechtlich besonders bedeutsam ist die Konsequenz eines amtsbezogenen Fehlverhaltens auf das Arbeitsverhältnis. Von der Verletzung von Amtspflichten spricht man, wenn der Amtsträger gegen Pflichten verstößt, die sich aus dem jeweiligen Amt ergeben (organschaftliche Pflichten). Bei einem Verstoß gegen eine Pflicht, die für alle Arbeitnehmer (vertraglich) gilt, liegt eine Vertragspflichtverletzung vor. Auf dieser Frage soll wegen der speziellen kündigungsrechtlichen Beurteilung der Fokus liegen. Mithin können auch andere Pflichtverletzungen während der Amtstätigkeit geschehen, die eine Kündigung rechtfertigen (z.B. rassistische Beleidigung eines Kollegen in einer Betriebsratssitzung[305]). Solche Sachverhalte weisen aber keine spezifischen Eigenheiten auf, die einer gesonderten organschaftlichen Beurteilung bedingen.

---

305 BVerfG, Beschl. v. 2.11.2020 – 11 BvR 2727/19, NZA 2020, 1704; LAG Köln, Urt. v. 6.6.2019 – 4 Sa 18/19, BeckRS 2019, 24767.

A. Arbeitnehmervertreter

Die Interessenvertretung der Belegschaft kann in verschiedenen Gremien erfolgen. Jeder Arbeitnehmer, der die jeweiligen Voraussetzungen für die Wählbarkeit mitbringt, kann Teil der Arbeitnehmervertretung werden. Die Übernahme des Amtes erfolgt freiwillig. Das Amt wird meist unentgeltlich als Ehrenamt geführt (vgl. z.B. für Betriebsratsmitglieder § 37 Abs. 1 BetrVG). Die meisten Mandatsträger führen das Amt neben der arbeitsvertraglich vereinbarten Tätigkeit aus. Nur wenige Arbeitnehmervertreter werden von ihrer beruflichen Tätigkeit gänzlich freigestellt (vgl. z.B. für Betriebsratsmitglieder § 38 BetrVG).

Mit einer steigenden Zahl an Aufgaben und Verantwortung steigt auch das Potential von Fehlverhalten. Arbeitnehmervertreter laufen durch die bisweilen komplexeren amtlichen Aufgaben Gefahr, Pflichten, seien es spezifische Amts- oder Vertragspflichten, zu verletzen. Welche Auswirkungen solch eine Amtspflichtverletzung auf das Arbeitsverhältnis haben kann, wird teilweise unterschiedlich beurteilt und soll nun untersucht werden.

I. Betriebsratsmitglieder

Der Betriebsrat ist das Interessenvertretungsorgan der Arbeitnehmer auf Ebene des Betriebes. Er hat wichtige Funktionen im betrieblichen Miteinander. Seine Arbeit reicht von Überwachungs-, Förderungs- und Schutzaufgaben (§ 80 BetrVG) zu umfassenden Mitbestimmungsrechten bezüglich Themen des betrieblichen Alltags (z.B. § 87 BetrVG).

Der Gesetzgeber entschied sich dafür, Betriebsratsmitglieder besonders zu schützen, indem er ihnen in § 15 Abs. 1 S. 1 KSchG einen Sonderkündigungsschutz einräumt. Während des Amtes (und sechs Monate nach Beendigung der Amtszeit, vgl. § 15 Abs. 1 S. 2 KSchG) können Betriebsratsmitglieder deshalb nur außerordentlich gekündigt werden.[306] Dadurch soll die Unabhängigkeit des Amtes gewährleistet und die Kontinuität der Betriebsratsarbeit gesichert werden.[307]

Zudem ist in § 78 S. 2 BetrVG ein Benachteiligungs- und Begünstigungsverbot verankert. Es soll die unabhängige, unparteiische Amtsausführung

---

306 Die Regelung des § 15 Abs. 4 KSchG bleibt hierbei außen vor.
307 BAG, Urt. v. 27.6.2019 – 2 AZR 38/19, NZA 2019, 1427 (1430); BAG, Urt. v. 21.6.2012 – 2 AZR 343/11, NZA 2013, 224; ErfK/*Kiel* KSchG § 15 Rn. 1; APS/*Linck* KSchG § 15 Rn. 1; HaKo-KSchR/*Nägele-Berkner* KSchG § 15 Rn. 1.

garantieren.[308] Jede Schlechter- oder Besserstellung im Verhältnis zu anderen vergleichbaren Arbeitnehmern, die wegen der Amtstätigkeit erfolgt und nicht auf sachliche Gründe gestützt werden kann, ist demnach unzulässig.[309]

1. Individualrechtliche Maßnahmen wegen Amtspflichtverletzung

Der Gesetzgeber hat mit § 23 BetrVG eine Vorschrift geschaffen, welche die Rechtsfolgen für die Verletzung gesetzlicher Pflichten festsetzt. Eine grobe Amtspflichtverletzung eines Betriebsratsmitglieds kann den Ausschluss aus dem Betriebsrat nach sich ziehen (§ 23 Abs. 1 BetrVG). Diese gesetzliche Regelung ist für reine Amtspflichtverletzungen eines Betriebsratsmitglieds abschließend. Individualrechtliche Maßnahmen sind nach allgemeiner Meinung unzulässig.[310] Werden ausschließlich Amtspflichten verletzt, darf folglich nur mit kollektiv- rechtlichen Sanktionen reagiert werden. Eine Kündigung des Arbeitsverhältnisses droht dem Arbeitnehmer nicht.

Anders liegt das Geschehen, wenn die Verletzung der Amtspflicht zugleich eine Verletzung von arbeitsvertraglichen Pflichten darstellt. Die Folgen einer solchen Pflichtverletzung werden unterschiedlich beurteilt.

a. Problemstellung

§ 23 BetrVG ist die Sanktionsvorschrift für Amtspflichtverletzungen eines Betriebsratsmitglieds. Treffen Amtspflichtverletzung und Vertragsverletzung zusammen, kann das Fehlverhalten deshalb jedenfalls mit dem Ausschluss aus dem Betriebsrat belangt werden.

Durch den kumulativen Verstoß gegen arbeitsvertragliche Pflichten steht dem Arbeitgeber grundsätzlich die Möglichkeit offen, mit individualrechtlichen Mitteln auf den Pflichtenverstoß zu reagieren. Allerdings könnte diese Option zu einer Schwächung der Interessenvertretung führen. Betriebsratsmitglieder könnten aus Furcht vor arbeitsvertraglichen Konsequenzen in ihrer Amtsausübung gehindert werden. Der Betriebsrat, der oft gegensätzliche Interessen des

---

308 ErfK/*Kania* BetrVG § 78 Rn. 6; APS/*Künzl* BetrVG § 78 Rn. 35; Richardi/*Thüsing* BetrVG § 78 Rn. 3.

309 ErfK/*Kania* BetrVG § 78 Rn. 7, 9; APS/*Künzl* BetrVG § 78 Rn. 41.

310 BAG, Beschl. v. 9.9.2015 – 7 ABR 69/13, NZA 2016, 57; BAG, Urt. v. 5.11.2009 – 2 AZR 487/08, NZA-RR 2010, 236; MHdB ArbR/*Volk* § 127 Rn. 41; Richard/*Thüsing* BetrVG § 23 Rn. 21; APS/*Linck* KSchG § 15 Rn. 115; ErfK/*Kiel* KSchG § 15 Rn. 24; DDZ/ *Deinert* KSchG § 15 Rn. 49; HK-ArbR/*Fiebig/Bufalica* KSchG § 15 Rn. 120; LKB/ *Bayreuther* KSchG § 15 Rn. 100.

Arbeitgebers vertritt, lebt indes von der Unabhängigkeit und Unbefangenheit der Betriebsratsmitglieder. Ohne eine solche Ungebundenheit kann die Arbeit des Betriebsrats nicht sachgerecht und sinnvoll stattfinden. Die Wahrnehmung der betrieblichen Interessen darf nicht durch den Arbeitsvertrag manipuliert werden.[311] Hinzu kommt, dass Betriebsratsmitglieder durch die Interessenswahrnehmung öfter Konfliktsituationen ausgesetzt sind als Arbeitnehmer, die nicht Teil des Betriebsrates sind.

Würde man Betriebsratsmitgliedern andererseits einen Kündigungsausschluss zugutekommen lassen, wären sie „immun" gegen arbeitsvertragliche Pflichtverletzungen. Das würde zu einer erheblichen Besserstellung von Betriebsratsmitgliedern gegenüber regulären Arbeitnehmern führen. Außerdem wären damit die Rechte des Arbeitgebers eminent eingeschränkt. Ein solches Privileg für Arbeitnehmervertreter wäre deshalb gewiss ebenso wenig interessengerecht. Wie ist also zu verfahren?

b. Stand der Rechtsprechung und Literatur

Die herrschende Meinung in der Rechtsprechung und Literatur hält es bei Amtspflichtverletzungen, die zugleich einen Verstoß gegen arbeitsvertragliche Pflichten darstellen, für möglich, dass der Arbeitgeber mit der Sanktion des § 23 Abs. 1 BetrVG reagieren *und* eine außerordentliche Kündigung aussprechen kann (sog. **Simultantheorie**).[312] Voraussetzung dafür sei ein „doppelt relevantes Fehlverhalten",[313] d.h. im Verhalten des Betriebsratsmitglieds müsse zugleich ein arbeitsvertraglicher Pflichtenverstoß liegen.

Das ist bei der Verletzung von speziellen vertraglichen Nebenpflichten regelmäßig der Fall. So liegt nach Auffassung des LAG München beispielsweise ein Verstoß gegen die arbeitsvertraglichen Pflichten in Form der Loyalitätspflicht vor, wenn ein Betriebsratsmitglied im Rahmen seiner Betriebsratstätigkeit eine E-Mail an das türkische Generalkonsulat verschickt, in der es scheint, als wäre

---

311 *Säcker,* RdA 1965, 372 (374).
312 StRspr. BAG, Beschl. v. 9.9.2015 – 7 ABR 69/13, NZA 2016, 57; BAG, Urt. v. 12.5.2010 – 2 AZR 587/08, NZA-RR 2011, 15; BAG, Urt. v. 10.11.1993 – 7 AZR 682/92, NZA 1994, 500; BAG, Beschl. v. 16.10.1986 – 2 ABR 71/85, AP BGB § 626 Nr. 95; MHdB ArbR/ *Volk* § 127 Rn. 41; ErfK/*Kiel* KSchG § 15 Rn. 24; APS/*Linck* KSchG § 15 Rn. 117; MüKo BGB/*Hergenröder* KSchG § 15 Rn. 103; HWK/*Quecke* KSchG § 15 Rn. 40; LKB/*Bayreuther* KSchG § 15 Rn. 101; KR/*Kreft* KSchG § 15 Rn 49; Löwisch/Kaiser/ *Löwisch* BetrVG § 23 Rn. 22; GK-BetrVG/*Oetker* BetrVG § 23 Rn. 35; *Stück,* ZD 2019, 256 (260 f.).
313 NK-GA/*Kursawe* KSchG § 15 Rn. 89.

die türkische Sprache bei seinem Arbeitgeber generell verboten.[314] Diese billigende Inkaufnahme einer Rufschädigung des Arbeitgebers mit Auswirkung auf den Arbeits- und Absatzmarkt stelle eine schwere Loyalitätspflichtverletzung dar.[315] Die Pflicht, den Arbeitgeber nicht zu schädigen, treffe alle Arbeitnehmer gleichermaßen, weshalb eine Vertragspflichtverletzung bejaht wurde.[316]

Die sog. **Amtshandlungstheorie** stützt sich dagegen auf einen anderen Ansatz. Nach dieser Theorie sollen die arbeitsvertraglichen Pflichten für Betriebsratsmitglieder ruhen, wenn und soweit der Amtsträger in der Überzeugung rechtmäßiger Amtsausübung tätig wird.[317] Nur damit werde die „Unbefangenheit und Amtlichkeit der Motivation des Amtswalters" gesichert.[318] Der vom Gesetzgeber geschaffene Schutz vor unmittelbarer disziplinarer Ahndung werde bei einer anderen Betrachtung vereitelt.[319] Der „psychologische Druck auf Überlegungen und Beweggründe des Amtswalters [sei] so stark, dass eine rein amtliche Verhaltensorientierung zumindest gefährdet ist".[320] Eine Amtspflichtverletzung könne demnach grundsätzlich keine Folgen für das Arbeitsverhältnis haben.

Zu demselben Ergebnis, wenngleich durch eine andere rechtliche Konstruktion, kommen die Verfechter der sog. **Trennungstheorie**. Sie sind der Meinung, dass zwischen Amtspflicht- und Arbeitsvertragsverletzungen strikt zu trennen sei.[321] Im Falle einer Amtspflichtverletzung sei das (kollektivrechtliche) Verfahren nach § 23 Abs. 1 BetrVG vorrangig.[322] Der vom Gesetzgeber implementierte Zweck, Betriebsratsmitglieder eine unabhängige und furchtlose Ausübung des Amtes zu ermöglichen, werde sonst unterlaufen.[323] Drohen bei einer

---

314 Vgl. LAG München, Urt. v. 29.7.2020 – 11 Sa 332/20, BeckRS 2020, 57536.

315 LAG München, Urt. v. 29.7.2020 – 11 Sa 332/20, BeckRS 2020, 57536.

316 Vgl. LAG München, Urt. v. 29.7.2020 – 11 Sa 332/20, BeckRS 2020, 57536.

317 *Säcker,* RdA, 1965, 372 (373); ders. DB 1967, 2072 (2073).

318 *Säcker,* DB 1967, 2072 (2073).

319 *Säcker,* DB 1967, 2072 (2073).

320 *Säcker,* DB 1967, 2072 (2073).

321 DDZ/*Deinert* KSchG § 15 Rn. 49; HK-ArbR/*Fiebig/Bufalica* KSchG § 15 Rn. 122; *Meyer,* Betriebsratsmitglieder, S. 201; *Freitag,* Betriebsratsamt und Arbeitsverhältnis, S. 86 ff.; *Bieback,* RdA 1978, 82 (87).

322 DDZ/*Deinert* KSchG § 15 Rn. 49; HK-ArbR/*Fiebig/Bufalica* KSchG § 15 Rn. 122; *Meyer,* Betriebsratsmitglieder, S. 201; *Freitag,* Betriebsratsamt und Arbeitsverhältnis, S. 86; *Bieback,* RdA 1978, 82 (87).

323 DDZ/*Deinert* KSchG § 15 Rn. 49; *Bieback,* RdA 1978, 82 (87).

Amtspflichtverletzung – wenn auch unter strengeren Voraussetzungen – individualrechtliche Sanktionen, könne eine Einschüchterung nicht ausgeschlossen werden.[324]

Fiebig/Bufalica[325] führen zur Verdeutlichung der Problematik dieses Beispiel an:

Ein Arbeitnehmer ist als Gabelstaplerfahrer bei seinem Arbeitgeber tätig und zugleich Betriebsratsmitglied. In Zeiten eines geplanten großen Personalabbaus, über den zu diesem Zeitpunkt nur der Betriebsrat Bescheid weiß und mitbestimmt, beleidigt er den Geschäftsführer grob, da seine Nerven aufgrund des Verfahrens blank liegen. Zu diesem Verhalten kam es aber nur, weil sich der Mitarbeiter durch die Betriebsratstätigkeit in einer besonderen Konfrontationssituation befand. Daraus stelle sich auf jeden Fall die Frage, ob der Arbeitnehmer für das Amt des Betriebsrats geeignet ist. Das Verhalten stelle aber nicht das Arbeitsverhältnis als Gabelstaplerfahrer in Frage. Der Arbeitnehmer wäre in diese Situation nie gekommen, wenn er nur einfacher Arbeitnehmer gewesen wäre.

c. Stellungnahme

Die Amtshandlungs- und Trennungstheorie sind sich im Ergebnis ähnlich. Sie halten die Simultantheorie für abwegig, da sie die Unabhängigkeit der Amtsausübung gefährde. Außerdem würde, so ihr Argument, der gesetzgeberische Schutz hinter § 23 Abs. 1 BetrVG unterlaufen.

Die Gefahr der Befangenheit ist nicht von der Hand zu weisen. Die Ausübung des Betriebsratsamtes erhöht zwangsläufig die Konfliktmöglichkeiten mit dem Arbeitgeber. Dennoch ist der herrschenden Meinung zuzustimmen.

Denn die Ausübung des Betriebsratsamtes entbindet nicht von den allgemeinen arbeitsvertraglichen Pflichten. Der freien und unabhängigen Amtsausführung eines Betriebsrates wird in gewissem Maße schon durch den Ausschluss der ordentlichen Kündigung sowie der Zustimmungspflicht von Kündigungen nach § 103 BetrVG Rechnung getragen. Das erhöhte Konfliktpotential kann zudem auch auf andere Weise berücksichtigt werden als durch einen Ausschluss der (außerordentlichen) Kündigungsmöglichkeit des Arbeitgebers. Die Enthebung aus dem Amt kann z.B. als mildere Maßnahme zur Kündigung bewertet werden, was eine Kündigung unverhältnismäßig macht.[326] Außerdem braucht

---

324 DDZ/*Deinert* KSchG § 15 Rn. 49.
325 HK-ArbR/*Fiebig/Bufalica* KSchG § 15 Rn. 122.
326 So auch LAG Mecklenburg-Vorpommern, Beschl. v. 11.7.2017 – 5 TaBV 13/16, BeckRS 2017, 121384; GK-BetrVG/*Oetker* BetrVG § 23 Rn. 36; MHdB ArbR/*Krois* § 297 Rn. 6; HWK/*Quecke* KSchG § 15 Rn. 40.

es für die Zulässigkeit einer außerordentlichen Kündigung einen besonders schweren Verstoß gegen die Pflichten aus dem Arbeitsverhältnis. Ein einfacher Verstoß führt nicht schon zur Eröffnung der Kündigungsmöglichkeit. Eine weitere Möglichkeit, um den Interessen gerecht zu werden, ist die Berücksichtigung der jeweiligen Umstände im Rahmen einer Einzelfallabwägung. Die Verfechter der Simultantheorie plädieren deshalb dafür, bei der Prüfung der Interessenabwägung einen besonderen Prüfungsmaßstab anzulegen.[327] Die Anlegung eines strengeren Maßstabs dient gerade der unbefangenen und freien Betätigung des Amtes als Betriebsrat.

Auch finden sich für die gegenläufigen Amtshandlungs- und Trennungstheorien keine gesetzlichen Anhaltspunkte und die Konstruktion der Amtshandlungstheorie widerspricht schon der allgemeinen rechtlichen Dogmatik.

Ein Ruhen der vertraglichen Pflichten kann nicht aus dem luftleeren Raum gegriffen werden, weil es für eine Partei gerade günstig ist. Es braucht dafür vielmehr eine gesetzliche Anordnung, eine vertragliche Vereinbarung oder eine einseitige Erklärung.[328] Eine gesetzliche Anordnung gibt es in diesen Fällen nicht. Zudem fehlt in aller Regel eine ausdrückliche vertragliche Vereinbarung oder eine einseitige Erklärung. Eine solche Vereinbarung kann zwar durchaus konkludent zustande kommen.[329] Man könnte sie z.B. in der Wahl in den Betriebsrat sehen. Allerdings hat der Arbeitgeber dabei keine (konkludente) Willenserklärung erteilt. Der Arbeitnehmer gelangt in die Amtsstellung, ohne dass es eines Bestellungsaktes des Arbeitgebers bedarf. Dies geschieht vielmehr schon durch den Arbeitnehmer, der sich zur Wahl aufstellen lässt. Der Arbeitgeber hat auf den Eintritt in die Amtsstellung keinerlei Einflussmöglichkeiten und hat folglich keine Willenserklärung in diesem Zusammenhang abgegeben. Eine konkludente Zustimmung im generellen Bestehen eines Betriebsrates zu sehen, liegt fern, da der Arbeitgeber auch auf die Gründung des Gremiums keinen Einfluss hat.

Für ein Ruhen kraft einseitiger Erklärung braucht es eine Rechtsgrundlage,[330] die hier fehlt. Die Streikteilnahme beispielsweise, die als einseitige Suspendierung anerkannt ist,[331] fußt auf dem Streikrecht des Arbeitnehmers aufgrund von Art. 9 Abs. 3 GG.[332] Die Ausführung von Betriebsratstätigkeiten ist jedoch nicht

---

327 Siehe dazu sogleich, Kapitel 4, A. I. 2.
328 Vgl. Kapitel 3, I.
329 Vgl. Schaub ArbR-HdB/*Linck* § 32 Rn. 72.
330 Vgl. Schaub ArbR-HdB/*Linck* § 32 Rn. 72.
331 Vgl. dazu Kapitel 3, I.
332 MHdB ArbR/*Reichold* § 41 Rn. 30.

mit der Streikteilnahme vergleichbar. Im Falle der Streikteilnahme kommt der Arbeitnehmer seiner arbeitsvertraglich geschuldeten Tätigkeit nicht nach, weshalb der Arbeitgeber von der Lohnfortzahlungspflicht befreit wird. Somit ruhen beiderseits die arbeitsvertraglichen Hauptleistungspflichten. Bei der Ausführung von der Betriebsratstätigkeit kann der Arbeitnehmer zwar von seiner beruflichen Tätigkeit befreit werden; der Arbeitgeber schuldet aber nach wie vor die Zahlung des Entgelts (vgl. § 37 Abs. 2 BetrVG). Hier würde es daher nur zu einem einseitigen Ruhen der arbeitnehmerseitigen Pflichten kommen. Ein ebensolches ist dem Arbeitsrecht aber fremd.

Selbst wenn man das Ruhen der arbeitsvertraglichen Pflichten in irgendeiner Art konstruieren wollte, ruhen regelmäßig nicht die arbeitsvertraglichen Nebenpflichten.[333] Arbeitsvertragliche Pflichten, die nicht unmittelbar mit der Arbeitspflicht zusammenhängen, bleiben von der Ruhendstellung unberührt.[334] Solch ein Verstoß gegen vertragliche Nebenpflichten ist den Amtspflichtverletzungen gerade regelmäßig immanent. Würde man sich zusätzlich auf das einseitige Ruhen der arbeitsvertraglichen Nebenpflichten auf Arbeitnehmerseite berufen, wäre dies nicht nur ein elementarer Bruch mit der bekannten Dogmatik, sondern widerspricht der Natur des gegenseitigen Austauschverhältnisses, wenn der Arbeitgeber die Lohnzahlung schulde, die vertraglichen Pflichten ihm gegenüber aber weitestgehend ausgesetzt blieben.

Selbst bei einer gänzlichen Freistellung eines Betriebsratsmitglieds von seiner Arbeitspflicht sind Verletzungen von Nebenpflichten aus dem sog. Vertrauensbereich durchaus möglich.[335]

Hinzu kommt: für den von der Trennungstheorie angeführten Vorrang des § 23 Abs. 1 BetrVG vor § 626 BGB fehlt ebenso die gesetzliche Grundlage. Um einen Vorrang einer Norm rechtstechnisch korrekt zu begründen, müssen die Normen zwangsläufig kollidieren. Das bedeutet, auf denselben Sachverhalt müssten inhaltlich gegensätzliche Normen gleichen Ranges treffen.[336]

Dies ist hier gerade nicht der Fall. Die Normen haben unterschiedliche Normzwecke, verschiedene Stoßrichtungen und andere Rechtsfolgen.

333 Vgl. Kapitel 3, I.
334 Siehe auch *Weber/Ehrich/Hörchens/Oberthür*, HdB BetrVG, Teil D Rn. 89.
335 Vgl. BAG, Beschl. v. 22.8.1974 – 2 ABR 17/74, BeckRS 1974, 106604; GK-BetrVG/
    Oetker BetrVG § 23 Rn. 33; *Weber/Ehrich/Hörchens/Oberthür*, HdB BetrVG, Teil D
    Rn. 89.
336 Vgl. *Weber*, Rechtswörterbuch, Normenkollision.

Sinn und Zweck der Vorschrift des § 23 Abs. 1 BetrVG ist der Erhalt eines Mindestmaßes an gesetzmäßigem Verhalten von Betriebsratsmitgliedern und Arbeitgebern.[337] Die Norm soll die gesetzesmäßige Durchführung der Betriebsverfassung sichern.[338] Sie sieht Sanktionen (konkret: Ausschluss des Betriebsratsmitglieds aus dem Betriebsrat) bei groben Pflichtverletzungen vor.

§ 626 BGB gibt den Vertragsparteien dagegen die Möglichkeit, sich von einem Arbeitsverhältnis zu lösen. Es ist ein allgemeiner Rechtsgrundsatz und ein „unverzichtbares Freiheitsrecht",[339] Dauerschuldverhältnisse zu kündigen, wenn Tatsachen vorliegen, auf Grund derer beiden Vertragsteilen die Fortsetzung des Schuldverhältnisses bis zum Ablauf der Kündigungsfrist nicht mehr zugemutet werden kann.[340] Die Norm des § 626 BGB hat keinen Sanktionscharakter.[341]

Schon die Normzwecke der beiden Vorschriften variieren demzufolge erheblich. § 23 BetrVG schützt kollektivrechtliche Belange und sieht Sanktionen vor. § 626 BGB schützt individualvertragliche Belange und hat gerade keinen Sanktionscharakter. Die Normen sind daher im Ergebnis nicht vergleichbar und stehen rechtstechnisch gesehen nicht in einem Kollisionsverhältnis.

Sollte der „Vorrang" sprachlich unpräzise formuliert sein und mit dieser Konstruktion stattdessen eine Sperrwirkung des § 23 BetrVG gemeint sein, gilt nichts anderes. Für eine solche Interpretation gibt es keine Anhaltspunkte im Gesetz.[342] Aufgrund der unterschiedlichen Zweckrichtung ist nicht ersichtlich, dass § 23 Abs. 1 BetrVG die Rechtsfolgen abschließend regeln soll.

Auch und insbesondere spricht gegen die Amtshandlungs- und Trennungstheorie das Bevorzugungsverbot von Betriebsräten (vgl. § 78 S. 2 BetrVG). Versperrt man dem Arbeitgeber den Weg der Kündigung (oder Abmahnung), werden Betriebsratsmitglieder gegenüber anderen Arbeitnehmern bevorzugt. Schließlich werden arbeitsvertragliche Pflichten verletzt, die bei anderen

---

337 BAG, Beschl. v. 27.7.2016 – 7 ABR 14/15, NZA 2017, 136 (138); BAG, Beschl. v. 20.8.1991 – 1 ABR 85/90, NZA 1992, 317 (318); ErfK/*Koch* BetrVG § 23 Rn. 1; GK-BetrVG/*Oetker* BetrVG § 23 Rn. 15; Richardi/*Thüsing* BetrVG § 23 Rn. 3.
338 Richardi/*Thüsing* BetrVG § 23 Rn. 1.
339 APS/*Vossen* BGB § 626 Rn. 6.
340 APS/*Vossen* BGB § 626 Rn. 6; ErK/*Niemann* BGB § 626 Rn. 1; MüKo BGB/*Henssler* BGB § 626 Rn. 1.
341 BAG, Urt. v. 1.6.2017 – 6 AZR 720/15, NZA 2017, 1332 (1338); BAG, Urt. v. 20.10.2016 – 6 AZR 471/15, NZA 2016, 1527 (1530); APS/*Vossen* BGB § 626 Rn. 26; ErfK/*Niemann* BGB § 626 Rn. 1.
342 Anders als bei einem Eigentümer-Besitzer-Verhältnis (vgl. § 993 Abs. 1 a.E.), bei dem eine Sperrwirkung allgemein anerkannt ist; vgl. auch BT-Drs. I/970, S. 21.

Arbeitnehmern ggf. individualrechtliche Folgen hätten. Das Amt des Betriebsrates darf kein „Freifahrtschein" für jegliches Fehlverhalten werden. Einige Amtspflichtverletzungen stehen nicht derart im Zusammenhang mit der (an sich schutzwürdigen) Betriebsratstätigkeit, dass eine individualrechtliche Reaktion des Arbeitgebers nicht angemessen wäre. Dies verdeutlicht folgendes Beispiel: Betriebsratsmitglieder sind nach § 37 Abs. 2 BetrVG von ihrer (regulären) arbeitsvertraglich festgelegten Tätigkeit zu befreien, wenn und soweit es zur ordnungsgemäßen Durchführung ihrer Aufgaben erforderlich ist. Sie sind verpflichtet, sich beim Verlassen des Arbeitsplatzes beim Arbeitgeber abzumelden.[343] Die Verpflichtung, sich beim Arbeitgeber abzumelden, wenn die geschuldete Arbeitsleistung in der Arbeitszeit nicht erbracht werden kann, ist gleichzeitig eine arbeitsvertragliche Nebenpflicht, die jeden Arbeitnehmer trifft.[344] Meldet sich ein nicht freigestelltes Betriebsratsmitglied beim Arbeitgeber für die Ausübung der Betriebsratstätigkeit nicht ab, verstößt er damit auch gegen arbeitsvertragliche Pflichten. Das Verhalten kann eine Abmahnung zur Folge haben. Jedes andere Ergebnis würde den Betriebsrat ungerechtfertigt bevorzugen, da ein solches Verhalten nicht folgenlos bleiben darf.

Die Simultantheorie kommt ohne Verstöße gegen arbeitsrechtliche Grundsätze zu einer interessengerechten Lösung. Ihr ist deshalb zuzustimmen. Eine Amtspflichtverletzung kann daher grundsätzlich zu individualrechtlichen Maßnahmen führen, wenn sie zugleich arbeitsvertragliche Pflichten verletzt.

2. Anlegen eines „besonders strengen Maßstabs"

Den Bedenken, die von der Trennungs- und Amtshandlungstheorie richtigerweise vorgebracht werden, muss deshalb auf andere Weise Rechnung getragen werden.

Um dem Umstand gerecht zu werden, dass Betriebsratsmitglieder wegen ihrer exponierten Stellung typischerweise leichter in Konflikt mit arbeitsvertraglichen Pflichten geraten als gewöhnliche Arbeitnehmer, muss im Rahmen der Interessenabwägung ein besonders strenger Maßstab angelegt werden.[345]

---

343 Vgl. BAG, Beschl. v. 23.6.1983 – 6 ABR 65/80, BeckRS 1983, 2350.
344 Vgl. BAG, Urt. v. 15.7.1992 – 7 AZR 466/91, NZA 1993, 220 (221).
345 BAG, Urt. v. 12.5.2010 – 2 AZR 587/08, NZA-RR 2011, 15 (16); BAG, Urt. v. 5.11.2009 – 2 AZR 487/08, NZA-RR 2010, 236; BAG, Beschl. v. 16.10.1986 – 2 ABR 71/85, AP BGB § 626 Nr. 95; BAG, Beschl. v. 22.8.1974 – ABR 17/74, BeckRS 1974, 106604; MHdB ArbR/*Krois* § 297 Rn. 6; LKB/*Bayreuther* KSchG § 15 Rn. 102; APS/*Linck* KSchG § 15 Rn. 118; KR/*Kreft* KSchG § 15 Rn 50; ErfK/*Kiel* BetrVG § 23 Rn. 2; Löwisch/Kaiser/*Löwisch* BetrVG § 23 Rn. 22; *Fitting* BetrVG § 23 Rn. 23.

Es ist berücksichtigen, inwieweit die Funktion als Amtsträger die Pflichtverletzung überhaupt erst möglich gemacht hat.[346] Es bedarf folglich der Prüfung, ob das Betriebsratsmitglied gerade durch die Ausführung des Amtes in den Konflikt mit den arbeitsvertraglichen Pflichten gekommen ist.[347] Wird die Möglichkeit der Pflichtverletzung erst durch die Betriebsratsarbeit geschaffen (z.b. Zugriff auf elektronische Personalakten), kann dem Arbeitgeber das Festhalten am Arbeitsverhältnis durchaus zumutbar sein.[348]

Weiter ist miteinzubeziehen, ob sich die Pflichtverletzung wiederholen kann. Bei fehlender Wiederholungsgefahr ist die Abberufung aus dem Amt oft das mildere Mittel und damit vorrangig gegenüber der Kündigung.[349] Das Argument einer möglichen Wiederwahl des Arbeitnehmers in den Betriebsrat kann nicht für eine Wiederholungsgefahr angeführt werden.[350] Wenn der Gesetzgeber schon nicht im Falle einer groben Amtspflichtverletzung eine erneute Wahl des Arbeitnehmers ausschließt, bei der die Wiederholungsgefahr offensichtlich bestünde, kann die Wiederwahlmöglichkeit keinen Grund bieten, eine fristlose Kündigung lediglich darauf zu stützen.[351]

Die Schutzrichtung der vertraglichen Pflicht kann ebenso ein Kriterium für oder gegen eine Kündigung des Betriebsratsmitglieds sein. Steht die Amtspflichtverletzung bei einem Fehlverhalten deutlich im Vordergrund, darf konsequenterweise auch (nur) mit betriebsverfassungsrechtlichen Mitteln reagiert werden.[352]

Zudem sind die Wertungen des § 23 Abs. 1 BetrVG in die Beurteilung miteinzubeziehen, der dazu dient, die Amtstätigkeit abzusichern.[353] Ein Ausschluss aus dem Betriebsrat kann demnach nur bei groben Pflichtverletzungen erfolgen. Um diesen Zweck nicht zu umgehen, braucht es für die außerordentliche Kündigung

---

346 BAG, Urt. v. 19.7.2012 – 2 AZR 989/11, NZA 2013, 143; APS/*Linck* KSchG § 15 Rn. 118; ErfK/*Kiel* KSchG § 15 Rn. 24.

347 klarstellend BAG, Urt. v. 19.7.2012 – 2 AZR 989/11, NZA 2013, 143 (147).

348 Vgl. LAG Berlin-Brandenburg, Beschl. v. 12.11.2012 – 17 TaBV 1318/12, NZA-RR 2013, 293.

349 BAG, Beschl. v. 23.10.2008 – 2 ABR 59/07, NZA 2009, 855 (858); LAG Mecklenburg-Vorpommern, Beschl. v. 11.7.2017 – 5 TaBV 13/16, BeckRS 2017, 121384; GK-BetrVG/*Oetker* BetrVG § 23 Rn. 36; MHdB ArbR/*Krois* § 297 Rn. 6.

350 Für den Fall des Aufsichtsrats siehe BAG, Beschl. v. 23.10.2008 – 2 ABR 59/07, NZA 2009, 855 (859).

351 BAG, Beschl. v. 23.10.2008 – 2 ABR 59/07, NZA 2009, 855 (859).

352 Vgl. BAG, Beschl. v. 23.10.2008 – 2 ABR 59/07, NZA 2009, 855 (859).

353 So auch GK-BertVG/*Oetker* § 23 Rn. 34; zustimmend MHdB ArbR/*Krois* § 297 Rn. 6.

deshalb einen besonders schweren Pflichtenverstoß. Denn bei einer außerordentlichen Kündigung endet die Amtstätigkeit zwangsläufig (§ 24 Nr. 3 BetrVG). Teilweise wird hingegen die Anwendung eines strengen Maßstabs als unzulässige Privilegierung im Sinne von § 78 S. 2 BetrVG gesehen.[354] Diese Annahme ist allerdings ein Trugschluss:

Die Modifikation des Prüfungsmaßstabes berücksichtigt nur die erhöhte Gefährdung, die der Amtsstellung geschuldet ist und gewährleistet die freie Amtsausübung.[355] Dadurch soll gerade die Benachteiligung des Betriebsratsmitglieds verhindert werden (Benachteiligungsverbot des § 78 S. 2 BetrVG). Der strengere Prüfungsmaßstab ist Ausdruck der Situationsgerechtigkeit und folgt aus der besonderen Sachlage.[356] Das Anlegen des besonders strengen Maßstabs spiegelt deshalb lediglich eine Einzelfallbetrachtung wider, welche die besonderen Umstände der Amtstätigkeit miteinbezieht.[357] Es bedeutet nicht, dass Betriebsratsmitglieder dadurch stets einen für sie positiven Ausgang des Verfahrens erwarten dürfen.

Polemische und überspitze Aussagen eines Betriebsratsmitglieds gegenüber seinem Arbeitgeber oder auch anderen Betriebsratsmitgliedern müssen in dieser Hinsicht deshalb besonders überprüft werden. Geht die Beleidigung o.ä. auf die Betriebsratstätigkeit zurück, muss im Rahmen der Interessenabwägung berücksichtigt werden, dass der Arbeitnehmer durch seine Tätigkeit im Betriebsrat in die Konfliktsituation gekommen ist. Für die Beurteilung kommt es auf die konkreten Begleitumstände (z.B. Grund der Verärgerung[358]) oder den Ablauf der Betriebsratssitzung an.[359] Auch der Adressatenkreis ist in die Interessenabwägung miteinzubeziehen, da es einen Unterschied macht, ob die kritische Äußerung nur gegenüber dem Arbeitgeber allein bzw. in Anwesenheit anderer Betriebsratsmitglieder, oder ob sie vor den Ohren der gesamten Belegschaft getätigt wurde.[360] Außerdem ist zu berücksichtigen, wenn Äußerungen im Rahmen

354 So *Leuze*, DB 1993, 2590 (2592).
355 BAG, Urt. v. 25.5.1982 – 7 AZR 155/80, BeckRS 2009, 62454; HWK/*Quecke* KSchG § 15 Rn. 45; MüKo BGB/*Hergenröder* KSchG § 15 Rn. 104.
356 Vgl. ArbG Mannheim, Urt. v. 1.12.2021 – 2 Ca 106/21, NZA-RR 2022, 192 (195).
357 Ebenso BAG, Urt. v. 25.5.1982 – 7 AZR 155/80, BeckRS 2009, 62454; HWK/*Quecke* KSchG § 15 Rn. 45; MüKo BGB/*Hergenröder* KSchG § 15 Rn. 104.
358 LAG Niedersachsen, Beschl. v. 25.10.2004 – 5 TaBV 96/03, NZA-RR 2005, 530 (532).
359 BAG, Urt. v. 25.5.1982 – 7 AZR 155/80, BeckRS 2009, 62454.
360 Siehe auch LAG Niedersachsen, Beschl. v. 25.10.2004 – 5 TaBV 96/03, NZA-RR 2005, 530 (532); LAG Köln, Urt. v. 27.10.2005 – 10 (9) Sa 973/05, BeckRS 2006, 41413.

von bewegten Verhandlungen des Betriebsrats erfolgen.[361] Bei schwierigen Verhandlungen zwischen Arbeitgeber und Betriebsrat kommt es eher zu hitzigen Auseinandersetzungen, „die die je nach Persönlichkeitsstruktur der Teilnehmer zu verbalen Entgleisungen führen.“[362] Insoweit können Verfehlungen, die bei normalen Arbeitnehmern eine Abmahnung oder Kündigung rechtfertigen würden, bei Betriebsratsmitgliedern unter Berücksichtigung der besonderen Sachlage keine individualrechtlichen Maßnahmen nach sich ziehen.

So stellt beispielsweise die Beleidigung eines Chefarztes als „sozialinkompetentes Arschloch" zwar als solche eine schwere verbale Entgleisung dar und kann die außerordentliche Kündigung eines Arbeitnehmers an sich rechtfertigen, da dies eine arbeitsvertragliche Pflichtverletzung darstellt.[363] Tätigt ein Betriebsratsmitglied diese Aussage allerdings in einer hitzigen Debatte, ist die außerordentliche Kündigung nicht zwingend gerechtfertigt.[364] Der Ausschluss aus dem Betriebsrat ist insoweit das mildere Mittel, da er genügt, um weitere Beleidigungen von Repräsentanten des Arbeitsgebers zu unterbinden.[365]

Noch weiter ging das LAG Köln in einem Urteil aus dem Jahre 2005, in dem es die außerordentliche Kündigung eines Betriebsratsmitglied, das den Betriebsratsvorsitzenden mit den Worten wie „Arschloch" und „Drecksau" grob beleidigte und ihn anschließend durch einen Schlag ins Gesicht tätlich angriff, für nicht gerechtfertigt hielt.[366] Im Rahmen der Interessenabwägung müsse man sich fragen, ob die Tätlichkeiten konkrete Auswirkungen auf der betrieblichen Ebene hätten.[367] Da sich die Beleidigung und Tätlichkeit nicht bei der konkreten

361 Siehe BAG, Urt. v. 2.4.1987 – 2 AZR 418/86, NZA 1987, 808; LAG Hamm, Urt. v. 26.1.2007 – 10 Sa 775/06, BeckRS 2007, 41950; LAG Köln, Urt. v. 27.10.2005 – 10 (9) Sa 973/05, BeckRS 2006, 41413; LAG Niedersachsen, Beschl. v. 25.10.2004 – 5 TaBV 96/03, NZA-RR 2005, 530.

362 BAG, Urt. v. 2.4.1987 – 2 AZR 418/86, NZA 1987, 808 (809).

363 LAG Mecklenburg-Vorpommern, Beschluss v. 11.7.2017 – 5 TaBV 13/16, BeckRS 2017, 121384; LAG Niedersachsen, Beschl. v. 25.10.2004 – 5 TaBV 96/03, NZA-RR 2005, 530.

364 Vgl. LAG Mecklenburg-Vorpommern, Beschluss v. 11.7.2017 – 5 TaBV 13/16, BeckRS 2017, 121384.

365 LAG Mecklenburg-Vorpommern, Beschluss v. 11.7.2017 – 5 TaBV 13/16, BeckRS 2017, 121384; LAG Hamm, Urt. v. 26.1.2007 – 10 Sa 775/06, BeckRS 2007, 41950: „insoweit erscheint die [...] außerordentliche Kündigung weit überzogen".

366 LAG Köln, Urt. v. 27.10.2005 – 10 (9) Sa 973/05, BeckRS 2006, 41413.

367 LAG Köln, Urt. v. 27.10.2005 – 10 (9) Sa 973/05, BeckRS 2006, 41413 mit Verweis auf *Aigner*, DB 1991, 596 (601).

Arbeitsleistung, sondern im Betriebsratsbüro (und damit außerhalb der Betriebs-öffentlichkeit) ereignete, und die Parteien am Arbeitsplatz nicht zusammenar-beiteten, seien keine Anhaltspunkte für die Auswirkung auf betrieblicher Ebene gegeben.[368] Außerdem sei zu berücksichtigen, dass der Angriff aus einer Kon-fliktsituation entstand, der sich der Angreifer insbesondere als Betriebsratsmit-glied ausgesetzt sah.[369]

Ob mit dieser Argumentation auch in anderen Fällen – ohne die (reibungs-lose) 30-jährige Betriebszugehörigkeit sowie die Schwerbehinderteneigenschaft des Betriebsratsmitglieds – die außerordentliche Kündigung als ungerechtfertigt zu beurteilen ist, ist wegen der Schwere der Tätlichkeiten sehr fraglich. Rich-tig und wichtig ist jedenfalls, dass alle konkreten Umstände in die Interessen-abwägung miteinbezogen werden, um eine sachgerechte Lösung zu finden. Betriebsratsmitgliedern wird im Vergleich zu gewöhnlichen Arbeitnehmern bei kritischen Äußerungen oder Beleidigungen im Allgemeinen ein „Mehr" zugebilligt.

3. Ergebnis

Ein Fehlverhalten während der Betriebsratstätigkeit kann für einen Arbeitneh-mer individualrechtliche Konsequenzen nach sich ziehen.

Verletzt ein Betriebsratsmitglied ausschließlich Amtspflichten, sind lediglich betriebsverfassungsrechtliche Sanktionen, insbesondere die Abberufung aus dem Betriebsrat (§ 23 Abs. 1 BetrVG), zulässig.

Treffen Amtspflichtverletzung und Vertragspflichtverletzung zusammen, steht dem Arbeitgeber sowohl die Sanktion des § 23 Abs. 1 BetrVG als auch die Möglichkeit einer Abmahnung oder außerordentliche Kündigung zur Ver-fügung. Doch nicht jeder Verstoß gegen arbeitsvertragliche Pflichten kann eine außerordentliche Kündigung rechtfertigen. Da Betriebsratsmitglieder durch ihre Tätigkeit einer erhöhten Gefahr ausgesetzt sind, in den Konflikt mit ihren arbeitsvertraglichen Pflichten zu gelangen, ist bei der Interessenabwägung ein besonders strenger Maßstab anzulegen. Es muss geprüft werden, ob es zu der Vertragspflichtverletzung gerade erst durch den Konflikt mit der Amtsausfüh-rung gekommen ist. Des Weiteren sind die Wiederholungsgefahr sowie die Art und die Schwere der Pflichtverletzung in die Prüfung miteinzubeziehen.

---

368 LAG Köln, Urt. v. 27.10.2005 – 10 (9) Sa 973/05, BeckRS 2006, 41413.
369 LAG Köln, Urt. v. 27.10.2005 – 10 (9) Sa 973/05, BeckRS 2006, 41413.

Regelmäßig tragen nur besonders schwere Vorwürfe eine außerordentliche Kündigung. Als milderes Mittel kann in der Regel die Amtsenthebung dienen.

Die Ausführungen zur Kündigung wegen Amtspflichtverletzungen gelten freilich ebenso für Mitglieder des Sprecherausschusses.[370]

II. Personalratsvertreter

Personalratsvertreter sind das Äquivalent der Betriebsratsmitglieder auf Ebene des öffentlichen Dienstes. Die Rechte und Pflichten der Personalratsmitglieder ergeben sich aus dem Bundespersonalvertretungsgesetz (BPersVG) sowie den jeweiligen Landespersonalvertretungsgesetzen.

Die Ausgestaltung und der Schutz des Amtes sind den Vorschriften für Betriebsratsmitglieder im Allgemeinen nachgebildet:

Personalratsmitglieder genießen Sonderkündigungsschutz; sie können nach § 15 Abs. 2 KSchG nur außerordentlich gekündigt werden. In § 30 S. 3 BPersVG findet sich eine dem § 23 Abs. 1 S. 1 BetrVG entsprechende Regelung zum Ausschluss von Mandatsträgern aus dem Vertretungsgremium bei grober Pflichtverletzung im Amt.[371] § 10 BPersVG bestimmt zudem ein Behinderungs-, Benachteiligungs- und Begünstigungsverbot.

Das Gremium selbst sowie die einschlägigen Vorschriften laufen mit denen des Betriebsrates gleich. Die Ausführungen zu Amts- und Vertragspflichtverletzungen von Betriebsräten können deshalb übertragen werden.[372] Letztlich hat auch hier eine Bewertung des Einzelfalles unter Beachtung des Verhältnismäßigkeitsgrundsatzes zu erfolgen.

III. Mitglieder der Schwerbehindertenvertretung

Die Schwerbehindertenvertretung ist die Interessenvertretung der schwerbehinderten und gleichgestellten Beschäftigten im Betrieb. Die gesetzlichen Vorschriften ähneln jenen der Betriebs- und Personalräte:

Die Vertrauensperson und ihr Stellvertreter besitzen gegenüber dem Arbeitgeber nach § 179 Abs. 3 S. 1 SGB IX die gleiche persönliche Rechtsstellung (insbesondere den gleichen Kündigungsschutz) wie Mitglieder des Betriebs- oder

---

370 Vgl. auch *Hromadka/Sieg* SprAuG § 9 Rn. 2 ff., 15.
371 Zum Ausschluss aus dem Personalrat vgl. VGH München, Beschl. v. 8.10.2020 – 17 P 19.2114, NZA-RR 2021, 100.
372 RDW/*Schwarze* BPersVG § 28 Rn. 12; MHdB ArbR/*Germelmann* § 360 Rn. 104; vgl. auch BVerwG, Beschl. v. 16.6.2022 – 5 PB 18/21, NZA-RR 2022, 604.

Personalrates. Die ordentliche Kündigung ist daher ausgeschlossen. Außerdem findet sich in § 179 Abs. 2 SGB IX ein Benachteiligungs- und Begünstigungsverbot. Im Gegensatz zu den Regelungen der Betriebs- und Personalräte ist in den §§ 177 ff. SGB IX keine Möglichkeit des Ausschlusses aus der Vertretung wegen grober Verletzung der Amtspflichten vorgesehen. Trotzdem ist anerkannt, die Problematik und deren Lösung entsprechend zu übertragen.[373]

Die Sanktionsnorm des § 23 BetrVG bot den Anlass für die Streitfrage, ob Amtspflichtverletzungen auch individualrechtliche Maßnahmen nach sich ziehen können. Bei Abwesenheit einer solchen Sanktionsnorm gibt es keinen gesetzlichen Anhaltspunkt mehr, Amtspflichtverletzungen nur organschaftlich zu sanktionieren. Trotzdem darf nicht jede Amtspflichtverletzung zugleich eine Kündigung rechtfertigen. Es ergeben sich insoweit die gleichen Wertungen wie bei Betriebsratsmitgliedern. Auch nach dem Willen des Gesetzgebers sollen Mitglieder der Schwerbehindertenvertretung den gleichen Kündigungsschutz genießen wie Betriebsrats- oder Personalratsmitglieder. Reine Amtspflichtverletzungen dürfen sich deshalb kündigungsrechtlich nicht auswirken, um die Unabhängigkeit der Amtsausübung zu gewährleisten. Erst wenn das Fehlverhalten im Amt zugleich arbeitsvertragliche Pflichten verletzt, kann eine Kündigung zulässig sein. Die Möglichkeit des Ausschlusses aus der Schwerbehindertenvertretung muss sodann bei der Frage des milderen Mittels geprüft werden. In der Interessenabwägung ist wegen derselben Konfliktsituation ein besonders strenger Maßstab anzulegen.

IV. Arbeitnehmervertreter im Aufsichtsrat

Der Aufsichtsrat ist das Kontrollgremium bei einer AG (§ 111 AktG), KGaA (§ 278 Abs. 3 i.V.m. §§ 95 ff. AktG) und Genossenschaft (§ 38 GenG). Die Bildung eines Aufsichtsrates ist auch bei einer GmbH (§ 52 GmbHG) möglich. Obligatorisch wird ein Aufsichtsrat bei einer GmbH erst, wenn sie regelmäßig mehr als 500 Arbeitnehmer beschäftigt.

Ab einer bestimmten Unternehmensgröße müssen auch Arbeitnehmer im Aufsichtsrat repräsentiert sein. Beschäftigt das Unternehmen zwischen 500 bis 2.000 Arbeitnehmer, muss der Aufsichtsrat zu einem Drittel aus Arbeitnehmervertretern bestehen (vgl. §§ 1 Abs. 1, 4 Abs. 1 DrittelbG). Sind mehr als

---

373 Vgl. BAG, Urt. v. 19.7.2012 – 2 AZR 989/11, AP SGB IX § 96 Nr. 3 mit zust. Anm. *Powietzka* = NZA 2013, 143; APS/*Linck* KSchG § 15 Rn. 121; KR/*Kreft* KSchG § 15 Rn. 54; *Oetker*, BB 1983, 1671 (1673).

2.000 Arbeitnehmer im Unternehmen tätig, muss die Besetzung im Aufsichtsrat paritätisch erfolgen (§§ 1 Abs. 1, 7 Abs. 1 MitbestG).

Als Aufsichtsratsmitglied[374] ist man Teil eines Unternehmensorgans, dem als Hauptaufgabe die Kontrolle des Vorstands und der Geschäftsführung obliegt.[375] Somit ist der Aufgabenbereich ein anderer als der des Betriebsrats, der sich als Interessenvertretung der Belegschaft aktiv für die Belange der Arbeitnehmer im Betrieb einsetzt.

Die folgenden Ausführungen gelten für alle Aufsichtsräte, unabhängig von der Rechtsform oder Unternehmensgröße, da die Schutzwürdigkeit der Aufsichtsratsmitglieder von diesen Faktoren nicht beeinflusst wird.

1. Kündigungsschutz

Eine Regelung über einen Sonderkündigungsschutz sucht man für Aufsichtsratsmitglieder zunächst vergeblich. Lediglich aus § 15 KSchG könnte sich ein Schutz vor ordentlicher Kündigung ableiten lassen. Eine analoge Anwendung dieser Norm scheitert nach ganz herrschender Meinung jedoch richtigerweise an der planwidrigen Regelungslücke.[376] Denn Aufsichtsratsmitgliedern wurde nicht versehentlich der Sonderkündigungsschutz versagt. Das belegen schon die Gesetzesmaterialien. Das MitbestG und das DrittelbG, die sich mit der Mitbestimmung von Arbeitnehmern beschäftigen, traten im Jahre 1976[377] bzw. 2004[378] in Kraft. Das KSchG mit seinem § 15 KSchG wurde dagegen schon im August 1969 verkündet.[379] Der Gesetzgeber war sich des Problems des Kündigungsschutzes also durchaus bewusst, nahm aber trotzdem keinen besonderen Kündigungsschutz für Aufsichtsratsmitglieder auf. Insbesondere war in den Ausschussberatungen zu § 26 MitbestG ein Kündigungsschutz zunächst noch

---

374 Von dem Begriff der „Aufsichtsratsmitglieder" sind hier sowie im Folgenden nur die unternehmensangehörigen Aufsichtsratsmitglieder der Arbeitnehmer umfasst.

375 HH/*Henssler* MitbestG § 26 Rn. 13; *Müller,* DB 1975, 205.

376 BAG, Urt. v. 4.4.1974 – 2 AZR 452/73 AP BGB § 626 Arbeitnehmervertreter im Aufsichtsrat Nr. 1; APS/*Greiner* MitbestG § 26 Rn. 11; ErfK/*Oetker* MitbestG § 26 Rn. 7; Heidel/*Wichert* MitbestG § 26 Rn. 8; HH/*Henssler* MitbestG § 26 Rn. 13; MüKo AktG/*Annuß* MitbestG § 26 Rn. 10; RJV/*Jacobs* MitbestG § 26 Rn. 8; WKS/ *Wißmann* MitbestG § 26 Rn. 18; GroßKomm-AktG/*Oetker* MitbestG § 26 Rn. 14; **a.A.** *Reich/Lewerenz,* AuR 1976, 353 (365).

377 Das MitbestG wurde am 4.5.1976 verkündet, BGBl. I S. 1153.

378 Das DrittelbG wurde am 18.5.2005 verkündet, BGBl. I S. 974.

379 BGBl. I S. 1317.

ausdrücklich gesetzlich vorgesehen.[380] Von ihm wurde im Nachhinein aber abgesehen, weshalb es naheliegt, dass der fehlende Sonderkündigungsschutz beabsichtigt ist.

In der Praxis stellt sich das Problem eines fehlenden gesetzlichen Kündigungsschutzes nicht allzu oft, da Aufsichtsratsmitglieder meist zugleich Betriebsratsmitglieder sind, sodass sie den Kündigungsschutz des § 15 KSchG ohnehin genießen.

Bei der Kontrolle und Überwachung des Vorstands kann es dennoch, ähnlich wie bei der betrieblichen Mitbestimmung, zu Konflikten kommen. Um das Aufsichtsratsmitglied nicht völlig schutzlos zu stellen, ist ein relativer Kündigungsschutz allgemein anerkannt.[381] Er wird aus § 26 MitbestG bzw. § 9 DrittelbG[382] abgeleitet, die ein Behinderungs- und Benachteiligungsverbot beinhalten. Aus dem Verbot wird gefolgert, dass eine Kündigung unwirksam ist, sofern das Aufsichtsratsmitglied von der Amtsausübung ausgeschlossen werden soll oder für seine (rechtmäßige) Tätigkeit im Aufsichtsrat gemaßregelt wird.[383]

Eine zusätzliche Eingrenzung der Kündigungsmöglichkeit ergibt sich zudem aus der gem. § 1 KSchG bzw. § 626 BGB durchzuführenden Interessenabwägung, in der die schutzwürdige Stellung als Aufsichtsratsmitglied zu berücksichtigen ist – unabhängig davon, ob die Kündigung im Zusammenhang mit der Tätigkeit als Aufsichtsratsmitglied erfolgt oder nicht.[384] Dies ist zum Schutze des Aufsichtsratsmandats erforderlich.

---

380 Vgl. HLW MitbestG § 26 Rn. 16.
381 LAG Hamm, Urt. v. 7.9.2007 – 10 SaGa33/07, BeckRS 2007, 49037; WKS/*Wißmann* MitbestG § 26 Rn. 19; HH/*Henssler* MitbestG § 26 Rn. 12; RVJ/*Jacobs* MitbestG § 26 Rn. 8; ErfK/*Oetker* MitbestG § 26 Rn. 7; APS/*Greiner* MitbestG § 26 Rn. 12; GroßKomm-AktG/*Oetker* MitbestG § 26 Rn. 15; *Köstler/Zachert/Müller*, Aufsichtsratspraxis, Rn. 759, 816.
382 Die Regelung des § 9 DrittelbG entspricht wörtlich der des § 26 MitbestG. Die Ausführungen können übertragen werden (vgl. auch ErfK/*Oetker* DrittelbG § 9 Rn. 1; RVJ/*Veil* DrittelbG § 9 Rn. 1).
383 APS/*Greiner* MitbestG § 26 Rn. 12; RJV/*Jacobs* MitbestG § 26 Rn. 8; HH/*Henssler* MitbestG § 26 Rn. 12; WKS/*Wißmann* MitbestG § 26 Rn. 19.
384 HH/*Henssler* MitbestG § 26 Rn. 14; HLW MitbestG § 26 Rn. 19; WKS/Wißmann MitbestG § 26 Rn. 20; APS/*Greiner* MitbestG § 26 Rn. 13; ErfK/*Oetker* MitbestG § 26 Rn. 7; **a.A.** MüKo AktG/*Annuß* MitbestG § 26 Rn. 10.

2. Individualrechtliche Maßnahmen bei Amtspflichtverletzung

a. Individualrechtliche Reaktionen bei Fehlverhalten von Aufsichtsratsmitgliedern

Trotz der variierenden Amtstätigkeit von Aufsichtsrats- und Betriebsratsmitgliedern, kann das Problem des Durchschlagens von Fehlverhalten auf das Arbeitsverhältnis ähnlich gelöst werden, da die Ausgangslage ähnlich ist.

Für amtsbezogene Pflichtverletzungen eines Aufsichtsratsmitglieds gelten gesellschaftsrechtliche Sanktionsnormen. Verstöße können in Form von Schadensersatz nach §§ 116, 93 AktG oder der Abberufung aus dem Aufsichtsrat (§ 103 Abs. 3 AktG, § 23 MitbestG, § 12 DrittelbG) geahndet werden. Auf reine Amtspflichtverletzungen ist deshalb nur unternehmensrechtlich zu reagieren, da diese Pflichten gesellschaftsrechtlicher Natur sind. Ein Verhalten eines Aufsichtsratsmitglieds, das ausschließlich gegen eine Amtspflicht verstößt, trägt daher keine Kündigung des Arbeitsverhältnisses.[385] Genau wie bei simultanen Pflichtverletzungen von betrieblichen Mandatsträgern, kann ein Fehlverhalten im Amt, das zugleich arbeitsvertragliche Pflichten verletzt, individualrechtliche Maßnahmen nach sich ziehen.[386] Eine andere Bewertung als bei Betriebsratsmitgliedern ist hier nicht geboten. Wenn schon den (noch schützenswerten) betrieblichen Amtsträgern (aus guten Gründen) kein Kündigungsausschluss bei simultanen Pflichtverletzungen zugutekommt, kann für Aufsichtsratsmitglieder erst Recht nichts anderes gelten. Die in diesem Kontext angestellten Erwägungen sind auf diese Fälle zu übertragen.

Durch die Kontrolle und Überwachung der Geschäftsführung können Aufsichtsratsmitglieder ebenso in eine besondere Konfliktsituation gelangen, die in der Zusatzaufgabe des Arbeitnehmers wurzelt. Um die unabhängige und autonome Aufgabenwahrnehmung zu sichern, muss deshalb auch hier ein Korrektiv

385 H.M., vgl. BAG, Beschl. v. 23.10.2008 – 2 ABR 59/07, NZA 2009, 855; APS/*Greiner* MitbestG § 26 Rn. 14; ErfK/*Oetker* MitbestG § 26 Rn. 7; HH/*Henssler* MitbestG § 26 Rn. 15; MüKo AktG/*Annuß* MitbestG § 26 Rn. 11; WKS/*Wißmann* MitbestG § 26 Rn. 22; RVJ/*Jacobs* MitbestG § 26 Rn. 9.

386 H.M., vgl. BAG, Beschl. v. 23.10.2008 – 2 ABR 59/07, NZA 2009, 855; APS/*Greiner* MitbestG § 26 Rn. 14; ErfK/*Oetker* MitbestG § 26 Rn. 7; HH/*Henssler* MitbestG § 26 Rn. 15; Heidel/*Wichert* MitbestG § 26 Rn. 8; MüKo AktG/*Annuß* MitbestG § 26 Rn. 11; WKS/*Wißmann* MitbestG § 26 Rn. 23.

greifen. Ein besonders strenger Maßstab ist bei der Prüfung der Kündigung daher ebenfalls anzulegen.[387]

Der besonders strenge Maßstab in der Interessenabwägung besitzt bei Aufsichtsratsmitgliedern noch mehr Bedeutung, um den Abberufungsschutz nicht durch die Möglichkeit der ordentlichen Kündigung zu umgehen. Die Abberufung aus dem Amt kann nach § 103 Abs. 3 AktG nur aus wichtigem Grund erfolgen. Der Schutz der Amtsstellung, den die Vorschrift bezweckt, würde unterlaufen, wenn es möglich wäre, das Arbeitsverhältnis des Arbeitnehmervertreters wegen einer Amtspflichtverletzung (ordentlich) zu kündigen, da es für die ordentliche Kündigung keines wichtigen Grundes bedarf.[388] Da Arbeitnehmervertreter im Aufsichtsrat aber nicht vor ordentlichen Kündigungen geschützt sind, wäre es möglich, mit einer ordentlichen Kündigung den Schutz des § 103 Abs. 3 AktG auszuhebeln. Wird das Arbeitsverhältnis gekündigt, führt das automatisch zu einem Verlust des Amtes nach § 24 Abs. 1 MitbestG. Deshalb ist es essentiell, bei der Prüfung der ordentlichen Kündigung einen besonders strengen Maßstab anzulegen, um solche Kündigungen ggf. als ungerechtfertigt zu erklären.

b. Weitere Einschränkung des Prüfungsmaßstabs?

Einige Stimmen in der Literatur wollen den Prüfungsmaßstab dahingehend konkretisieren, dass nur ein bewusster oder grob fahrlässiger Verstoß gegen die Amtspflichten eine Kündigung rechtfertigen kann.[389]

Das ist nicht überzeugend. Die Frage, ob eine Amtspflichtverletzung, die zugleich arbeitsvertragliche Pflichten verletzt, eine individualrechtliche Maßnahme trägt, ist einzelfallabhängig. Abschließende, enumerative Kriterien sind deshalb nicht zielführend. Auch bei unbewussten oder fahrlässigen Verstößen gegen Amtspflichten kann dem Arbeitgeber das Festhalten am Arbeitsverhältnis nicht mehr zumutbar sein. Freilich liegen die Anforderungen an die Unzumutbarkeit bei einem fahrlässigen Verstoß höher als bei einem bewussten (evtl. sogar schädigenden) Verhalten. Dennoch darf die Kündigungsmöglichkeit für fahrlässige Verstöße nicht gänzlich ausgeschlossen werden. Eine andere Bewertung

---

387 So auch die h.M. BAG, Beschl. v. 23.10.2008 – 2 ABR 59/07, NZA 2009, 855; ErfK/*Oetker* MitbestG § 26 Rn. 7; HH/*Henssler* MitbestG § 26 Rn. 16; Heidel/*Wichert* MitbestG § 26 Rn. 8; WKS/*Wißmann* MitbestG § 26 Rn. 24; RVJ/*Jacobs* MitbestG § 26 Rn. 10.

388 Vgl. GroßKomm-AktG/*Oetker* MitbestG § 26 Rn. 18; WKS/*Wißmann* MitbestG § 26 Rn. 24.

389 So HH/*Henssler* MitbestG § 26 Rn. 16; ähnlich KölnerKomm AktG/*Mertens* AktG Anh. § 117 B § 26 MitbestG Rn. 8: „grobe Pflichtwidrigkeit".

würde einem Kündigungsschutz gleichen, der vom Gesetzgeber gerade nicht für notwendig erachtet wurde.

Die Sanktionsmöglichkeiten des Arbeitgebers für Aufsichtsratsmitglieder würden durch den bloßen Hinweis der Fahrlässigkeit unbegründet eingeschränkt werden. Das hätte wiederum eine inadäquate Bevorzugung der Amtsinhaber gegenüber gewöhnlichen Arbeitnehmern zur Folge. § 26 MitbestG enthält zwar, im Gegensatz zu § 9 S. 2 DrittelbG oder § 78 S. 2 BetrVG, kein geschriebenes Begünstigungsverbot. Das bedeutet indes nicht, dass im Anwendungsbereich des Mitbestimmungsgesetzes jegliche Besserstellung von Arbeitnehmern, die Teil des Aufsichtsrats sind, zulässig ist. Schon der allgemeine Gleichbehandlungsgrundsatz verbietet eine sachlich ungerechtfertigte Begünstigung.[390] Es nicht erkennbar, wie die Einschränkung des Prüfungsmaßstabes die Unabhängigkeit der Amtsausübung zusätzlich sichern soll. Das Anlegen eines besonders strengen Prüfungsmaßstabs trägt dem Konflikt- und Gefährdungspotential, das der Amtsausübung immanent ist, ausreichend Rechnung, weshalb die weitere Konkretisierung auf bewusste oder grob fahrlässige Verstöße abzulehnen ist.

3. Einzelfall: Verletzung von Verschwiegenheitspflichten

Der Verstoß gegen Verschwiegenheitspflichten ist im Kontext des Fehlverhaltens von Aufsichtsratsmitgliedern besonders relevant, weshalb dieser Thematik ein eigener Unterpunkt zu widmen ist.[391] Die Pflicht zur Geheimhaltung gewisser Informationen besteht in der Stellung als Arbeitnehmer ebenso wie als Aufsichtsratsmitglied.

Für Arbeitnehmer bestehen gelegentlich ausdrückliche, im Arbeitsvertrag niedergeschriebene, Verschwiegenheitspflichten. Selbst bei Abwesenheit einer Verschwiegenheitsklausel ist jeder Arbeitnehmer bereits aus der Rücksichtnahmepflicht nach § 241 Abs. 2 BGB verpflichtet, Betriebs- und Geschäftsgeheimnisse zu wahren.[392] Eine speziell tätigkeitsbezogene Verschwiegenheitspflicht für Aufsichtsratsmitglieder folgt aus § 116 S. 1 AktG i.V.m. § 93 Abs. 1 S. 3 AktG.

---

390 Vgl. ErfK/*Oetker* MitbestG § 26 Rn. 1; HH/*Henssler* MitbestG § 26 Rn. 2; MüKo AktG/ *Annuß* MitbestG § 26 Rn. 2; RVJ/*Jacobs* MitbestG § 26 Rn. 13; MHdB ArbR/*Uffmann* § 376 Rn. 31.

391 Das Problem stellt sich ebenso bei anderen Arbeitnehmervertretern.

392 Siehe nur BAG, Urt. v. 8.5.2014 – 2 AZR 249/13, NZA 2014, 1258 (1260); Schaub ArbR-HdB/*Linck* § 53 Rn. 46; ErfK/*Preis* BGB § 611a Rn. 811.

Unter welchen Voraussetzungen eine Verletzung der Verschwiegenheitspflicht durch ein Aufsichtsratsmitglied zugleich einen Verstoß gegen die arbeitsvertragliche Verschwiegenheitspflicht darstellt, ist höchstrichterlich noch nicht
entschieden.[393]

In der Literatur wird das Durchschlagen des Verstoßes gegen die gesellschaftsrechtliche Verschwiegenheitspflicht auf das Arbeitsverhältnis überwiegend bejaht. In schweren Fällen soll sogar eine außerordentliche Kündigung des
Arbeitsverhältnisses gerechtfertigt sein.[394]

Dem ist zuzustimmen. Für die Verletzung der arbeitsvertraglichen Verschwiegenheitspflicht kommt es gerade nicht darauf an, in welcher Art und
Weise der Arbeitnehmer Kenntnis von den Geschäfts- und Betriebsgeheimnis-
sen erlangt hat.[395] Betriebsgeheimnisse dürfen schlichtweg nicht weitergegeben
werden. Eine Offenbarung von Geschäftsgeheimnissen stellt daher regelmäßig
eine Pflichtverletzung des Arbeitsverhältnisses dar. Der Verweis auf die gesell-
schaftsrechtlichen Sanktionsmechanismen, die gesetzlich abschließend sein sollen,[396] ist unzutreffend, da sich im Gesetz keine Anhaltspunkte dafür finden.[397]

Zugunsten des Arbeitnehmers muss bei der Prüfung einer Kündigung jedoch
berücksichtigt werden, dass die Pflichtverletzung im Rahmen der Amtstätigkeit
geschehen ist. Das Festhalten am Arbeitsverhältnis ist dem Arbeitgeber unter
Umständen zumutbar.

Im Rahmen der Interessenabwägung muss vor allem die Wiederholungsgefahr
bedacht werden.[398] Eine Abberufung aus der Amtsstellung (§ 103 Abs. 3 AktG)
ist bei fehlender Wiederholungsgefahr oft das mildere Mittel und damit vorrangig gegenüber der Kündigung. Hat der Arbeitnehmer außerhalb seiner Tätigkeit im Aufsichtsrat keinen Zugang zu ähnlich sensiblen Informationen, ist mit

---

393 Offengelassen in BAG, Urt. v. 4.4.1974 – 2 AZR 452/73, AP BGB § 626 Arbeitnehmervertreter im Aufsichtsrat Nr. 1 und in BAG, Beschl. v. 23.10.2008 – 2 ABR 59/07, NZA
2009, 855, in dem mit der h.M. der Literatur allerdings sympathisiert wird.
394 APS/*Linck* KSchG § 15 Rn. 119; HH/*Henssler* MitbestG § 26 Rn. 17; WKS/*Wißmann* MitbestG § 26 Rn. 23; ErfK/*Kania* BetrVG § 79 Rn. 20; GK-BetrVG/*Oetker*
§ 79 Rn. 79; Richardi/*Thüsing* BetrVG § 79 Rn. 39; *Fitting* BetrVG § 79 Rn. 41; *Henss-
ler/Beckmann,* SAE 2010, 60 (63); **a.A.** *Köstler/Zachert/Müller,* Aufsichtsratspraxis,
Rn. 760; GK-MitbestG/*Naendrup* § 26 Rn. 37.
395 BAG, Beschl. v. 23.10.2008 – 2 ABR 59/07, NZA 2009, 855 (858).
396 So *Köstler/Zachert/Müller,* Aufsichtsratspraxis, Rn. 760.
397 Vgl. BT-Drs. 7/2172, S. 26; BT-Drs. 15/2542, S. 14.
398 BAG, Beschl. v. 23.10.2008 – 2 ABR 59/07, NZA 2009, 855.

weiteren Verstößen gegen die Geheimhaltungspflicht nicht mehr zu rechnen, weshalb eine außerordentliche Kündigung unverhältnismäßig wäre.[399] Außerdem ist zu berücksichtigen, an wen die sensiblen Informationen weitergegeben wurden. Mit der Pflicht zur Wahrung von Geschäftsgeheimnissen soll vor allem die Weitergabe der Informationen an Konkurrenten verhindert werden.[400] Wird die Information beispielsweise nur dem Betriebsrat offenbart,[401] der nicht außerhalb des Unternehmens steht, rückt die Amtspflichtverletzung gegenüber der Vertragspflichtverletzung deutlich in den Vordergrund, weshalb konsequenterweise mit Mitteln des Gesellschaftsrechts reagiert werden sollte.[402]

Für die Möglichkeit einer außerordentlichen Kündigung spricht auch, dass die Verletzung der Geheimhaltungspflicht bei Aufsichtsratsmitgliedern strafbewehrt ist (§ 404 AktG). Das zeigt die gesetzgeberische Entscheidung für deutliches Unrecht. Zwar handelt es sich hierbei um ein Antragsdelikt (§ 404 Abs. 3 S. 1 AktG), wodurch die Gewichtigkeit des Delikts etwas relativiert wird. Dennoch liegt darin ein Indiz für die Schwere der Pflichtverletzung und die Notwendigkeit einer umfassenden Interessenabwägung.

4. Ergebnis

Die Folgen einer Amtspflichtverletzung sind wegen eines ähnlichen Gefährdungspotentials wie bei Betriebs- und Personalräten zu beurteilen.

Eine Verletzung von reinen Amtspflichten kann nur gesellschaftsrechtliche Sanktionen nach sich ziehen (Schadensersatz, Ausschluss aus dem Aufsichtsrat, ggf. Strafverfahren). Werden mit der Amtspflichtverletzung zugleich arbeitsvertragliche Pflichten verletzt, kann dies eine Abmahnung oder gar Kündigung zur Folge haben. Auch hier muss im Rahmen der Interessenabwägung ein besonders strenger Maßstab angelegt werden. Umstände wie die Wiederholungsgefahr

---

399 BAG, Beschl. v. 23.10.2008 – 2 ABR 59/07, NZA 2009, 855; zustimmend *Henssler/ Beckmann*, SAE 2010, 60 (64).

400 BAG, Beschl. v. 23.10.2008 – 2 ABR 59/07, NZA 2009, 855 (859).

401 Die Verschwiegenheitspflicht gilt nach inzwischen überwiegender Ansicht auch gegenüber dem Betriebsrat, vgl. BAG, Beschl. v. 23.10.2008 – 2 ABR 59/07, NZA 2009, 855; HH/*Habersack* MitbestG § 25 Rn. 110; WKS/*Wißmann* MitbestG § 25 Rn. 350; ErfK/*Oetker* AktG § 116 Rn. 5; *Lutter/Krieger/Verse*, Aufsichtsrat, Rn. 276; *Henssler/ Beckmann*, SAE 2010, 60 (61); *Hueck*, RdA 1975, 35 (41); a.A. *Köstler/Zachert/Müller*, Aufsichtsratspraxis, Rn. 568.

402 Überzeugend BAG, Beschl. v. 23.10.2008 – 2 ABR 59/07, NZA 2009, 855 (859); zustimmend *Henssler/Beckmann*, SAE 2010, 60 (63 f.).

oder die Art der verletzten Amtspflicht sind dabei für die Rechtmäßigkeit einer Kündigung von besonderer Bedeutung.

Ein Verstoß gegen Verschwiegenheitspflichten schlägt auf das Arbeitsverhältnis generell durch. Die besonderen Umstände des Einzelfalles (Wiederholungsgefahr, mildere Mittel) sind dabei jedoch miteinzubeziehen.

V. Übertragung der Grundsätze auf weitere Arbeitnehmervertretungen?

Die Grundsätze für die kündigungsrechtliche Auswirkung von Amtspflichtverletzungen von Betriebs-, Personal- und Aufsichtsratsmitgliedern sowie Mitgliedern der Schwerbehindertenvertretung lassen sich auf alle weiteren Arbeitnehmervertretungen übertragen, soweit keine besonderen Gegebenheiten eine andere Beurteilung nahelegen.

Die Interessenlage ist bei Arbeitnehmervertretern stets eine ähnliche, weshalb sich die Ausführungen generalisieren lassen. Das erhöhte Potential, bei der Ausübung der Amtsstellung mit den arbeitsvertraglichen Pflichten in Konflikt zu geraten, liegt bei Arbeitnehmervertretungen in der Natur der Sache. Das Mandat soll schließlich gerade eine Mitbestimmung auf Ebenen erlauben, die Arbeitnehmern sonst verschlossen blieben. Für eine optimale Interessensvertretung der Arbeitnehmer braucht es eine unabhängige und unbefangene Tätigkeit der Arbeitnehmervertreter. Diese kann nur dadurch sichergestellt werden, dass die Amtsträger im Grundsatz keine arbeitsvertraglichen Maßnahmen fürchten müssen. Werden durch die Amtsausübung jedoch zugleich arbeitsvertragliche Pflichten verletzt, wird das Arbeitsverhältnis beeinträchtigt und dem Arbeitgeber darf die Möglichkeit einer Abmahnung oder Kündigung nicht allgemein verwehrt sein. Ein gänzlicher Ausschluss von individualrechtlichen Mitteln in Bezug auf eine Amtspflichtverletzung stellt eine Bevorzugung des Amtsträgers dar, die gegenüber gewöhnlichen Arbeitnehmern (auch unabhängig von einem ausdrücklichen Bevorzugungsverbot) und auch gegenüber dem Arbeitgeber nicht gerechtfertigt ist.

Deshalb kann auf reine Amtspflichtverletzungen nicht kündigungsrechtlich reagiert werden, sondern dies kann ggf. nur zum Ausschluss aus der Interessensvertretung führen. Erst wenn das Fehlverhalten im Amt zugleich arbeitsvertragliche Pflichten verletzt, kann eine Kündigung zulässig sein.

Um diesem Spannungsverhältnis und der Tatsache, dass Arbeitnehmervertreter leichter in Konflikt mit ihren arbeitsvertraglichen Pflichten geraten, ausreichend Rechnung zu tragen, ist bei der Prüfung der Interessenabwägung (als Korrektiv) ein besonders strenger Maßstab anzulegen.

Auf das Innehaben eines besonderen Kündigungsschutzes kommt es für die Lösung insoweit nicht an.[403] Auch die Aufgaben und Funktion der Interessensvertretung sind unerheblich.[404] Eine Sanktionsvorschrift von Pflichtverletzungen im Amt bedarf es ebenfalls nicht.[405]

VI. Gesamtergebnis zu Arbeitnehmervertreter

Die Amtsstellung von Arbeitnehmervertretern und das Arbeitsverhältnis sind zwei voneinander zu differenzierende Rechtsverhältnisse. Die Stellung als Organmitglied ist von der Stellung als Arbeitnehmer per se zu trennen.

Ein Fehlverhalten eines Arbeitnehmervertreters, das lediglich Amtspflichten verletzt, kann nur mit organschaftlichen Maßnahmen sanktioniert werden.

Liegt in der Amtspflichtverletzung zugleich eine arbeitsvertragliche Pflichtverletzung, kann der Arbeitgeber organschaftliche und individualrechtliche Konsequenzen ziehen. Eine Kündigung ist wegen des besonderen Konfliktpotentials, dem der Amtsinhaber ausgesetzt ist, nur in Einzelfällen möglich. Im Rahmen der Interessenabwägung gilt es, einen strengeren Maßstab anzulegen, der das Gefährdungspotential berücksichtigt. Miteinzubeziehen ist die Wiederholungsgefahr, die Art sowie die Schwere der Pflichtverletzung und die Tatsache, ob es zu der Vertragspflichtverletzung überhaupt erst durch den Konflikt mit der Amtsausführung gekommen ist. Daneben ist unter Umständen die mögliche Umgehung der Vorschriften über die Amtsenthebung mithilfe einer Kündigung in die Abwägung zu berücksichtigen. Für gewöhnlich ziehen nur schwere Verstöße gegen Amtspflichten eine Kündigung nach sich. Als milderes Mittel kommen die mitbestimmungsrechtlichen Sanktionen oder eine Abmahnung in Betracht.

B. Beauftragte

Beauftragte sind unabdingbar und aus den Betrieben nicht mehr wegzudenken. Sie sind für die Beratung und Überwachung der Einhaltung von

---

403 Vgl. dazu die Ausführungen zu Aufsichtsratsmitgliedern, Kapitel 4, A. IV. 1.

404 Da sowohl die Arbeitnehmervertretung auf betrieblicher Ebene als auch die Arbeitnehmervertretung auf unternehmerischen Ebene zu demselben Ergebnis kommen, obwohl sich dort die Aufgaben und Funktionen der Interessensvertretung stark unterscheiden.

405 Vgl. dazu die Ausführungen zu Mitglieder der Schwerbehindertenvertretung, Kapitel 4, A. III.

Schutzbestimmungen im Betrieb zuständig. Der Gesetzgeber erkannte diese elementare Funktion der (betrieblichen) Beauftragten und verpflichtete daraufhin Arbeitgeber zur Bestellung von bestimmten Betriebsbeauftragten. Des Weiteren kann die Bestellung seitens der Unfallversicherungsträger vorgeschrieben sein.

Der Kreis der Beauftragten ist groß. Sie werden in den unterschiedlichsten Sachgebieten eingesetzt. Ebenso unterschiedlich ist der Aufgaben- und Verantwortungsbereich. Beispielsweise hat die Tätigkeit des Brandschutzbeauftragten, der die zentrale Ansprechperson für alle Brandschutzfragen im Betrieb ist, wesentlich größere Auswirkungen auf hohe Rechtsgüter (Menschenleben, hohe Sachwerte) als die Tätigkeit eines Gleichstellungsbeauftragten, der die Gleichberechtigung von Männern und Frauen fördert.

Die Beauftragung kann intern, d.h. von den eigenen Arbeitnehmern, oder extern, von Nicht-Angehörigen des Unternehmens, erfüllt werden. Externe Beauftragte werden oftmals nur im Rahmen eines Dienstvertrages oder Geschäftsführungsvertrages (§ 675 BGB) beschäftigt. Sie haben keine Arbeitnehmerstellung inne. Interne Beauftragte stehen neben dem Amt dagegen in einem schuldrechtlichen Verhältnis zum Arbeitgeber (Arbeitsvertrag). Da sich das Problem des Durchschlagens von Pflichtverletzungen auf das Arbeitsverhältnis nur bei internen Beauftragten stellt, wird im Folgenden nur auf diese Bezug genommen.

I. Allgemeines

Bevor auf ausgewählte Betriebsbeauftragte ein gesonderter Blick geworfen wird, sollen zunächst die Grundsätze erörtert werden, die auf Betriebsbeauftragte Anwendung finden. Die gesetzlichen Vorschriften der betrieblichen Beauftragten unterliegen, abgesehen von wenigen Eigenheiten (z.B. Sonderkündigungsschutz, Zustimmung des Betriebsrates zur Abberufung), einem vergleichbaren Muster. Deshalb kann zunächst ganz allgemein untersucht werden, unter welchen Voraussetzungen ein Fehlverhalten im Amt eine Kündigung rechtfertigen kann.

1. Begriff des Fehlverhaltens

Bei Beauftragten ergibt sich bei der Bedeutung des Begriffs des Fehlverhaltens in der Amtsstellung eine Besonderheit.

Beauftragte unterliegen bei der Erfüllung ihrer Aufgaben keinen Weisungen des Arbeitgebers. Die Weisungsfreiheit bei Anwendung der Fachkunde ist sogar meist gesetzlich ausdrücklich bestimmt.[406] Diese Regelung soll die unabhängige

---

406 Vgl. für den Datenschutzbeauftragten § 6 Abs. 3 S. 1 BDSG; für die

Aufgabenwahrnehmung der Beauftragten sicherstellen. Unterlägen sie einem Weisungsrecht des Arbeitgebers, könnte die für ihre Tätigkeit zwingend notwendige Ungebundenheit konterkariert werden.

Empfiehlt ein Betriebsarzt beispielsweise, einen Arbeitnehmer wegen gesundheitlicher Bedenken zu versetzen, wogegen der Arbeitgeber große Einwände hat, kann der Arbeitgeber darin kein Fehlverhalten des Betriebsarztes begründen.

Die Ausübung der Fachkunde ist recht weitläufig. Beauftragte haben bei Entscheidungen oft einen großen Beurteilungsspielraum. Sehr viele Entscheidungen von Beauftragten fallen unter die Ausübung der Fachkunde und stehen daher nicht im Kontroll- bzw. Einflussbereich des Arbeitgebers. Der inhaltliche Vollzug der Amtsstellung wird deshalb in der Regel kein Fehlverhalten darstellen. Ein Fehlverhalten kann aber ganz allgemein, und wie das bei anderen Arbeitnehmern gemeinhin der Fall ist, in einem Verstoß gegen vertraglich oder gesetzlich vorgeschriebene Pflichten begründet werden.

2. Benachteiligungsverbot von Beauftragten

Eng mit der Weisungsfreiheit verbunden ist das sog. Benachteiligungsverbot. Dieses Verbot findet sich für die meisten Beauftragten in der für sie geltenden Vorschrift wieder. Ganz unbekannt ist das Benachteiligungsverbot nicht. Es trat bereits bei den Arbeitnehmervertretern in Erscheinung. Anders als bei Arbeitnehmervertretern ist das Verbot oftmals der einzig gesetzlich normierte Schutz für die Unternehmensbeauftragten. Meist genießen sie nämlich keinen besonderen Kündigungsschutz. Deshalb ist das Benachteiligungsverbot bei Beauftragten von entscheidender Bedeutung.

Mit dem Benachteiligungsverbot wird die Unabhängigkeit der Tätigkeit des Beauftragten unterstrichen. Denn das Amt des Beauftragten kann in ein Spannungsverhältnis münden, da der Betriebsbeauftragte durch seine Tätigkeit in den Konflikt mit den (ggf. gegenläufigen) Interessen des Unternehmers geraten kann. Der Beauftragte steht in persönlicher und wirtschaftlicher Abhängigkeit zu der Person, der gegenüber er Objektivität wahren soll.[407] Die Amtsausübung ist gefährdet, sobald Beauftragte ihre Handlungsspielräume nicht mehr ausschöpfen, da sie nachteilige Konsequenzen für ihre persönliche Rechtsstellung fürchten.[408] Das Benachteiligungsverbot soll die Gefahr einer ungerechten

---

Gleichstellungsbeauftragte § 24 Abs. 1 S. 1 BGleiG; für den Betriebsarzt und Fachkräfte für Arbeitssicherheit § 8 Abs. 1 S. 1 ASiG.

407 *Wunderlich*, Rechtsstellung Betriebsarzt, S. 138.
408 *Wunderlich*, Rechtsstellung Betriebsarzt, S. 143.

Behandlung kompensieren, die teilweise wegen der den unternehmerischen Interessen zuwiderlaufenden Aufgabenstellung besteht.[409] Die Furcht vor möglichen Sanktionen im Arbeitsverhältnis darf die Amtsausübung nicht behindern. Eine Benachteiligung ist „jede für den Betriebsbeauftragten ungünstige Veränderung seiner persönlichen Rechts- und Interessensphäre, soweit sie nicht gleichmäßig alle Personen in vergleichbarer Tätigkeit und Stellung betrifft".[410] Für den Beauftragten darf daher keine Schlechterstellung aufgrund der Amtsausübung eintreten. Gleichzeitig soll damit aber auch keine Privilegierung desselben einhergehen.[411]

Das Benachteiligungsverbot verbietet nicht *jede* Benachteiligung, sondern nur eine Schlechterstellung „wegen" der Erfüllung der übertragenen Aufgaben.[412] Zwischen der Benachteiligung und der Tätigkeit des Beauftragten muss insofern ein Kausalzusammenhang bestehen.[413]

Auch eine Kündigung kann eine Benachteiligung darstellen.[414] Einem Kündigungsschutz kommt das Benachteiligungsverbot allerdings nicht gleich, denn dem Arbeitgeber bleiben Kündigungen von Beauftragten nicht allgemein verwehrt. Die Kündigung eines Beauftragten ist wegen des Verstoßes gegen das Benachteiligungsverbot nur dann unzulässig, wenn die Benachteiligung in *unmittelbarem Zusammenhang* mit der rechtmäßigen Wahrnehmung der Aufgaben steht.[415] Solch eine Kündigung ist nach § 134 BGB unwirksam.[416]

Eine Benachteiligung durch eine Kündigung liegt dagegen nicht vor, wenn ein Beauftragter seinen Aufgabenbereich überschreitet, die Amtsaufgaben

---

409 *Wunderlich*, Rechtsstellung Betriebsarzt, S. 143.
410 *Weber*, Betriebsbeauftragte, S. 153; *Wunderlich*, Rechtsstellung Betriebsarzt, S. 148.
411 Vgl. *Weber*, Betriebsbeauftragte, S. 152.
412 Vgl. z.B. § 6 Abs. 3 S. 3 BDSG, § 58 Abs. 1 BImSchG.
413 APS/*Greiner* BImSchG § 58 Rn. 11; APS/*Greiner* DS-GVO Art. 38 Rn. 24; *Weber*, Betriebsbeauftragte, S. 154.
414 BAG, Urt. v. 2.4.1987 – 2 AZR 227/86, NZA 1988, 18; LAG Niedersachsen, Urt. v. 29.10.2015 – 4 Sa 951/14, NZA-RR 2016, 186; APS/*Greiner* BImSchG § 58 Rn. 8; Landmann/Rohmer/*Hansmann/Maciejewski* BImSchG § 58 Rn. 11.
415 LAG Niedersachsen, Urt. v. 29.10.2015 – 4 Sa 951/14, NZA-RR 2016, 186 (189); *Weber*, Betriebsbeauftragte, S. 157.
416 BAG, Urt. v. 29.8.2018 – 7 AUR 206/17, NZA 2019, 253; LAG Niedersachsen, Urt. v. 29.10.2015 – 4 Sa 951/14, NZA-RR 2016, 186; APS/*Künzl* BetrVG § 78 Rn. 56; ErfK/*Kania* BetrVG § 78 Rn. 8; *Weber*, Betriebsbeauftragte, S. 157; *Schaub*, DB 1993, 481 (482).

nicht ordnungsgemäß wahrnimmt oder anderweitige Pflichten verletzt.[417] Ergeben sich Gründe in der Person des Beauftragten, aus denen sich die Ungeeignetheit des Beauftragten bestätigt, fällt dies ebenso wenig unter das Benachteiligungsverbot.[418]

Nach den allgemeinen zivilprozessualen Beweislastregeln hat der Betriebsbeauftragte darzulegen und zu beweisen, dass eine Benachteiligung vorliegt. Da ein solcher Beweis für den Beauftragten oft unmöglich ist, ist ihm die Möglichkeit eines Anscheins- oder prima-facie-Beweises einzuräumen.[419] Die Beweiserleichterung kommt dem Beauftragten insbesondere dann zugute, wenn ein unmittelbarer Zusammenhang zwischen der benachteiligenden Maßnahme und der Erfüllung der Aufgaben besteht.[420] Sodann trifft den Arbeitgeber die Darlegungs- und Beweisleistung für die Entlastung.

3. Trennung von Amts- und Arbeitsverhältnis

Das Charakteristikum eines internen Beauftragten ist das Arbeitsverhältnis, das neben der Amtsstellung besteht. Das Amt und das Arbeitsverhältnis sind zwei voneinander zu unterscheidende Rechtsverhältnisse.[421]

Die Notwendigkeit der Differenzierung zeigt sich in der Regel bereits in der gesetzlichen Norm, welche die Bestellung des jeweiligen Beauftragten regelt. Sie unterscheidet regelmäßig zwischen der Abberufung des Beauftragten und der Kündigung des Arbeitsverhältnisses.[422] Zudem sind die Bezugspunkte, die Funktion und Aufgaben des Beauftragten sowie die maßgeblichen Inhalte und Wirkungen im Verhältnis zum Arbeitgeber unterschiedlich.[423] So werden

---

417 *Ehrich*, HdB Betriebsbeauftragte, Rn. 542; *Jarass* BImSchG § 58 Rn. 5; APS/*Greiner* BImSchG § 58 Rn. 8.

418 *Weber*, Betriebsbeauftragte, S. 154.

419 LAG Niedersachsen, Urt. v. 29.10.2015 – 4 Sa 951/14, NZA-RR 2016, 186 (189); APS/*Greiner* ASiG § 9 Rn. 5; *Greiner/Senk*, NZA 2020, 201 (205); *Weber*, Betriebsbeauftragte, S. 155; *Fischer*, AuR 1996, 474 (481).

420 LAG Niedersachsen, Urt. v. 29.10.2015 – 4 Sa 951/14, NZA-RR 2016, 186 (189).

421 Ganz h.M., vgl. BAG, Urt. v. 29.9.2010 – 10 AZR 588/09, NZA 2011, 151; BAG, Urt. v. 13.3.2007 – 9 AZR 612/05, NZA 2007, 563; BAG, Beschl. v. 22.3.1994 – 1 ABR 51/93, NZA 1994, 1049 (1051); APS/*Greiner* DSGVO Art. 38 Rn. 12; *Anzinger/Bieneck* ASiG § 2 Rn. 22; ErfK/*Franzen* BDSG § 38 Rn. 9; Gola/Heckmann/*Gola* BDSG § 5 Rn. 9; DDZ/*Brecht-Heitzmann* BDSG § 6 Rn. 7; *Jarass* BImSchG § 55 Rn. 1; Paal/Pauly/*Pauly* BDSG § 38 Rn. 18; *Ehrich*, HdB Betriebsbeauftrage, Rn. 27; *Gehlhaar*, NZA 2010, 373 (375); *Ehrich*, NZA 1993, 248 (249).

422 So z.B. § 6 Abs. 4 BDSG oder § 58 Abs. 2 BImSchG.

423 *Simitis*/*Simitis* BDSG § 4f Rn. 186.

beispielsweise Beschäftigte in der Stellung als Arbeitnehmer weisungsgebunden tätig, währenddessen die Beauftragten bei der Ausübung ihrer Fachkunde keinen Weisungen unterliegen.

4. Vertragliche Umsetzung der Berufung in die Amtsstellung

Trotz der erforderlichen Trennung von Amts- und Arbeitsverhältnis stehen beide Rechtsverhältnisse zweifelslos nicht ganz unverbunden nebeneinander. Die Übertragung des Amtes ändert für den Arbeitnehmer regelmäßig auch den Inhalt der konkreten arbeitsvertraglichen Pflichten.[424] Denn nur mit einer arbeitsvertraglichen Umsetzung sind die Arbeitnehmer verpflichtet, (zusätzlich) die Aufgaben des Beauftragten wahrzunehmen. Mit der Bestellung des Arbeitnehmers zum Beauftragten verändern bzw. erweitern sich daher auch seine arbeitsvertraglichen Pflichten.[425] Die Übertragung der Amtsaufgaben kann nicht im Wege des Direktionsrechts erfolgen.[426] Es bedarf vielmehr einer Vereinbarung zwischen Arbeitnehmer und Arbeitgeber, dass die mit dem Amt verbundenen Aufgaben Teil der vertraglich geschuldeten Leistung sein sollen.[427] Eine solche arbeitsvertragliche Vereinbarung kann auch konkludent erfolgen.[428] In der Bestellung liegt sodann ein Angebot des Arbeitgebers zur Erweiterung des Aufgabenkreises, das mit der Annahme des Amtes durch den Arbeitnehmer akzeptiert wird.[429] Mit welchem konkreten Inhalt der Arbeitsvertrag geändert wird, ist durch Auslegung zu ermitteln (§§ 133, 157 BGB).[430]

In der Konsequenz bedarf auch der Widerruf der Bestellung zum Beauftragten einer arbeitsvertraglichen Umsetzung, da die Pflichten der Amtsstellung Bestandteil der vertraglich geschuldeten Leistung geworden sind. Der 9. Senat des BAG hielt bei einem Widerruf der Bestellung eine Teilkündigung

---

424 Vgl. BAG, Urt. v. 29.9.2010 – 10 AZR 588/09, NZA 2011, 151; BAG, Urt. v. 13.3.2007 – 9 AZR 612/05, NZA 2007, 563 (564).

425 BAG, Urt. v. 13.3.2007 – 9 AZR 612/05, NZA 2007, 563 (564); Roßnagel/*Königshofen*, HdB DatenschutzR, S. 879.

426 BAG, Urt. v. 29.9.2010 – 10 AZR 588/09, NZA 2011, 151; BAG, Urt. v. 13.3.2007 – 9 AZR 612/05, NZA 2007, 563 (564); Roßnagel/*Königshofen*, HdB DatenschutzR, S. 879.

427 So ausdrücklich für den Datenschutzbeauftragten, vgl. BAG, Urt. v. 29.9.2010 – 10 AZR 588/09, NZA 2011, 151; BAG, Urt. v. 13.3.2007 – 9 AZR 612/05, NZA 2007, 563. Für die anderen Beauftragten gilt nichts anderes.

428 BAG, Urt. v. 29.9.2010 – 10 AZR 588/09, NZA 2011, 151.

429 BAG, Urt. v. 29.9.2010 – 10 AZR 588/09, NZA 2011, 151.

430 BAG, Urt. v. 29.9.2010 – 10 AZR 588/09, NZA 2011, 151.

des Arbeitsvertrages für erforderlich.[431] Dieser Ansatz wurde stark kritisiert,[432] vom 10. Senat zunächst offengelassen[433] und anschließend aufgegeben.[434] Schon durch den Widerruf der Bestellung ist die Tätigkeit daher nicht mehr Bestandteil der vertraglich geschuldeten Leistung.[435] Wird der (nebenamtliche) Beauftragte abberufen, fällt die Sonderaufgabe weg und das Arbeitsverhältnis kann unverändert fortgesetzt werden.[436]

II. Kündigung wegen Amtspflichtverletzung?

Fest steht, dass das Amt vom Arbeitsverhältnis zu trennen ist. Im Zusammenhang einer Kündigung bedeutet dies, dass eine Abberufungserklärung nicht zugleich als Kündigungserklärung zu qualifizieren ist. Will sich der Arbeitgeber von dem Arbeitnehmer trennen, muss er nach der Abberufung aus der Amtsstellung noch eine Kündigung des Arbeitsverhältnisses aussprechen. Die Abberufung aus der Amtsstellung führt also nicht zwingend zur Beendigung des Arbeitsverhältnisses.[437] Die beiden Rechtsverhältnisse können unterschiedliche Schicksale erleiden.

Damit ist indes nicht geklärt, ob ein verhaltensbedingter Abberufungsgrund zugleich einen verhaltensbedingten Kündigungsgrund darstellen kann. Die Gründe können sich nämlich aus derselben Tatsache herleiten. Die einschlägige Rechtsprechung und Literatur ziehen insoweit die Parallele zu den Grundsätzen amtsbezogener Pflichtverletzungen von Betriebsratsmitgliedern.[438] Das würde bedeuten, dass allein die Verletzung von Amtspflichten keine Kündigung rechtfertigen kann. Erst wenn die Amtspflichtverletzung zugleich als schwere

---

431 BAG, Urt. v. 13.3.2007 – 9 AZR 612/05, NZA 2007, 563.
432 Vgl. beispielsweise *Gelhaar*, NZA 2010, 373 (375).
433 BAG, Urt. v. 29.9.2010 – 10 AZR 588/09, NZA 2011, 151.
434 BAG, Urt. v. 23.3.2011 – 10 AZR 562/09, NZA 2011, 1036; dem zustimmend LAG Sachsen, Urt. v. 8.10.2019 – 7 Sa 128/19; *Reinhard*, NZA 2013, 1049.
435 Siehe BAG, Urt. v. 29.9.2010 – 10 AZR 588/09, NZA 2011, 151.
436 So BAG, Urt. v. 13.3.2007 – 9 AZR 612/05, NZA 2007, 565; LAG Hamm v. 9.2.2012 – 16 Sa 1195/11, ZUR 2012, 636 (637); DDZ/*Brecht-Heinzmann* BDSG § 6 Rn. 7.
437 Vgl. APS/*Greiner* DS-GVO Art. 38 Rn. 12; Gola/Heckmann/*Gola* BDSG § 6 Rn. 20; MHdB ArbR/*Nebe* § 176 Rn. 48.
438 Siehe ArbG Heilbronn v. 29.9.2022 – 8 Ca 135/22, BeckRS 2022, 30049; *Ehrich*, Amt und Anstellung, S. 186, der darin einen allgemeinen Rechtsgrundsatz für Arbeitnehmer sieht, die zugleich ein Amt wahrnehmen; *Ehrich*, HdB Betriebsbeauftragter Rn. 310; DDZ/*Brecht-Heinzmann* BImSchG § 58 Rn. 14; a.A. *Fuhlrott*, ArbRAktuell 2022, 598.

Verletzung der Pflichten aus dem Arbeitsverhältnis zu deuten ist, käme eine Kündigung in Betracht.

Die Übertragung der Grundsätze der Pflichtverletzungen von Betriebsratsmitgliedern liegt nicht fern. Betriebsbeauftragte weisen eine starke Ähnlichkeit zu Betriebsratsmitgliedern auf. Beide sind Mandatsträger des Betriebs. Es ergeben sich Parallelen im Sonderkündigungsschutz, dem Benachteiligungsverbot und dem allgemeinen Erfordernis der Unabhängigkeit der Amtsausübung, die bekanntlich konterkariert wird, wenn der Mandatsträger individualrechtliche Repressionen fürchten müsste.

Trotzdem ist dieser Verweis auf die für Arbeitnehmervertreter geltenden Grundsätze zu pauschal. Schließlich wird, anders als bei Betriebsratsmitgliedern, mit der Bestellung in das Amt der Arbeitsvertrag geändert. Die Amtsaufgaben sind dadurch Teil der vertraglich geschuldeten Leistung. Somit stellt an sich jede Amtspflichtverletzung zugleich eine Verletzung der arbeitsvertraglichen Pflichten dar.

Es ist zu unterscheiden, ob ein Beauftragter das Amt hauptamtlich oder lediglich nebenamtlich bekleidet.

1. Nebenamtliche Beauftragte

Nebenamtliche Beauftragte nehmen ihr Amt nicht in Vollzeit wahr. Sie gehen in der verbleibenden Zeit ihren Verpflichtungen als gewöhnliche Arbeitnehmer nach. Sie haben, ähnlich wie Betriebsratsmitglieder, eine gewisse „Doppelstellung" inne. Als Arbeitnehmer erbringt der Beschäftigte seine bisherig geschuldete Tätigkeit; als Beauftragter nimmt der Beschäftigte die Aufgaben aus der Amtsstellung wahr.

Bei dieser Konstellation bestehen weiterhin zwei unterschiedliche Rechts- und Pflichtenkreise. Die Aufgaben als Beauftragter und die Aufgaben als Arbeitnehmer sind voneinander abgrenzbar. Sie sind deshalb nach dem Trennungsprinzip zu differenzieren.

Dem widerspricht auch nicht die konkludente Vertragsänderung, die mit der Amtsübernahme einhergeht. Die arbeitsvertragliche Verankerung der Amtsstellung braucht es, damit der Arbeitgeber seiner Bestellungspflicht nachkommen kann. Das BAG ist zumal von dem Erfordernis einer Teilkündigung abgerückt und sieht mit der Abberufung die Tätigkeit als Beauftragter mittlerweile nicht mehr als Teil der arbeitsvertraglich geschuldeten Leistung an.[439]

---

439 Siehe BAG, Urt. v. 29.9.2010 – 10 AZR 588/09, NZA 2011, 151 (152).

Der Gesetzgeber wollte eindeutig eine Trennung von Amtsstellung und Arbeitsverhältnis. Ansonsten hätte es der Differenzierung zwischen Abberufungs- und Kündigungsschutz nicht bedurft.[440] Es ist nicht von der Hand zu weisen, dass die Wahrscheinlichkeit von Pflichtverletzungen steigt, wenn ein weiterer, von dem originären Aufgabenbereich abweichender, Pflichtenkreis hinzukommt. Der Gesetzgeber wollte Mandatsträger in ihrer Amtsausübung vor arbeitsvertraglichen Konsequenzen schützen, wie die Einräumung des Benachteiligungsverbotes zeigt. Der Anreiz für Arbeitnehmer, zusätzlich ein Amt zu übernehmen, würde stark sinken, wenn sie bei jedem Fehler mit einer Kündigung rechnen müssten. Denn teilweise haben die Beschäftigten lediglich Fortbildungsseminare besucht, um ihr Fachwissen zu erlangen. Sie wenden ihr Erlerntes gleichsam als „Berufsanfänger" in der Amtsstellung an. Es fehlt mithin zunächst an Erfahrung. Fehler sind deshalb eher zu erwarten als in ihrer Arbeitnehmerstellung, in der sie ausgebildet sind und ggf. schon seit Jahren tätig sind.

Fuhlrott plädiert dagegen dafür, dass eine Amtspflichtverletzung auf das Arbeitsverhältnis durchschlägt.[441] Er stützt seine These auf die fehlende Trennungsmöglichkeit von Amtsstellung und Arbeitsverhältnis[442] und den Umkehrschluss aus der herrschenden Meinung in der Literatur, die beim Datenschutzbeauftragten sowohl amtsbezogene, als auch arbeitsvertragliche Pflichtverletzungen als wichtigen Grund für eine Kündigung ansehen.[443] Reine Amtspflichtverletzungen müssten deshalb ebenfalls durchschlagen.[444]

Wie schon festgestellt, besteht bei nebenamtlichen Beauftragten faktisch eine Trennungsmöglichkeit, weshalb *Fuhlrott*s erstes Argument nicht schlüssig erscheint. Auch sein zweiter Einwand ist nicht überzeugend.

---

440 So auch ArbG Heilbronn v. 29.9.2022 – 8 Ca 135/22, BeckRS 2022, 30049.
441 Vgl. *Fuhlrott,* ArbRAktuell 2022, 598.
442 Insoweit verweist er auf das LAG Mecklenburg-Vorpommern v. 25.2.2020 – 5 Sa 108/19, NZA-RR 2020, 291, in dem es heißt: „*Bei einem internen Datenschutzbeauftragten lässt sich dessen Stellung als Datenschutzbeauftragter nicht vollständig von dem zugrundeliegenden Arbeitsverhältnis trennen.*"
443 Vgl. LAG Mecklenburg-Vorpommern, Urt. v. 25.2.2020 – 5 Sa 108/19, NZA-RR 2020, 291 (294 f.); ErfK/*Franzen* BDSG § 38 Rn. 11; BeckOK DatenschutzR/*Moos* BDSG § 38 Rn. 20; DKWW/*Däubler* BDSG § 4f Rn. 67; Kühling/Buchner/*Bergt/Schnebbe* BDSG § 6 Rn. 10; Wolff/Brink/*Moos* BDSG § 38 Rn. 20; *Gehlhaar,* NZA 2010, 373 (374); *Däubler,* DuD 2010, 20 (22); *Eufinger,* Anm. zu LAG Mecklenburg-Vorpommern, Urt. v. 25.2.2020 – 5 Sa 108/19, ZD 2020, 364 (367); a.A. Simitis/*Simitis* BDSG § 4f Rn. 183; *Bongers,* ArbRAktuell 2010, 139 (141).
444 So *Fuhlrott,* ArbRAktuell 2022, 598.

Für die Abberufung und die Kündigung des Datenschutzbeauftragten bedarf es eines wichtigen Grundes i.S.d. § 626 BGB (vgl. § 6 Abs. 4 BGB).[445] Nach der herrschenden Meinung sollen nicht nur amtsbezogene Gründe, sondern auch die schwerwiegende Verletzung allgemeiner arbeitsvertraglicher Pflichten (z.b. Unterschlagung eines größeren Geldbetrags) die Zuverlässigkeit des Datenschutzbeauftragten in Frage stellen können und einen „wichtigen Grund" darstellen.[446] Hinter dieser Annahme der herrschenden Meinung steckt die fehlende Rechtfertigung eines Kündigungsausschlusses für arbeitsvertragliche Pflichtverletzungen. Ein Arbeitsverhältnis beinhalte schließlich weitere Pflichten neben der Tätigkeit als Datenschutzbeauftragter (Neben- und Treuepflichten).[447] Folgten aus der Verletzung derartiger Pflichten keine Konsequenzen, käme das einem „Freibrief" und einer unangemessenen Privilegierung gegenüber gewöhnlichen Arbeitnehmern gleich.[448]

Diese Erwägungen sind bei der Frage des Durchschlagens von reinen Amtspflichtverletzungen auf das Arbeitsverhältnis nicht stichhaltig. Bei einem Kündigungsausschluss aufgrund reiner Amtspflichtverletzung kommt es zu keiner Bevorzugung des Datenschutzbeauftragten. Sie ist im Gedanken der Unabhängigkeit der Amtsausübung viel mehr geboten. Aus einer solchen Pflichtverletzung können organschaftliche Konsequenzen folgen (Abberufung aus der Amtsstellung); sie wird deshalb – je nach Schwere – nicht sanktionslos bleiben. In diesen Fällen ist die Interessenlage daher eine ganz andere als bei der Frage der Kündigungsmöglichkeit wegen arbeitsvertraglichen Pflichtverletzungen. Es kann mangels Vergleichbarkeit kein Umkehrschluss gezogen werden.

Im Recht der Beauftragten ist dieses Vorgehen nicht ungewöhnlich. Auch an andere Stelle wird aufgrund einer differierenden Interessenlage kein Umkehrschluss gezogen. So sieht die überwiegende Ansicht beispielsweise in der Abberufung keinen Kündigungsgrund, indes in der Kündigung einen Abberufungsgrund.[449] Auch hier kommen unterschiedliche Gedanken zum Tragen, die sich nicht auf den umgekehrten Fall anwenden lassen.

---

445   Dazu ausführlich Kapitel 4, B. III. 1.

446   Siehe nur LAG Mecklenburg-Vorpommern, Urt. v. 25.2.2020 – 5 Sa 108/19, NZA-RR 2020, 291 (294 f.); DKWW/*Däubler* BDSG § 4f Rn. 67.

447   *Gehlhaar*, NZA 2010, 373 (374).

448   *Gehlhaar*, NZA 2010, 373 (374).

449   Siehe APS/*Greiner* DSGVO Art. 38 Rn. 12; APS/*Greiner* ASiG § 9 Rn. 10; BR-Drs. 618/ 88, 137; DDZ/*Brecht-Heitzmann* BDSG § 6 Rn. 10; Plath/*von dem Bussche* BDSG § 6 Rn. 13; *Bongers*, ArbRAktuell 2010, 139 (141).

Das Durchschlagen von (rein) amtsbezogenen Pflichtverletzungen auf das Arbeitsverhältnis ist daher nicht überzeugend. Im Ergebnis können reine Amtspflichtverletzungen keine Kündigung tragen.[450] Erst wenn durch die Amtspflichtverletzung zugleich gegen Pflichten des Arbeitsverhältnisses verstoßen wird, können individualrechtliche Maßnahmen zulässig sein.

2. Hauptamtliche Beauftragte

Hauptamtliche Beauftragte führen ihr Amt in Vollzeit aus. Sie nehmen während der Arbeitszeit ausschließlich Amtsaufgaben wahr. Eine anderweitige Tätigkeit findet daneben nicht statt. Der Beauftragte kann entweder aus dem eigenen Arbeitnehmerkreis bestellt werden oder (nur) zur Wahrnehmung des Amtes eingestellt werden.

Der Vergleich zu Betriebsratsmitgliedern stößt in diesen Fällen an seine Grenzen. Bei hauptamtlichen Beauftragen verschwimmt die Trennlinie des Tätigkeitsbereichs von Amt und Arbeitsverhältnis.

Für Arbeitnehmer, die ausschließlich für die Tätigkeit als Beauftragter angestellt wurden, erschöpfen sich die arbeitsvertraglichen Pflichten regelmäßig darin, die Grundlage für die Tätigkeit als Beauftragter zu bieten. Der Arbeitsvertrag besteht meist aus einer Konkretisierung der Amtsaufgaben. Die Pflichtenkreise der Organstellung und des Arbeitsverhältnisses sind in solchen Fällen kongruent. Aber selbst bei Beauftragten, die aus dem eigenen Arbeitnehmerkreis bestellt wurden, ist die Amtsausübung Hauptleistungspflicht des Arbeitsvertrages.[451] Führt der Beauftragte die Amtstätigkeit schlecht aus, wird damit die arbeitsvertraglich geschuldete Tätigkeit schlecht ausgeführt.[452]

Hauptamtliche Beauftragte sind auch nicht mit freigestellten Betriebsratsmitgliedern vergleichbar, für die keine anderen Grundsätze gelten als für nicht freigestellte Betriebsratsmitglieder. Freigestellte Betriebsratsmitglieder erfüllen zwar ebenfalls einzig Betriebsratsaufgaben und nehmen daneben keine weiteren Aufgaben wahr. Betriebsratsmitglieder, die ihr Amt in „Vollzeit" bekleiden, sind von der Hauptleistungspflicht allerdings freigestellt.[453] Mit der Freistellung wird

---

450 So auch APS/*Greiner* BImSchG § 58 Rn. 14; HaKo-KSchR/*Kuckuk* BImSchG § 58 Rn. 3; *Bergwitz*, NZA 2021, 542 (544); *Ehrich*, DB 1996, 1468 (1474).

451 Vgl. ArbG Kiel, Urt. v. 2.12.1999 – ö.D.1 Ca 1689 b/99, BeckRS 1999, 30833585.

452 ArbG Kiel, Urt. v. 2.12.1999 – ö.D.1 Ca 1689 b/99, BeckRS 1999, 30833585, das eine Abmahnung aufgrund einer Amtspflichtverletzung für möglich hält. Bestätigt durch LAG Schleswig-Holstein, Urt. v. 13.7.2000 – 5 Sa 79/00, BeckRS 2000, 30785813.

453 Vgl. ArbG Kiel, Urt. v. 2.12.1999 – ö.D.1 Ca 1689 b/99, BeckRS 1999, 30833585.

die arbeitsvertragliche Tätigkeitspflicht ruhend gestellt. Es kommt damit zu keiner Überschneidung der Pflichten- und Aufgabenkreise von Amtsstellung und Arbeitsverhältnis.

In diesen Fällen liegt deshalb ein Vergleich zu Geschäftsführern näher. Auch bei ihnen herrscht die sog. Trennungstheorie.[454] Eine Abberufung als Geschäftsführer hat demnach nicht zwingendermaßen die Kündigung des Anstellungsvertrags zur Folge. Es ist indes anerkannt, dass der Anstellungsvertrag des Geschäftsführers gekündigt werden kann, wenn organschaftliche Pflichten verletzt werden, da dadurch zugleich die dienstvertragliche Pflicht zur Geschäftsführung verletzt wird.[455]

Jede Amtspflichtverletzung stellt daher zugleich eine Verletzung der arbeitsvertraglichen Pflichten dar. Trotzdem mündet eine reine Amtspflichtverletzung nicht zwingend in einer zulässigen Kündigung.

In die Interessenabwägung sind die Umstände der Pflichtverletzung miteinzubeziehen, sofern lediglich „amtstypische" Pflichten betroffen sind. Unter Umständen besteht keine Wiederholungsgefahr des Pflichtenverstoßes im Arbeitsverhältnis, weshalb die Interessenabwägung zugunsten des Arbeitnehmers ausgehen kann.

Des Weitern ist die Weiterbeschäftigungsmöglichkeit für die Rechtfertigung der Kündigung von zentraler Rolle. Kann der ehemalige Beauftragte im Betrieb noch anderweitig beschäftigt werden, ist die Kündigung unzulässig. Es kann durchaus nur die Eignung als Beauftragter durch ein Fehlverhalten entfallen – die Fortsetzung des Arbeitsverhältnisses dem Arbeitgeber aber weiterhin zumutbar sein. Doch selbst bei einer fehlenden Beschäftigungsmöglichkeit kann es dem Arbeitgeber ggf. zumutbar sein, an dem Arbeitsverhältnis weiter festzuhalten.[456]

3. Anlegen eines besonders strengen Maßstabes?

Bei nebenamtlichen Beauftragten gelten die gleichen Grundsätze wie bei Arbeitnehmervertretern. Zieht man diese Parallele zu den Grundsätzen der Pflichtverletzungen von Arbeitnehmervertretern, muss im nächsten Schritt geprüft

---

454 Ganz h.M. vgl. nur BGH, Urt. v. 10.5.2010 – II ZR 70/09, NZG 2010, 827 (828); MüKo GmbHG/*Jaeger/Steinbrück* GmbHG § 35 Rn. 248; Henssler/Strohn/*Oetker* GmbHG § 35 Rn. 6 m.w.N.

455 MüKo GmbHG/*Jaeger/Steinbrück* GmbHG § 35 Rn. 418 f.; Henssler/Strohn/*Oetker* GmbHG § 35 Rn. 183 m.w.N.

456 Vgl. hierzu Kapitel 4, B. III. 1. c.

werden, ob auch der besonders strenge Maßstab, der bei ihnen in der Interessenabwägung anzulegen ist, für Kündigungen von Beauftragten gilt. Aber auch bei
hauptamtlichen Beauftragten könnte dieser Maßstab angewendet werden, um
das Ergebnis zu korrigieren. Durch den strengen Maßstab müsste berücksichtigt
werden, inwieweit die Funktion als Amtsträger die Pflichtverletzung überhaupt
erst möglich gemacht hat.[457] Hintergrund des angepassten Prüfungsmaßstabs
bei Betriebsratsmitgliedern ist der Umstand, dass Betriebsratsmitglieder wegen
ihrer exponierten Stellung typischerweise leichter in den Konflikt mit arbeitsvertraglichen Pflichten geraten als gewöhnliche Arbeitnehmer.

Rechtsprechung und Literatur äußern sich dazu entweder gar nicht oder
begnügen sich mit einem pauschalen Verweis, dass „insoweit dieselben Grundsätze wie bei Pflichtverletzung von Betriebsratsmitgliedern" gelten.[458] Der
Schluss, auch den veränderten Maßstab in der Interessenabwägung der Kündigung von Beauftragten anzuwenden, liegt zunächst nahe, ist im Ergebnis allerdings abzulehnen.

Bei Betriebsbeauftragten liegt zwar eine vergleichbare Konfliktsituation mit
ihren arbeitsvertraglichen Pflichten vor wie bei Betriebsratsmitgliedern, da der
Arbeitgeber, anders als der Beauftragte, zumeist Interessen verfolgt, die auf wirtschaftlichen Erwägungen beruhen.[459]

Das Verhältnis zwischen Arbeitgeber und Beauftragten ist aber nicht nur
von Interessensgegensätzen geprägt. Für den Unternehmer ist es durchaus von
Vorteil, eine vorgelagerte Kontrollinstanz im Betrieb zu haben.[460] Außerdem
nehmen Beauftragte lediglich Unterstützungs- und Beratungsaufgaben wahr –
ihnen stehen keine umfassenden Mitbestimmungsrechte wie dem Betriebsrat
zu. Sie sind Hilfsorgane im Unternehmen, die der Arbeitgeber sogar selbst aus-
wählen kann.[461] Der Betriebsbeauftragte kennzeichnet sich daher als „Mann des
Betriebs".[462]

Anders als Betriebsratsmitglieder üben Unternehmensbeauftragte ihre Tätigkeit zudem nicht ehrenamtlich aus. Die Amtspflichten treten zu ihrer vertraglich geschuldeten Leistung hinzu. Dies bedeutet, dass sie für ihre Tätigkeit als

---

457 Vgl. Kapitel 4, A. I. 2.
458 So DDZ/*Brecht-Heitzmann*, BDSG § 6 Rn. 8; ebenso *Ehrich*, Amt und Anstellung,
    S. 186.
459 *Ehrich*, HdB Betriebsbeauftrage, Rn. 290.
460 So z.B. bei den betrieblichen Umweltbeauftragten, die die Einhaltung gesetzlicher
    Normen prüfen.
461 *Springmann*, Betriebsrat und Betriebsbeauftragte, S. 130.
462 *Springmann*, Betriebsrat und Betriebsbeauftragte, S. 131.

Beauftragter entlohnt werden und ggf. noch eine zusätzliche Vergütung von ihrem Arbeitgeber erhalten. Betriebsratsmitglieder üben ihre Tätigkeit dagegen unentgeltlich als Ehrenamt aus (vgl. § 37 Abs. 1 BetrVG). Daran ändert auch die Tatsache nichts, dass Betriebsratsmitglieder die Tätigkeit in ihrer Arbeitszeit ausführen und dafür ihren Lohn weiter fortgezahlt bekommen. Es handelt sich dabei lediglich um einen Entgeltschutz im Rahmen des Lohnausfallsprinzips.[463]

Beauftragte sind aus all diesen Gründen weniger schutzwürdig als Betriebsratsmitglieder. Das Anlegen eines besonders strengen Maßstabs im Rahmen der Interessenabwägung ist deshalb nicht gerechtfertigt.

4. Zwischenergebnis

Reine Amtspflichtverletzungen nebenamtlicher Beauftragter können grundsätzlich keine Kündigung des Arbeitsverhältnisses nach sich ziehen. Hier gilt das Trennungsprinzip. Stellt das Fehlverhalten im Amt jedoch zugleich eine schwerwiegende Pflichtverletzung des Arbeitsverhältnisses dar, kann eine Kündigung zulässig sein. Insoweit ist, wegen der arbeitsvertraglichen Verankerung der Amtspflichten, auf den Zusammenhang der Pflichtverletzung mit der Funktion des Beauftragten abzustellen.

Bei hauptamtlichen Beauftragten ist eine sinnvolle Trennung zwischen Amtspflichten und Pflichten aus dem Arbeitsverhältnis nicht möglich. Die Ausübung des Amtes stellt die Hauptleistungspflicht des Arbeitsvertrags dar. Arbeitsverträge von hauptamtlichen Beauftragten, die ausschließlich zur Ausübung des Amtes angestellt werden, erschöpfen sich meist in der Konkretisierung der Amtspflichten. Jede Amtspflichtverletzung stellt deshalb zugleich eine Pflichtverletzung des Arbeitsverhältnisses dar. Dennoch führt nicht jede Amtspflichtverletzung zur Zulässigkeit einer Kündigung. Insoweit sind die Weiterbeschäftigungsmöglichkeit und die Wiederholungsgefahr von ausschlaggebender Bedeutung.

Eine Anpassung des Prüfungsmaßstabes in der Interessenabwägung erfolgt im Gegensatz zu Arbeitnehmervertretern nicht.

III. Besonderheiten ausgewählter Beauftragter

Die Liste der Betriebsbeauftragten ist lang (z.B. Brandschutzbeauftragte, Laserschutzbeauftragte, Sicherheitsbeauftragte, Beauftragte für biologische Sicherheit, Explosionsschutzbeauftragte, Gefahrgutbeauftragte). Sie unterscheiden sich vor

---

463 Vgl. BAG, Urt. v. 23.6.2004 – 7 AZR 514/03, NZA 2004, 1287 (1288); ErfK/ *Koch* BetrVG § 37 Rn. 6; *Winkler*, Ehrenamt des Betriebsrats, S. 46 f.

allem im Aufgaben- und Verantwortungsbereich. Große vertragliche und kündigungsrechtliche Unterschiede gibt es zumeist nicht. Einige Aufgaben und Tätigkeiten von Beauftragten weisen jedoch Besonderheiten auf, was eine gesonderte Beurteilung erfordert.

1. Datenschutzbeauftragter

Beauftragte für Datenschutz werden mit zunehmender Digitalisierung und damit einhergehender Automatisierung der Verarbeitung (personenbezogener) Daten immer bedeutsamer. Sie tragen Rechnung, dass Vorschriften des Datenschutzes eingehalten werden, beraten und unterrichten Arbeitgeber sowie Beschäftigte hinsichtlich deren Pflichten mit dem Umgang von Daten (vgl. § 7 Abs. 1 BDSG).

Für öffentliche Stellen besteht eine Pflicht zur Benennung eines Datenschutzbeauftragten (s. § 5 Abs. 1 BDSG). Private Arbeitgeber müssen erst dann einen Beauftragten benennen, wenn sie in der Regel mehr als 20 Personen ständig mit der automatisierten Verarbeitung personenbezogener Daten beschäftigen (§ 38 Abs. 1 S. 1 BDSG) oder, unabhängig von der Zahl der mit der Datenverarbeitung befassten Personen, wenn ein Fall des § 38 Abs. 1 S. 2 BDSG vorliegt (z.B. geschäftsmäßige Verarbeitung personenbezogener Daten zum Zwecke der Übermittlung). Im Übrigen ist eine Benennung freiwillig.

Datenschutzbeauftragte können intern oder extern bestellt werden. Die Bestellung eines externen Datenschutzbeauftragten bietet sich vor allem für kleinere Unternehmen an, um sich die Kosten für die Ausbildung und die notwendige Fortbildung des Beauftragten zu sparen.

a. Sonderkündigungsschutz

Der Datenschutzbeauftragte genießt Sonderkündigungsschutz, vgl. (§ 38 Abs. 2 i.V.m.) § 6 Abs. 4 S. 2 BDSG. Er kann während seiner Amtszeit (und ein Jahr danach, vgl. § 38 Abs. 2 i.V.m. § 6 Abs. 4 S. 3 BDSG) nur außerordentlich gekündigt werden.

Der besondere Kündigungsschutz besteht allerdings nur für Fälle, in denen die verantwortliche Stelle verpflichtet ist, einen Datenschutzbeauftragten zu bestellen (s. § 38 Abs. 2 a.E. BDSG). Würde man den Kündigungsschutz für freiwillig berufene Beauftragte anwenden, bestünde die Gefahr, dass Arbeitgeber deshalb vor einer Bestellung eines Datenschutzbeauftragten zurückschreckten.

Die Unionsrechtskonformität des deutschen Sonderkündigungsschutzes war lange Zeit ungeklärt, denn die korrespondierende unionsrechtliche Regelung enthält keinen besonderen Kündigungsschutz. Art. 38 Abs. 3 S. 2 DS-GVO schreibt lediglich vor, dass Datenschutzbeauftragte wegen der Erfüllung ihrer Aufgaben nicht abberufen oder benachteiligt werden dürfen. Die deutsche Regelung des § 6 Abs. 4 S. 2 BDSG räumt hingegen einen noch stärkeren Kündigungsschutz ein, indem es nicht nur Kündigungen ausschließt, die mit der (rechtmäßigen) Erfüllung der Aufgaben des Datenschutzbeauftragten in Zusammenhang stehen, sondern generell ordentliche Kündigungen verbietet.

Überwiegend wurde diese Regelung mit dem Europarecht für vereinbar gehalten, da es sich beim Kündigungsschutz um eine rein arbeitsrechtliche Regelung handle, für die der EU keine Gesetzgebungskompetenz zustehe.[464] Der EuGH hat sich mittlerweile nach einem Vorabentscheidungsersuchen des BAG[465] zu der Rechtsfrage geäußert. Er stuft einen strengeren nationalen Kündigungsschutz für Datenschutzbeauftragte als europarechtskonform ein, sofern er die Verwirklichung der Ziele der DS-GVO nicht beeinträchtigt.[466] Eine Beeinträchtigung der Ziele der DS-GVO läge laut dem EuGH vor, wenn „dieser Schutz jede durch einen Verantwortlichen oder einen Auftragsverarbeiter ausgesprochene Kündigung eines Datenschutzbeauftragten verböte, der nicht mehr die für die Erfüllung seiner Aufgaben erforderlichen beruflichen Eigenschaften besitzt oder seine Aufgaben nicht im Einklang mit der DS-GVO erfüllt."[467]

Durch die deutschen Kündigungsschutzbestimmungen in § 38 Abs. 2 i.V.m. § 6 Abs. 4 S. 2 BDSG liegt solch eine Beeinträchtigung der Ziele der DS-GVO nach dem BAG nicht vor, da Kündigungen nicht unmöglich gemacht, sondern nur die Voraussetzungen erhöht werden, indem die Kündigungsgründe die Erheblichkeitsschwelle des „wichtigen Grundes" erreichen müssen.[468] Der normierte Sonderkündigungsschutz ist daher mit Unionsrecht vereinbar.[469]

b. Abberufung nur aus wichtigem Grund

Die Abberufung des Datenschutzbeauftragten ist gem. § 6 Abs. 4 S. 1 BDSG nur in entsprechender Anwendung des § 626 BGB zulässig. Für eine Abberufung ist daher bei Datenschutzbeauftragten öffentlicher Stellen und bei verpflichtender Benennung privater Stellen (vgl. § 38 Abs. 2 a.E. BDSG) ein wichtiger Grund

---

464　So EuArbRK/*Franzen* VO [EU] 2016/679 Art. 38 Rn. 1; Ehmann/Selmayr/*Heberlein* DS-GVO Art. 38 Rn. 15; Kühling/Buchner/*Bergt/Schnebbe* BDSG § 6 Rn. 15; Taeger/Gabel/*Kinast* BDSG § 38 Rn. 45; Sydow/Marsch/*Helfrich* BDSG § 38 Rn. 32; **a.A.** Plath/*von dem Bussche* BDSG § 6 Rn. 2, 20.

465　BAG, Urt. v. 30.7.2020 – 2 AZR 225/20 (A), NZA 2020, 1468.

466　EuGH, Urt. v. 22.6.2022 – C-543/20 (Leistritz AG/LH), NZA 2022, 1111.

467　EuGH, Urt. v. 22.6.2022 – C-543/20 (Leistritz AG/LH), NZA 2022, 1111 (1112).

468　BAG, Urt. v. 25.8.2022 – 2 AZR 225/20, NZA 2022, 1457 (1458).

469　BAG, Urt. v. 25.8.2022 – 2 AZR 225/20, NZA 2022, 1457.

erforderlich; selbst wenn die Abberufung nicht mit der Erfüllung der Aufgaben in Zusammenhang steht.

Auch hier ergaben sich in jüngster Vergangenheit Zweifel an der Unionsrechtskonformität der Norm. Denn auch hier geht das nationale Recht mit dem Erfordernis des wichtigen Grundes weiter als das europäische Recht in Art. 38 Abs. 3 S. 2 DS-GVO, das eine Abberufung des Beauftragten lediglich wegen der Erfüllung seiner Aufgaben verbietet.

Einige Stimmen in der Literatur hielten die deutsche Vorschrift für öffentliche Stellen noch für europarechtlich zulässig, da sie eine Ausgestaltung der Behördenorganisation darstelle, welche die Bundesrepublik im Rahmen der Organisationshoheit gestalten dürfe.[470] Für Datenschutzbeauftragte von nicht-öffentlichen Stellen sei die Vorschrift jedoch unionsrechtswidrig, da der Abberufungsschutz die direkte Stellung des Datenschutzbeauftragten betrifft und insoweit keine Spezifizierung- oder Öffnungsklausel bestehe.[471]

Andere hielten die Regelung mit dem Unionsrecht vereinbar, da es sich bei dem Abberufungsschutz um eine materiell-arbeitsrechtliche Regelung handle (die Abberufung führe zu einer Änderung des Arbeitsvertrages).[472] Als Argument wurde angeführt, dass auch der Gesetzgeber davon ausgehe, dass es sich bei der gesamten Vorschrift des § 6 Abs. 4 BDSG um eine arbeitsrechtliche Regelung handle.[473] Der Union stünde sodann gem. Art. 153 AEUV keine Gesetzgebungskompetenz zu, weshalb keine Kollision mit Art. 38 Abs. 3 S. 2 DS-GVO vorliege.[474] Das führe wiederum dazu, dass der nationale Gesetzgeber sich auf die arbeitsrechtliche Öffnungsklausel des Art. 88 DS-GVO stützen könnte.[475]

Der EuGH hat sich zu dieser Streitfrage mittlerweile geäußert. Er erklärte den deutschen Abberufungsschutz grundsätzlich für europarechtskonform, sofern diese Regelung die Verwirklichung der Ziele der Verordnung nicht

---

470 So auch Kühling/Buchner/*Bergt/Schnebbe* BDSG § 6 Rn. 11; HK-BDSG/*Helfrich* BDSG § 6 Rn. 25, 29.

471 So auch Kühling/Buchner/*Kühling/Sackmann* BDSG § 38 Rn. 20; Simitis/Hornung/ Spiecker/*Drewes* DS-GVO Art. 37 Rn. 58; Ehmann/Selmayr/*Heberlein* DS-GVO Art. 38 Rn. 28.

472 So LAG Nürnberg, Urt. v. 19.2.2020 – 2 Sa 274/19, NZA-RR 2020, 229 (301); Schwartmann/Jaspers/Thüsing/Kugelmann/*Jaspers/Reif* DS-GVO Art. 38 Rn. 19; Paal/Pauly/ *Körffer* BDSG § 6 Rn. 3; BeckOK DatenschutzR/*Moos* BDSG § 38 Rn 18.

473 Vgl. BT-Drs. 18/11325 S. 82.

474 EuArbRK/*Franzen* EU (VO) 2016/679 Art. 38 Rn. 1.

475 DWWS/*Däubler* BDSG § 6 Rn. 6.

beeinträchtigt.[476] Dies wäre der Fall, wenn der erhöhte Abberufungsschutz auch eine Abberufung eines Datenschutzbeauftragten verböte, der die erforderliche berufliche Qualifikation nicht mehr besitzt oder der seine Aufgaben nicht mehr zweckmäßig erfüllt (z.b. bei fehlender vollständiger Unabhängigkeit des Datenschutzbeauftragten).[477] Diese Gefahr besteht durch den deutschen Abberufungsschutz nicht, weshalb die Regelung unionsrechtskonform ist. Die nationale Regelung erhöht zwar die Anforderungen der Abberufung (Erfordernis des „wichtigen Grundes"), dennoch ist dadurch nicht jede Kündigung eines Datenschutzbeauftragten aufgrund fehlender Qualifikation unmöglich.[478]

Für das tätigkeitsbezogene Abberufungsverbot gelten die gleichen beweisrechtlichen Regeln wie für das tätigkeitsbezogene Benachteiligungsverbot. Der Beauftragte hat einen Anscheins- oder prima-facie-Beweis zu erbringen, da ihm ein anderer Beweis nicht möglich wäre.[479] Damit ist der Kausalzusammenhang zwischen Aufgabenerfüllung und der Abberufung anzunehmen. Er kann vom Arbeitgeber sodann widerlegt werden.

c. Kündigung wegen Verletzung von Amtspflichten

Bei obligatorisch zu bestellenden Datenschutzbeauftragten ergeben sich beim Durchschlagen von Amtspflichtverletzungen auf das Arbeitsverhältnis keine Besonderheiten.

Der Widerruf der Amtsstellung berührt nicht unmittelbar das Arbeitsverhältnis.[480] Es kann durchaus nur die Eignung als Datenschutzbeauftragter durch ein Fehlverhalten entfallen – die Fortsetzung des Arbeitsverhältnisses wird dem Arbeitgeber daher weiterhin zumutbar sein.[481] Kündigungsrechtlich wird ein Amtspflichtverstoß erst relevant, wenn zugleich eine Verletzung von arbeitsvertraglichen Pflichten vorliegt.[482]

Während des einjährigen nachwirkenden Kündigungsschutzes kommt in der Regel auch keine Kündigung aus wichtigem Grund in Betracht, die sich auf ein

---

476 EuGH v. 9.2.2023 – C-453/21, NZA 2023, 221.
477 EuGH v. 9.2.2023 – C-453/21, NZA 2023, 221 (222 f.).
478 Übertragbar ist insoweit das Urteil des BAG, Urt. v. 25.8.2022 – 2 AZR 225/20, NZA 2022, 1457 zum Sonderkündigungsschutz eines Datenschutzbeauftragten.
479 Siehe auch *Greiner/Senk*, NZA 2020, 201 (206).
480 DKWW/*Däubler* BDSG § 4f Rn. 71; Thüsing Beschäftigtendatenschutz/*Thüsing/Granetzny* § 19 Rn. 16; *Greiner/Senk*, NZA 2020, 201 (209).
481 So auch *Greiner/Senk,* NZA 2020, 201 (209).
482 So ausdrücklich auch Plath/*von dem Bussche* BDSG (2. Auflage, 2016) § 4f BDSG Rn. 64; *Reinhard,* NZA 2013, 1049 (1054).

„sinnentleertes Arbeitsverhältnis" stützt.[483] Dem Arbeitgeber ist es meist zumutbar, diesen Zeitraum auch ohne adäquate Gegenleistung des Arbeitnehmers zu
überbrücken.[484]

Nichts anderes kann für freiwillig bestellte Datenschutzbeauftragte gelten. Sie
genießen zwar keinen Sonderkündigungsschutz und fallen nicht unter das ver-
schärfte nationale Abberufungsverbot. Deshalb sind an die Kündigungsgründe
und die Abberufungsgründe nicht dieselben Anforderungen an das Gewicht der
Pflichtverletzung zu stellen. Trotzdem sind sie ebenso schutzbedürftig, weshalb
bei ihnen die gleichen Grundsätze angewandt werden müssen. Die für die Tätigkeit nötige Unabhängigkeit des Beauftragten besteht ungeachtet der Verpflichtung der Bestellung. Dies zeigt schon das Benachteiligungsverbot des Art. 38
Abs. 3 S. 2 DS-GVO, das auch für freiwillig bestellte Datenschutzbeauftragte
gilt.[485]

2. Betriebliche Umweltbeauftragte

Umweltbeauftrage spielen eine zentrale Rolle im betrieblichen Umweltschutz.
Sie haben im Unternehmen für die Umweltbelange Sorge zu tragen. Die betrieb-
lichen Umweltbeauftragten überwachen die Einhaltung gesetzlicher und
behördlicher Bestimmungen zum Umweltschutz. Außerdem beraten sie die
Betriebsangehörigen über die schädlichen Umwelteinwirkungen sowie über
Maßnahmen zu deren Verhinderung.

Dem Betreiber von möglicherweise umweltgefährdenden Anlagen soll mit
dem Beauftragten ein Instrument der Selbstkontrolle an die Hand gegeben werden, da die Einhaltung der Umweltschutzbestimmungen in der betrieblichen
Praxis allein durch staatliche Überwachungsinstitutionen nicht garantiert werden kann.[486]

a. Immissionsschutzbeauftragter

Zu den Hauptaufgaben des Immissionsschutzbeauftragten zählen die Beratung
sowie Kontrolle des Betreibers und der Betriebsangehörigen in immissions-
schutzrechtlichen Angelegenheiten (vgl. § 54 Abs. 1 BImSchG).

---

483 Vgl. BAG Urt. v. 23.1.2014 – 2 AZR 372/13, NZA 2014, 895 (896); Kühling/Buchner/
   Bergt/Schnebbe BDSG § 6 Rn. 14.
484 BAG, Urt. v. 23.1.2014 – 2 AZR 372/13, NZA 2014, 895 (896).
485 Vgl. dazu Kühling/Buchner/*Bergt* DS-GVO Art. 38 Rn. 1; Ehmann/Selmayr/*Heberlein*
   DS-GVO Art. 38 Rn. 28; GSSV/*Mayer* DS-GVO Art. 38 Rn. 63.
486 *Ehrich*, HdB Betriebsbeauftragte, Rn. 188.

Die Pflicht zur Bestellung eines oder mehrerer Immissionsschutzbeauftragten ergibt sich aus § 53 Abs. 1 S. 1 BImSchG. Im Gegensatz zu anderen Beauftragten, ist die Möglichkeit der Bestellung eines externen Immissionsschutzbeauftragten stark eingeschränkt.[487] Nach § 1 Abs. 1 5. BImSchV, der die gesetzliche Pflicht aus § 53 Abs. 1 S. 1 konkretisiert, muss ein Betriebsangehöriger zum Immissionsschutzbeauftragten bestellt werden.[488] Ausnahmen hiervon sind unter den Voraussetzungen des § 5 5. BImSchV möglich, die insbesondere für kleinere Betriebe wegen der wirtschaftlichen Belastung interessant sein dürften.

Der Pflicht zur Bestellung eines Betriebsangehörigen zum Immissionsschutzbeauftragten wird ein Betreiber ebenfalls gerecht, indem er eine „betriebsfremde" Person für das Amt des Immissionsschutzbeauftragten einstellt.[489] Denn den Anforderungen an einen Immissionsschutzbeauftragten kann nicht jeder Arbeitnehmer gerecht werden. Die nötige Fachkunde eines Immissionsschutzbeauftragten erfordert einen Hochschulabschluss in Ingenieurswesen, Chemie oder Physik,[490] eine Teilnahme an Lehrgängen sowie während einer mehrjährigen praktischen Tätigkeit erworbene Kenntnisse über eine Anlage, für die der Beauftragte bestellt werden soll (§ 7 5. BImSchV).

Die Trennung von Amtsstellung und Arbeitsverhältnis ist für den Immissionsschutzbeauftragten ebenso anerkannt.[491] Dem Beauftragten kommt außerdem ein Sonderkündigungsschutz zugute (§ 58 BImSchG).

Laut der Gesetzesbegründung soll mit § 58 Abs. 2 BImSchG ein mit dem Schutz von Mitgliedern in Personalvertretungen vergleichbarer besonderer Kündigungsschutz gewährt werden.[492] Es soll die Unabhängigkeit gesichert, die wirksame Aufgabenwahrnehmung ermöglicht und zugleich verhindert werden, „dass der Betreiber sich unbequemer Immissionsschutzbeauftragter dadurch zu entledigen sucht, dass er das Beschäftigungsverhältnis kündigt".[493]

---

487 Gleiches gilt für den Störfallbeauftragten.
488 Diese Regelung ist von der Verordnungsermächtigung gedeckt, vgl. Landmann/Rohmer/*Hansmann/Maciejewski* 5. BImSchV § 1 Rn. 10.
489 Vgl. Landmann/Rohmer/*Hansmann/Maciejewski* 5. BImSchV § 1 Rn. 11.
490 Für Ausnahmen auf Antrag vgl. § 8 Abs. 1 5. BImSchV.
491 BAG, Urt. v. 26.3.2009 – 2 AZR 633/07, NZA 2011, 166 (168); DDZ/*Brecht-Heitzmann* BImSchG § 58 Rn. 4; *Jarass* BImSchG § 55 Rn. 1; Kotulla BImSchG/*Kotulla* BImSchG § 55 Rn. 8; Landmann/Rohmer/*Hansmann/Maciejweski* BImSchG § 55 Rn. 24; *Roth*, Betriebsbeauftragte, S. 91 f.; *Ehrich*, HdB Betriebsbeauftragte, Rn. 228.
492 BT Drs. 11/4909 S. 25.
493 BT Drs. 11/4909 S. 25.

Sofern Immissionsschutzbeauftragte nach dem Gesetzgeber einen vergleich-
bareren Kündigungsschutz genießen sollen, sind auch die Grundsätze zur Kündigung wegen Amtspflichtverletzungen anzuwenden. Eine Kündigung ist daher
in der Regel unzulässig, wenn dem Immissionsschutzbeauftragten die Verletzung von reinen Amtspflichten vorgeworfen wird.[494] Dem Arbeitgeber bleibt in
einem solchen Fall lediglich die sofortige Abberufung aus der Amtsstellung. Bei
hauptamtlichen Immissionsschutzbeauftragten stellt jede Amtspflichtverletzung
eine Verletzung der arbeitsvertraglichen Pflichten dar. Das Arbeitsverhältnis
wird mit der Abberufung dennoch nicht beendet, da eine Weiterbeschäftigung
an einem anderen Arbeitsplatz des Betriebs in Frage kommt. Die für die Tätigkeit des Immissionsschutzbeauftragten nötige Fachkunde kann im Betrieb oft an
einer anderen Stelle weiterhin hilfreich sein.

Die ordentliche Kündigung des Immissionsschutzbeauftragten ist frühestens
ein Jahr nach Abberufung zulässig (§ 58 Abs. 2 S. 2 BImSchG).

b. Weitere Umweltschutzbeauftragte

Neben dem Immissionsschutzbeauftragten gibt es noch einige weitere betriebliche Beauftragte, die sich mit Umweltthemen beschäftigen, z.B. Störfallbeauf-
tragter, Abfallbeauftragte oder Gewässerschutzbeauftragte.

Die für die jeweiligen Umweltbeauftragten geltenden Gesetze verweisen
meist auf das Bundesimmissionsschutzgesetz. Der Immissionsschutzbeauftragte
ist insoweit das gesetzliche Modell, an dem sich die Regelungen der weiteren
Umweltschutzbeauftragten orientieren oder unmittelbar normativ verweisen.
Verweisungsnormen finden sich beispielsweise für die kündigungsrelevante
Norm des § 58 BImSchG (§ 58d BImSchG beim Störfallbeauftragten, § 60
Abs. 3 KrWG beim Abfallbeauftragten, § 66 WHG beim Gewässerschutzbeauf-
tragten). Die Regelung des § 58 BImSchG stellt sich deshalb als Paradigma für
den Schutz interner Umweltbeauftragter vor Benachteiligungen und Kündigun-
gen dar.[495]

Für den Kündigungsschutz bei Amtspflichtverletzungen ergeben sich daher
keine Besonderheiten. Eine außerordentliche Kündigung des Arbeitsverhältnisses wegen alleiniger Verletzung der Amtspflichten ist daher in der Regel nicht
gerechtfertigt.[496]

---

494 So auch *Ehrich*, HdB Betriebsbeauftragte, Rn. 310; APS/*Greiner* BImSchG § 58 Rn. 14;
     DDZ/*Brecht-Heitzmann* BImSchG § 58 Rn. 14; HaKo-KSchR/*Kuckuk* BImSchG
     § 58 Rn. 3.
495 APS/*Greiner* BImSchG § 58 Rn. 3.
496 Zum Abfallbeauftragten *Bergwitz*, NZA 2021, 542 (544); *Ehrich*, DB 1996, 1468 (1474).

3. Betriebsarzt

Der Betriebsarzt ist ein Sonderfall unter den betrieblichen Beauftragten. Der Arbeitgeber steht nach § 1 ASiG in der Pflicht, nach Maßgabe des Arbeitssicherheitsgesetzes, Betriebsärzte zu bestellen. Sie unterstützen den Arbeitgeber in der Unfallverhütung sowie beim Arbeits- und Gesundheitsschutz. Zugleich haben Betriebsärzte bei der Erfüllung ihrer Aufgaben mit dem Betriebsrat zusammenzuarbeiten (vgl. § 9 Abs. 1 ASiG), da der Betriebsrat ebenso Aufgaben des Arbeitsschutzes und der Unfallverhütung wahrnehmen muss (z.b. § 80 BetrVG, § 87 Abs. 1 Nr. 7 BetrVG).

Bei Betriebsärzten ergeben sich zwei Besonderheiten, die für die Wechselwirkung von Amtsstellung und Arbeitsverhältnis relevant werden. Zunächst besitzen sie eine sehr spezifische Fachkunde (Approbation als Arzt und Anerkennung als Facharzt für Arbeitsmedizin oder Arzt mit der Zusatzbezeichnung Betriebsmedizin). Sie können sich die Qualifikation nicht einfach nur durch die Teilnahme an einer Fortbildung aneignen, wie dies bei den bisher behandelten Beauftragten oft der Fall ist, sondern müssen eine gesonderte Ausbildung absolvieren (Medizinstudium, Facharztausbildung oder Erwerb der Zusatzbezeichnung), um die Tätigkeit ausüben zu dürfen. Der Arbeitsmediziner wird deshalb gerade wegen seiner besonderen Funktion und Qualifikation als Betriebsarzt im Betrieb eingesetzt. Daneben ergeben sich unterschiedliche Beteiligungsrechte des Betriebsrates bei der Bestellung und Abberufung aus dem Amt und der Begründung und Beendigung des Arbeitsvertrages, die zu weiteren kündigungsrechtlichen Schwierigkeiten führen.

a. Grundverhältnis des Betriebsarztes zum Arbeitgeber

Ein Betriebsarzt kann auf unterschiedlichen (vertraglichen) Wegen im Betrieb tätig werden. Es steht im Ermessen des Arbeitgebers, wie er die Pflicht zur Bestellung eines Betriebsarztes erfüllt.

Der Arbeitsmediziner kann im Rahmen eines Arbeitsverhältnisses im Betrieb fest angestellt werden. Daneben folgt die Bestellung zum Betriebsarzt. In der Praxis erfolgt diese Festanstellung aus Kostengründen regelmäßig nur in größeren Unternehmen.

Zum anderen kann der Arbeitgeber einen freiberuflichen Betriebsarzt bestellen. Mit dem freiberuflichen Arzt wird oftmals ein Werk- oder Dienstvertrag geschlossen.

Eine weitere Möglichkeit ist die Verpflichtung eines überbetrieblichen Dienstes (vgl. § 19 ASiG). In einem solchen Fall schließt der Arbeitgeber einen Vertrag mit dem überbetrieblichen Dienst, der hierauf die Aufgaben des Betriebsarztes im Rahmen des Arbeitsschutzes wahrnimmt.

Arbeitsrechtliche Fragen stellen sich in den beiden letztgenannten Konstellationen nicht, da es schlichtweg an der Arbeitnehmerstellung des Betriebsarztes fehlt.

b. Trennung von Arbeitsverhältnis und Amtsstellung

Eine Trennung des Grundverhältnisses und der Amtsstellung ist, wie bei allen vergleichbaren Mandatsträgern, allgemein anerkannt.[497]

In der Diskussion steht dagegen der Aspekt der Abstraktion der Rechtsverhältnisse, d.h. die rechtliche Unabhängigkeit der Rechtsverhältnisse. Bei Betriebsärzten ergeben sich dabei Schwierigkeiten, da der Arbeitsmediziner gerade in der Funktion des Betriebsarztes eingestellt wurde. Die Bestellung zum Betriebsarzt erfolgt meist zeitgleich mit dem Eintritt in das Arbeitsverhältnis (Ausnahme z.B. im Krankenhaus, in dem der Arzt erst nachträglich zum Betriebsarzt bestellt werden kann, wenn er die entsprechenden Voraussetzungen erfüllt). Ferner werden im Arbeitsverhältnis nur die Pflichten aus dem Amtsverhältnis konkretisiert, die sich vor allem aus dem Arbeitssicherheitsgesetz ergeben sowie die Leistungen, die der Betriebsarzt in dieser Stellung erbringen muss. Dazu kommt: wurde der Betriebsarzt aus seiner Amtsstellung abberufen, hat der Arbeitgeber meist kein Interesse oder keine Möglichkeit ihn weiter zu beschäftigen. Wegen seiner spezifischen Fachkunde besitzt er oft nicht die Qualifikation, um andere Tätigkeiten im Betrieb zu übernehmen. Er ist nach Abberufung für den Arbeitgeber gewissermaßen „unbrauchbar".

aa. Einführung in die Problematik des § 9 Abs. 3 S. 1 ASiG

Die Vorschrift des § 9 Abs. 3 S. 1 ASiG beschäftigt die Rechtsprechung und Literatur. Um zur Problematik dieser Norm durchzudringen, ist es hilfreich, zunächst das System der Bestellung und Abberufung eines Betriebsarztes zu skizzieren.

Die Bestellung und Abberufung eines Betriebsarztes liegen an und für sich in der Entscheidungsgewalt des Arbeitgebers. Allerdings muss dieser vor der Vornahme des Rechtsgeschäfts die Zustimmung des Betriebsrates zur Bestellung bzw. Abberufung des Betriebsarztes einholen (vgl. § 9 Abs. 3 S. 1 ASiG). Verweigert

497 Vgl. BAG, Urt. v. 24.3.1988 – 2 AZR 369/87, NZA 1989, 60; *Ehrich*, HdB Betriebsbeauftragte Rn. 27; *Ehrich*, Amt und Anstellung, S. 8 ff.; *Wunderlich*, Rechtsstellung Betriebsarzt, S. 53; HK-ArbSchR/*Kohte/Kiesche* ASiG §§ 2-7 Rn. 6 f.; *Anzinger/Bieneck* ASiG § 2 Rn. 22.

der Betriebsrat die Zustimmung, muss der Arbeitgeber die Einigungsstelle anrufen (§ 9 Abs. 3 S. 2 Halbsatz 2 ASiG i.V.m. §§ 87 Abs. 2, 76 BetrVG). Durch die Vorschrift des § 9 Abs. 3 ASiG soll das Vertrauensverhältnis zwischen Betriebsarzt und Belegschaft gestärkt werden.[498] Die Besetzung des Amtes soll im Konsens mit den Arbeitnehmern erfolgen, deren Interessen durch den Betriebsrat vertreten werden.

Sobald sich der Arbeitgeber von seinem Betriebsarzt – aus welchen Gründen auch immer – trennen möchte, muss er für die Abberufung aus der Amtsstellung demgemäß die Zustimmung des Betriebsrates einholen. Die Zustimmung ist Wirksamkeitsvoraussetzung für die Abberufung. Zusätzlich muss der Arbeitgeber – wegen der grundsätzlichen Trennung von Amtsstellung und Arbeitsverhältnis – eine Kündigungserklärung abgeben, um das Arbeitsverhältnis des Betriebsarztes zu beenden.

Die Zulässigkeit einer Kündigung richtet sich nach den allgemeinen Regeln. Der Betriebsrat muss deshalb, wie vor jeder Kündigung, angehört werden (§ 102 BetrVG).[499] Da es sich lediglich um ein Anhörungsrecht handelt, ist eine Zustimmung des Betriebsrates *für die Wirksamkeit der Kündigung* prinzipiell nicht notwendig.

Es stellt sich ein Problem, wenn der Arbeitgeber dem Betriebsarzt lediglich kündigt, jedoch nicht die Abberufung aus der Amtsstellung erklärt. Die Kündigung wäre mit der Anhörung des Betriebsrates grundsätzlich wirksam. Holt der Arbeitgeber allerdings keine Zustimmung des Betriebsrates zur Abberufung des Betriebsarztes aus der Amtsstellung ein, wären die Mitbestimmungsrechte des Betriebsrates umgangen, da dem Betriebsarzt mit der Kündigung die Grundlage zur Tätigkeit entzogen wäre.

Aus diesem Grund stellt sich die Frage, ob einem Betriebsarzt wirksam gekündigt werden kann, wenn der Arbeitgeber die Zustimmung des Betriebsrates zur Abberufung des Betriebsarztes nach § 9 Abs. 3 S. 1 ASiG nicht einholt.

---

498 *Budde/Witting*, Betriebsarzt in Unternehmen, S. 56.
499 Die Mitbestimmungsrechte finden Anwendung, da der Betriebsarzt in aller Regel kein leitender Angestellter iSv § 5 Abs. 3 BetrVG ist, vgl. *Ehrich*, HdB Betriebsbeauftragte Rn. 42; *Ehrich*, Amt und Anstellung, S. 110 f.; *Halfmann*, Arbeitnehmerschutz Betriebsärzte, S. 85 ff.; **a.A.** *Budde/Witting*, Betriebsarzt in Unternehmen S. 20 ff.

bb. Abstrakte Betrachtung der Rechtsverhältnisse?

Einige Autoren befürworten eine stringente Trennung bzw. Abstraktion der Amtsstellung vom Arbeitsverhältnis.[500] Die Folge bei solch einer Betrachtung wäre, dass das Arbeitsverhältnis aufgrund der wirksamen Kündigung entfallen ist und die Amtsstellung wegen der fehlenden Zustimmung des Betriebsrates zur Abberufung weiter fortbestünde. Auf welcher Grundlage der Betriebsarzt sein Amt weiter wahrnehmen soll, wird von den Befürwortern dieser Ansicht unterschiedlich begründet.

Nach *Blomeyer* und *Reichold* ist der Betriebsarzt sodann auf Grundlage eines „faktischen" Vertrags weiter zu beschäftigen.[501]

Bloesinger schlägt als Lösung eine analoge Anwendung der Entlassungssperre bei Massenentlassungen nach §§ 17, 18 KSchG vor.[502] Danach wäre die Kündigung zwar wirksam.[503] Der Betriebsarzt könne aber erst entlassen werden, wenn die Zustimmung zur Abberufung aus dem Amt durch den Betriebsrat vorläge oder durch die Einigungsstelle ersetzt wird.[504] Das Arbeitsverhältnis bestünde bis dahin weiter.[505]

Die Begründungen dieser Ansichten gehen aber fehl und sind nicht praktikabel.

Gegen die Betrachtung *Bloesinger*s spricht, dass schon die Voraussetzungen für eine Analogie nicht vorliegen.[506] Denn wenn es sowieso keine abstrakte Existenz von Arbeitsvertrag und Amt gibt, liegt keine Gesetzeslücke vor, die geschlossen werden muss.[507] *Blomeyer* und *Reichold*s Ansatz ist ebenso wenig überzeugend. Das BAG hält die Konstruktion eines faktischen Arbeitsverhältnisses im Zusammenhang des Weiterbeschäftigungsanspruchs nach einer Kündigung im Allgemeinen für ausgeschlossen, wenn die Weiterbeschäftigung dem Arbeitgeber gegen seinen Willen aufgezwungen wird.[508] Gleiches muss auch für

---

500 So *Blomeyer/Reichold*, SAE 1989, 296 (298); *Bloesinger*, NZA 2004, 467 (468), die in ihren Abhandlungen zwar von „Trennung" sprechen, aber eindeutig die Abstraktion meinen (so zutreffend *Halfmann*, Arbeitnehmerschutz Betriebsärzte, S. 143 f.).

501 *Blomeyer/Reichold*, SAE 1989, 296 (298).

502 *Bloesinger*, NZA 2004, 467 (468 ff.).

503 *Bloesinger*, NZA 2004, 467 (470).

504 *Bloesinger*, NZA 2004, 467 (470).

505 *Bloesinger*, NZA 2004, 467 (470).

506 Dazu ausführlich *Halfmann*, Arbeitnehmerschutz Betriebsärzte, S. 154 ff.

507 Zutreffend *Halfmann*, Arbeitnehmerschutz Betriebsärzte, S. 155.

508 Vgl. BAG v. 10.3.1987 – 8 AZR 146/84, NZA 1987, 373 (374).

den Betriebsarzt gelten.[509] Der Arbeitgeber bringt mit der Kündigung deutlich zum Ausdruck, dass er den Betriebsarzt nicht weiter beschäftigen möchte. Eine Weiterbeschäftigung gegen seinen Willen kann deshalb kein faktisches Arbeitsverhältnis begründen. Außerdem ist dem Arbeitssicherheitsgesetz die Konzeption eines „verselbständigten Betriebsarztamtes" fremd.[510]

Die Rechtsprechung und herrschende Meinung in der Literatur halten an einer strikten Trennung der Rechtsverhältnisse aus diesen Gründen nicht fest. Das BAG erkennt einen inneren und sachlichen Zusammenhang zwischen den beiden Rechtsverhältnissen an, der „nicht unberücksichtigt" bleiben dürfe.[511] Trotz dessen gesteht es aber ein, dass der durch den Gesetzgeber vorgegebene begriffliche und systematische Unterschied zwischen Abberufung und Kündigung bei der Bestimmung der Wechselwirkung der beiden Rechtsakte nicht nivelliert werden dürfe.[512]

Da andere Wege nicht interessensgerecht sind, muss davon ausgegangen werden, dass die Beendigung des Arbeitsverhältnisses in der Regel eine Abberufung beinhaltet.[513] Eine ohne Zustimmung zur Abberufung ausgesprochene Kündigung ist in der Konsequenz jedenfalls dann unwirksam, wenn sie auf Gründe gestützt wird, die mit der Amtsausübung in untrennbarem sachlichen Zusammenhang stehen.[514] Das folgt aus dem Gesetzeszweck des ASiG und den kollektiven Interessen der Belegschaft, die in den Bereichen des Arbeitsschutzes und der Arbeitsmedizin sowie der Unfallverhütung zu schützen sind.[515]

Ob die Kündigung auch unwirksam ist, wenn sie auf nicht-amtsbezogene Gründe gestützt wird, ist weniger eine Frage der abstrahierenden Betrachtung, sondern der Umgehung des § 9 Abs. 3 ASiG, weshalb sie im Kapitel zum präventiven Kündigungsschutz behandelt wird.[516]

---

509 So auch *Ehrich*, Amt und Anstellung, S. 172 f.; *Wunderlich*, Rechtsstellung Betriebsarzt S. 213 f.; *Halfmann*, Arbeitnehmerschutz Betriebsärzte, S. 152 f.
510 BAG, Urt. v. 24.3.1988 – 2 AZR 369/87, NZA 1989, 60 (61).
511 Vgl. BAG, Urt. v. 24.3.1988 – 2 AZR 369/87, NZA 1989, 60 (61).
512 BAG, Urt. v. 24.3.1988 – 2 AZR 369/87, NZA 1989, 60 (61).
513 So auch APS/*Greiner* ASiG § 9 Rn. 15, 10; HK-ArbSchR/*Kohte/Kiesche* ASiG § 9 Rn. 14; *Pieper* ArbSchR, ASiG Rn. 123; DKW/*Klebe* BetrVG § 87 Rn. 234; Richardi/ *Richardi/Maschmann* BetrVG § 87 Rn. 596.
514 BAG, Urt. v. 24.3.1988 – 2 AZR 369/87, NZA 1989, 60 (61); LAG Niedersachsen, Urt. v. 29.10.2015 – 4 Sa 951/14, NZA-RR 2016, 186 (188); DKW/*Klebe* BetrVG § 87 Rn. 234; GK-BetrVG/*Gutzeit* § 87 Rn. 694.
515 MAH/*Burg* § 45 Rn. 277.
516 Siehe Kapitel 4, B. III. 3. c. bb.

Steckt im Umkehrschluss in jeder (wirksamen) Abberufung auch eine Kündigung? Nein. Es besteht Einigkeit darüber, dass eine Abberufung nicht notwendigerweise mit einer Kündigung verbunden ist.[517] Hier bleibt es bei der Trennung bzw. Abstraktion der Rechtsverhältnisse, da sich keine vergleichbaren rechtlichen und praktischen Probleme stellen, die eine Korrektur des Ergebnisses verlangen.

c. Schutzmechanismen vor Kündigung

Dem Betriebsarzt wird – wie anderen Beauftragten auch – ein gewisser Schutz vor Kündigungen des Arbeitgebers eingeräumt. Er genießt keinen ausdrücklich normierten besonderen Kündigungsschutz. Der Gesetzgeber räumt dem Betriebsarzt indes ein Benachteiligungsverbot in § 8 Abs. 1 S. 2 ASiG ein, das ihn mittelbar vor Kündigungen schützen kann. Zudem könnte möglicherweise aus dem Zustimmungserfordernis des Betriebsrates zur Abberufung (§ 9 Abs. 3 S. 1 ASiG) ein Schutz vor Kündigungen folgen.

aa. Benachteiligungsverbot

Der Betriebsarzt darf wegen der Erfüllung der ihm übertragenen Aufgaben nicht benachteiligt werden (vgl. § 8 Abs. 1 S. 2 ASiG). Für eine pflichtgemäße Amtsausübung darf er daher keine Sanktionen erfahren. Auch bei Betriebsärzten gilt die Unabhängigkeit der Ausübung der Fachkunde (vgl. § 8 Abs. 1 S. 1 ASiG). Betriebsärzte sind nur ihrem ärztlichen Gewissen unterworfen. Eine Benachteiligung liegt vor, sofern die arbeitgeberseitige Maßnahme auf eine Amtshandlung folgt, die ordnungsgemäß, also rechtmäßig, war.[518]

Lediglich *Wunderlich* subsumiert auch pflichtwidrige Amtshandlungen von Betriebsärzten unter das Benachteiligungsverbot.[519] Er hält Abmahnungen oder Kündigungen für unzulässig, solange der Betriebsarzt nicht mit Vorsatz seine Befugnisse überschreitet.[520] Weist das Verhalten des Betriebsarztes einen sachlichen Zusammenhang mit der Amtstätigkeit auf, sollen nur amtsbezogene Sanktionen greifen können.[521]

---

517 *Ehrich*, HdB Betriebsbeauftragte, Rn. 45; HK-ArbSchR/*Kohte/Kiesche* ASiG § 9 Rn. 13; APS/*Greiner* ASiG Rn. 15, 10; *Pieper* ArbSchR, ASiG Rn. 123; DKW/*Klebe* BetrVG § 87 Rn. 234; GK-BetrVG/*Gutzeit* BetrVG § 87 Rn. 694; MHdB ArbR/*Nebe* § 176 Rn. 48.

518 Vgl. nur APS/*Greiner* ASiG § 9 Rn. 9.

519 Vgl. *Wunderlich*, Rechtsstellung Betriebsarzt, S. 162 ff.

520 *Wunderlich*, Rechtsstellung Betriebsarzt, S. 164.

521 *Wunderlich*, Rechtsstellung Betriebsarzt, S. 162, 158 f.

Wunderlichs Auffassung geht noch auf die Rechtslage vor der gesetzlichen Einführung des Benachteiligungsverbots zurück.[522] Es gilt allerdings zu beachten, dass zu diesem Zeitpunkt schon das Benachteiligungsverbot für Betriebsratsmitglieder (§ 78 S. 2 BetrVG) und andere betriebliche Beauftragte gesetzlich verankert war. Deshalb bietet die Auffassung *Wunderlichs* durchaus Anlass, sich mit der Frage auseinander zu setzen, ob für das Benachteiligungsverbot der Betriebsärzte andere Auslegungsmaßstäbe gelten als für vergleichbare Benachteiligungsverbote anderer Beauftragter.

Der Wortlaut des § 8 Abs. 1 S. 2 ASiG bildet die Formulierungen des Benachteiligungsverbotes von entsprechenden Beauftragten nach. In den Gesetzgebungsmaterialien[523] ist keine Rede davon, dass das Benachteiligungsverbot des Betriebsarztes anders auszulegen sei als das der anderen Beauftragten, die den wortgleichen Schutz genießen. Das Benachteiligungsverbot von Betriebsärzten muss daher das gleiche Schutzniveau – nicht mehr oder weniger – aufweisen.

Würde man Fehler bis hin zur groben Fahrlässigkeit in das Verbot miteinschließen, würde das deutlich über ein Benachteiligungsverbot hinausgehen. Es käme einem „Amtsprivileg" gleich, das vom Gesetzgeber so nicht vorgegeben ist.[524]

Zudem ist die bei Betriebsratsmitgliedern erfolgte Differenzierung zwischen Amtspflichtverletzungen und Vertragspflichtverletzungen bei Betriebsärzten schlicht nicht möglich. Die vertraglichen Aufgaben und die daraus resultierenden Pflichten sind in beiden Rechtsverhältnissen deckungsgleich. Es gibt daher regelmäßig keine reine Amtspflichtverletzung eines Betriebsarztes. Jede Verletzung der betriebsärztlichen Pflichten stellt zugleich eine Vertragsverletzung dar.[525]

Das Benachteiligungsverbot ist daher dem Schutzniveau nachgebildet, wie ihn andere betriebliche Beauftragte genießen. Die Auslegung, wie *Wunderlich* sie befürwortet, ist deshalb nicht überzeugend.

bb. (Präventiver) Kündigungsschutz?

Die Diskussion um das Zustimmungserfordernis des Betriebsrates aus § 9 Abs. 3 S. 1 ASiG wirkt sich auch auf die Frage eines möglichen Kündigungsschutzes für Betriebsärzte aus. Fordert man für die Wirksamkeit der Kündigung die

---

522 § 8 Abs. 1 S. 2 wurden eingeführt durch Gesetz von 7.8.1996 (BGBl. I S. 1246).
523 BT-Drs. 13/3540, S. 22.
524 *Halfmann*, Arbeitnehmerschutz Betriebsärzte, S. 196.
525 So auch *Halfmann*, Arbeitnehmerschutz Betriebsärzte, S. 197.

Zustimmung des Betriebsrates zur Abberufung, stellt dies eine Schutzwirkung für Betriebsärzte her. Die Kündigung würde sodann wegen des Erfordernisses des § 9 Abs. 3 S. 1 ASiG untere höhere Hürden gestellt und nicht mehr allein in der Entscheidungsmacht des Arbeitgebers stehen. In diesem Zusammenhang sei nochmals ausdrücklich betont, dass dadurch nicht die Kündigung selbst zustimmungspflichtig wird.

Höchstrichterliche Rechtsprechung gibt es dazu nur partiell. Das BAG hat die Kündigung des Betriebsarztes ohne Zustimmung des Betriebsrates zur Abberufung jedenfalls dann für unwirksam erachtet, wenn sie auf Gründe gestützt wird, die mit der Amtsausübung in untrennbarem sachlichen Zusammenhang stehen.[526] Es hat ausdrücklich offengelassen, wie die Situation zu beurteilen ist, sofern keine amtsbezogenen Kündigungsgründe vorliegen.

Ein Teil der Literatur und einige Arbeitsgerichte halten eine Kündigung ohne die Zustimmung zur Abberufung nur bei Vorliegen von amtsbezogenen Gründen für unwirksam.[527] Liegen keine amtsbezogenen Gründe vor (z.B. betriebsbedingte Kündigungsgründe), wäre die Kündigung demnach auch ohne Zustimmung des Betriebsrates zur Abberufung zulässig. Die fehlende Zustimmung solle sodann bei der sozialen Rechtfertigung der Kündigung geprüft werden.[528] Im Grundsatz sei die Kündigung allerdings wirksam und führe zugleich zur Abberufung, da mit dieser die Rechtsgrundlage für die Tätigkeit des Betriebsarztes entzogen werde.[529]

Die Legitimation liege nach dieser Ansicht im Wortlaut und Gesetzeszweck des § 9 Abs. 3 ASiG. Dem Wortlaut sei keine individualrechtliche Komponente zu entnehmen.[530] Ein erhöhter Kündigungsschutz sei außerdem gesetzlich – anders als bei § 103 BetrVG, § 6 BDSG oder § 58 BImSchG – nicht vorgesehen.[531] Würde man Betriebsärzten diesen Schutz geben, stünden sie im Ergebnis sogar besser als die Mandatsträger, denen ausdrücklich ein Kündigungsschutz

---

526 Siehe BAG, Urt. v. 24.3.1988 – 2 AZR 369/87, NZA 1989, 60 (61).

527 Vgl. LAG Niedersachsen, Urt. v. 29.10.2015 – 4 Sa 951/14, NZA-RR 2016, 186 (188); LAG Hamm, Urt. v. 14.6.2005 – 19 Sa 287/05, NZA-RR 2005, 640; GK-BetrVG/*Gutzeit* BetrVG § 87 Rn. 694; *Galperin/Löwisch* BetrVG § 87 Rn. 167; MAH ArbR/*Burg* § 45 Rn. 277; in der Tendenz *Anzinger/Biebeck* ASiG § 9 Rn. 64.

528 GK-BetrVG/*Gutzeit* BetrVG § 87 Rn. 694; *Galperin/Löwisch* BetrVG § 87 Rn. 167.

529 GK-BetrVG/*Gutzeit* BetrVG § 87 Rn. 694.

530 LAG Niedersachsen, Urt. v. 29.10.2015 – 4 Sa 951/14, NZA-RR 2016, 186 (188).

531 LAG Niedersachsen, Urt. v. 29.10.2015 – 4 Sa 951/14, NZA-RR 2016, 186 (188); LAG Hamm, Urt. v. 14.6.2005 – 19 Sa 287/05, NZA-RR 2005, 640 (642).

eingeräumt wird.[532] Außerdem folge aus dem Schutzzweck der Norm (Stärkung der Unabhängigkeit der Amtsausübung und des Vertrauensverhältnisses zwischen Betriebsärzten und Belegschaft), dass eine fehlende Zustimmung zur Abberufung keine Auswirkungen auf eine Kündigung haben kann, sondern als eine betriebsverfassungsrechtliche Pflichtverletzung zu qualifizieren sei.[533]

Nach anderer Ansicht in der Literatur ist *jede* Kündigung des Betriebsarztes, die ohne notwendige Zustimmung des Betriebsrates zur Abberufung erfolgte, unwirksam.[534] Der Kündigungsgrund sei unerheblich. Das Mitbestimmungsrecht des Betriebsrates sei umfassend.[535] Eine Differenzierung nach Kündigungsgründen sei auch bei anderen besonders geschützten Mandatsträgern fremd, weshalb eine andere Bewertung systemwidrig wäre.[536] Aus dem im Jahre 1996 eingeführten Benachteiligungsverbot ergäbe sich die Notwendigkeit eines umfassenden und effektiven Schutzes des Betriebsarztes.[537] Es wäre für den Arbeitgeber ein schöner Nebeneffekt, die für ihn leidige Beteiligung des Betriebsrates durch Angabe der passenden Kündigungsgründe zu umschiffen.[538]

Ganz abgesehen von der rechtlichen Bewertung, ist zweifelhaft, ob die Differenzierung zwischen amtsbezogenen und amtsunabhängigen Gründen überhaupt tauglich ist.[539] In der Praxis ist es oft schwer zu bestimmen, ob ein Kündigungsgrund in untrennbarer Verbindung mit dem Amt steht oder eben nicht. Das zeigt folgender Vergleich[540]:

---

532 Vgl. LAG Hamm, Urt. v. 14.6.2005 – 19 Sa 287/05, NZA-RR 2005, 640 (642): Die ordentliche Kündigung eines Betriebsratsmitglieds setze in den Fällen des § 15 Abs. 4 und Abs. 5 KSchG beispielsweise nur eine Anhörung des Betriebsrates voraus (§ 102 BetrVG), was ein Weniger an Kündigungsschutz im Vergleich darstelle.

533 LAG Niedersachsen, Urt. v. 29.10.2015 – 4 Sa 951/14, NZA-RR 2016, 186 (188).

534 Vgl. APS/*Greiner* ASiG § 9 Rn. 16; HK-ArbSchR/*Kohte/Kiesche* ASiG § 9 Rn. 14; DKW/*Klebe* BetrVG § 87 Rn. 234; DDZ/*Däubler/Brecht-Heitzmann* ASiG §§ 8, 9 Rn. 12; *Pieper* ArbSchR, ASiG § 9 Rn. 123; ABl-ASiG/*Igl* ASiG § 9 Rn. 6; *Bertzbach*, FS Däubler, 158 (169).

535 DKW/*Klebe* BetrVG § 87 Rn. 234; *Bertzbach*, FS Däubler, 158 (169).

536 *Bertzbach*, FS Däubler, 158 (169); *Däubler*, Arbeitsrecht 2, Rn. 410.

537 HK-ArbSchR/*Kohte/Kiesche* ASiG § 9 Rn. 14.

538 So schon *Blomeyer/Reichold*, SAE 1989, 297; *Halfmann*, Arbeitnehmerschutz Betriebsärzte, S. 171.

539 Verneinend HK-ArbSchR/*Kohte/Kiesche* ASiG § 9 Rn. 14; *Halfmann*, Arbeitnehmerschutz Betriebsärzte, S. 170 ff.

540 Aufgestellt von *Halfmann*, Arbeitnehmerschutz Betriebsärzte, S. 172.

Das BAG führt Delikte, die das Vermögen des Arbeitgebers schädigen, als Beispiel für einen fehlenden Amtsbezug an.[541] Dagegen lässt sich ein Bezug zur Amtsausübung wohl recht leicht begründen, wenn der Betriebsarzt z.b. Medikamente stiehlt oder einen Abrechnungsbetrug medizinischer Leistungen zu Lasten des Arbeitgebers begeht.[542] In beiden Fällen liegt ein Vermögensdelikt gegenüber dem Arbeitgeber vor, das eine verhaltensbedingte Kündigung rechtfertigen kann. Das Kriterium des Amtsbezugs als Grund auszumachen, zwei tatbestandlich vermögensschädigende Diebstähle kündigungsrechtlich unterschiedlich zu beurteilen, liegt eigentlich fern.

Aufgrund dessen wird vereinzelt die teleologische Reduktion des § 9 Abs. 3 S. 1 ASiG im Einzelfall vorgeschlagen.[543] Das Kriterium des Amtsbezugs solle durch das schutzwürdige Amtskontinuitätsinteresse des Betriebsrats ersetzt werden, das hinter dem Zustimmungserfordernis zur Abberufung steckt.[544]

Mit Blick auf die untaugliche Abgrenzung von amtsbezogenen und nicht-amtsbezogenen Kündigungsgründen erscheint es überzeugend, eine teleologische Reduktion des Zustimmungserfordernisses zur Abberufung zu fordern.

Letztlich ist diese Frage für die Beurteilung des Durchschlagens von Amtspflichtverletzungen auf das Arbeitsverhältnis jedoch gar nicht ausschlaggebend. In dieser Hinsicht billigen alle Beteiligten einen präventiven Schutzmechanismus. Denn bei Amtspflichtverletzungen liegt ein Amtsbezug oder das Amtskontinuitätsinteresse vor, das nach allen Ansichten eine darauf gestützte Kündigung ohne Zustimmung zur Abberufung unwirksam macht.

d. Durchschlagen von Pflichtverletzungen auf das Arbeitsverhältnis

Wie bereits festgestellt, führt eine Abberufung des Betriebsarztes nicht automatisch zur Beendigung des Arbeitsverhältnisses. Daraus darf indes nicht vorschnell der Schluss gezogen werden, dass ein Fehlverhalten auf das Arbeitsverhältnis nicht durchschlagen kann.

Eine Differenzierung zwischen Amtspflichtverletzungen und Vertragspflichtverletzungen ist bei hauptamtlichen Betriebsärzten wegen der kongruenten Pflichtenkreise in der Regel nicht möglich. Jede Amtspflichtverletzung stellt zugleich eine Vertragspflichtverletzung dar. Eine (schwere) Verletzung von Tätigkeitspflichten, die den Arbeitgeber (mit Zustimmung des Betriebsrates)

---

541 Vgl. BAG, Urt. v. 24.3.1988 – 2 AZR 369/87, NZA 1989, 60 (63).
542 So *Halfmann*, Arbeitnehmerschutz Betriebsärzte, S. 172.
543 Siehe dazu *Halfmann*, Arbeitnehmerschutz Betriebsärzte, S. 172 ff.
544 *Halfmann*, Arbeitnehmerschutz Betriebsärzte, S. 179.

zur Abberufung zwingt, kann daher zugleich einen verhaltensbedingten Kündigungsgrund darstellen.

Bei Betriebsärzten ergeben sich noch weitere kündigungsrechtliche Besonderheiten. Neben der verhaltensbedingten Kündigung könnten aber noch weitere Kündigungsgründe in Betracht kommen, die einer tieferen und differenzierten dogmatischen Betrachtung zugänglich sind.

aa. Personenbedingte Kündigung

Ein personenbedingter Kündigungsgrund liegt vor, wenn der Arbeitnehmer die persönliche Eignung oder Fähigkeit nicht mehr besitzt, um die geschuldete Arbeitsleistung zu erbringen.

Ein Eignungsverlust des Betriebsarztes könnte in der Abberufung aus dem Amt begründet sein. Verliert der Arbeitsmediziner seine Amtsstellung, darf er nicht mehr als Betriebsarzt in diesem Betrieb tätig sein. Die Amtsstellung ist Voraussetzung für die Tätigkeit als Mandatsträger. Der Mediziner kann daher die von ihm geschuldete Arbeitsleistung (Tätigkeit als Betriebsarzt) nicht mehr erbringen.

Von der Rechtsprechung wurden bisher als personenbedingte Kündigungsgründe beispielsweise anerkannt: der Entzug der Fahrerlaubnis eines Berufskraftfahrers,[545] der Entzug der für die Tätigkeit eines Wachmannes erforderlichen polizeilichen Befugnisse[546] oder der Wegfall einer Berufsausübungserlaubnis[547] – das wäre beim Arzt die Approbation.

Eine Parallele zu diesen Entscheidungen kann im Falle der Abberufung des Betriebsarztes dennoch nicht gezogen werden. All diesen Sachverhalten ist gemein, dass ein Verhalten des Arbeitnehmers zum Wegfall der Eignung führt.[548] Der Kündigungsgrund liegt bei der personenbedingten Kündigung in der Sphäre des Arbeitnehmers.[549] Der Arbeitgeber hat keinerlei Einfluss auf den Verlust der Eignung. Anders verhält es sich bei der Abberufung des Betriebsarztes. Dort wurzelt die verlustige Befähigung des Betriebsarztes in der Entscheidung des Arbeitgebers (zusammen mit dem Betriebsrat).[550] Der Betriebsarzt

545 BAG, Urt. v. 30.5.1978 – 2 AZR 630/76, NJW 1979, 332.
546 BAG, Urt. v. 18.3.1981 – 5 AZR 1096/78, AP BGB § 611 Arbeitsleistung Nr. 2.
547 ErfK/Oetker KSchG § 1 Rn. 158; MHdB ArbR/Kiel § 113 Rn. 100.
548 Zutreffend Bertzbach, FS Däubler, 158 (161 f.).
549 BAG, Urt. v. 13.3.1987 – 7 AZR 724/85, NZA 1987, 629 (631); BAG, Urt. v. 21.11.1985 – 2 AZR 21/85, NZA 1986, 713; LKB/Krause KSchG § 1 Rn. 266.
550 Vgl. Bertzbach, FS Däubler, 158 (161).

behält seine für die Ausübung von ärztlichen Tätigkeiten notwendige Approbation und die Erlaubnis nach der Bundesärzteordnung.[551]

Das LAG Bremen zieht daneben die Möglichkeit in Betracht, den personenbedingten Kündigungsgrund im fehlenden Vertrauen bzw. in der fehlenden Zustimmung des Betriebsrates zur Tätigkeit des Betriebsarztes zu sehen.[552] Dieses Vertrauen könnte eine „persönliche Qualifikation" darstellen, die fehle, sobald der Betriebsarzt (mit Zustimmung des Betriebsrates) abberufen wird.[553] Mit der Zustimmung zur Abberufung bringe der Betriebsrat zum Ausdruck, dass die Belegschaft ihm das nötige Vertrauen entzieht. Im Ergebnis verwirft das Gericht den Gedanken wieder, da in dem Fall des LAG die Stelle mit einem externen Mitarbeiter besetzt wurde, weshalb es die betriebsbedingte Komponente als überwiegend ansah.[554]

Sofern der nachfolgende Betriebsarzt abermals intern bestellt und fest angestellt werden soll, werden personenbedingte Gründe jedoch ausschlaggebend sein und damit der Ansatz des LAG Bremen überzeugen.

Das Vertrauen der Belegschaft, die der Betriebsrat repräsentiert, ist de facto eine Eigenschaft, die für die Tätigkeit des Betriebsarztes unerlässlich ist. Der Betriebsarzt ist Arzt, ist mit sensiblen, gesundheitlichen und höchstpersönlichen Daten der Mitarbeiter befasst, untersucht die Arbeitnehmer und hat zudem mit dem Betriebsrat zusammenzuarbeiten (§ 9 Abs. 1 ASiG). Er ist mithin in seiner Stellung auf das Vertrauen der Belegschaft angewiesen. Ansonsten bestünde die Gefahr, dass die Arbeitnehmer den Betriebsarzt nicht in Anspruch nehmen und die weiteren Aufgaben, die in Zusammenarbeit mit dem Betriebsrat zu erledigen sind, nicht mehr erledigt werden.[555] Ein Betriebsarzt, dem die Arbeitnehmer nicht vertrauen, ist im Ergebnis für die Tätigkeit ungeeignet. Mit der Zustimmung des Betriebsrates in die Abberufung zeigt sich, dass der Betriebsarzt die (personenbezogene) Vertrauenswürdigkeit nicht mehr besitzt. Dem Betriebsarzt fehlt daher die Eignung, die Tätigkeit auszuüben, weshalb ein personenbedingter Kündigungsgrund vorliegt.

Eine Kündigung des Betriebsarztes ist jedoch nur dann gerechtfertigt, sofern keine Beschäftigungsmöglichkeit an einem anderen Arbeitsplatz im Betrieb

551 Vgl. *Bertzbach*, FS Däubler, 158 (162).
552 Siehe LAG Bremen, Urt. v. 9.1.1998 – 4 Sa 11/97, NZA-RR 1998, 250 (254).
553 LAG Bremen, Urt. v. 9.1.1998 – 4 Sa 11/97, NZA-RR 1998, 250 (254).
554 LAG Bremen, Urt. v. 9.1.1998 – 4 Sa 11/97, NZA-RR 1998, 250 (254).
555 Vgl. LAG Bremen, Urt. v. 9.1.1998 – 4 Sa 11/97, NZA-RR 1998, 250 (253).

besteht.[556] Gibt es im Betrieb einen anderen Arbeitsplatz, auf dem der Arbeitsmediziner als „klassischer" Arbeitnehmer beschäftigt werden kann, ist die Kündigung rechtswidrig.

In der Praxis wird es freilich in den wenigsten Fällen einen anderweitigen
Arbeitsplatz für den Arbeitsmediziner geben. Meist ist der Betriebsarzt der einzige Arzt im Betrieb. Aufgrund seiner fachlich spezifischen Qualifikation kann
der Betriebsarzt in den meisten Fällen auch auf keinem anderen Arbeitsplatz
adäquat eingesetzt werden.

Sind in einem Betrieb hingegen noch weitere Ärzte beschäftigt (z.b. Krankenhaus), könnte der Arbeitsmediziner dort meist andere ärztliche Tätigkeiten
wahrnehmen.

bb. Betriebsbedingte Kündigung

Eine betriebsbedingte Kündigung ist gerechtfertigt, wenn dringende betriebliche Erfordernisse vorliegen, die einer Weiterbeschäftigung des Arbeitnehmers
in diesem Betrieb entgegenstehen (§ 1 Abs. 2 KSchG). Innerbetriebliche Gründe
liegen vor, wenn sich der Arbeitgeber zu einer organisatorischen Maßnahme
entschließt, bei deren Umsetzung das Bedürfnis der Weiterbeschäftigung von
Arbeitnehmern entfällt.[557] Es liegen Umstände oder Vorgänge vor, die von der
Person bzw. dem Verhalten des betroffenen Arbeitnehmers unabhängig sind.[558]
Grundlegender Anknüpfungspunkt für den Wegfall der Beschäftigungsmöglichkeit ist folglich die unternehmerische Entscheidung des Arbeitgebers.

Die Einigung der Betriebsparteien über eine Abberufung des Betriebsarztes
könnte eine Unternehmerentscheidung darstellen, die unmittelbar Einfluss auf
den Arbeitsplatz des Betriebsarztes hat.[559] Denn nach der Abberufung aus der
Amtsstellung dürfte der Betriebsarzt als solcher nicht mehr in diesem Betrieb tätig
sein.[560] Die Abberufung führe daher zu einem faktischen Beschäftigungsverbot

---

556 Vgl. LAG Bremen, Urt. v. 9.1.1998 – 4 Sa 11/97, NZA-RR 1998, 250 (253); APS/*Grei-
ner* ASiG § 9 Rn. 18; HK-ArbSchR/*Kohte/Kiesche* ASiG § 9 Rn. 13; *Pieper* ArbSchR,
ASiG Rn. 122; DKW/*Klebe* BetrVG § 87 Rn. 234; GK-BetrVG/*Gutzeit* BetrVG § 87
Rn. 694.

557 St. Rspr. BAG, Urt. v. 16.12.2010 – 2 AZR 770/09, NZA 2011, 505; BAG,
Urt. v. 10.7.2008 – 2 AZR 1111/06, NZA 2009, 312 (314); BAG, Urt. v. 9.5.1996 – 2
AZR 438/95, NZA 1996, 1145 (1147).

558 LKB/*Krause* KSchG § 1 Rn. 681.

559 So LAG Bremen, Urt. v. 9.1.1998 – 4 Sa 11/97, NZA-RR 1998, 250 (252); *Bertzbach*,
FS Däubler, 158 (161 f.); *Halfmann*, Arbeitnehmerschutz Betriebsärzte, S. 186 f.

560 Vgl. LAG Bremen, Urt. v. 9.1.1998 – 4 Sa 11/97, NZA-RR 1998, 250 (253).

des Arztes an seinem alten Arbeitsplatz.[561] Die Arbeitskraft des Mediziners dürfte nicht mehr in der betriebsärztlichen Funktion genutzt werden.[562]

Die Konstellation der betriebsbedingten Kündigung liegt jedenfalls dann vor, wenn sich der Arbeitgeber dazu entscheidet, das Amt auf einen externen Betriebsarzt auszulagern.[563] Schwieriger beurteilt sich die Lage, wenn der Arbeitgeber den Betriebsarzt aufgrund schlechter Leistung lediglich austauschen möchte. Die Entscheidung des Arbeitgebers führt tatsächlich zum Wegfall der Beschäftigungsmöglichkeit des Betriebsarztes. Allerdings ist eine anderweitige Besetzung eines Arbeitsplatzes als sog. Austauschkündigung unzulässig.[564] *Bertzbach*, der eine betriebsbedingte Kündigung stets für zulässig erachtet, zieht den Vergleich zur Druckkündigung, die von der Rechtsprechung als betriebsbedingter Kündigungsgrund anerkannt ist – unabhängig davon, ob der Abberufungsentschluss vom Betriebsrat ausgeht oder vom Arbeitgeber.[565] Die Konstellation der Druckkündigung liegt jedoch – wenn überhaupt – nur vor, sofern der Betriebsrat wegen mangelnden Vertrauens die Abberufung des Betriebsarztes fordert. In einem solchen Fall sind allerdings personenbedingte Motive durchschlagend, weshalb der Beurteilung als personenbedingte Kündigung der Vorrang zu geben ist.

Die Abberufung des Betriebsarztes führt zwar zu einem Beschäftigungsverbot des Betriebsarztes, der Arbeitsplatz bleibt dennoch weiterhin bestehen. Kündigt man den Betriebsarzt, um die Stelle neu zu besetzen, handelt es sich dabei um eine klassische Austauschkündigung, die unbestritten unzulässig ist. Dem Arbeitgeber darf dabei nicht zugutekommen, dass der *Arbeitsplatz des aktuellen Betriebsarztes* wegen der Besonderheit des Beauftragtenverhältnisses faktisch weggefallen ist. In dieser Konstellation liegt kein betriebsbedingter Kündigungsgrund vor, wie ihn der Gesetzgeber eigentlich vorgesehen hat. Es ist daher überzeugend, in der Zustimmung des Betriebsrates zur Abberufung

---

561 *Halfmann*, Arbeitnehmerschutz Betriebsärzte, S. 188.

562 *Halfmann*, Arbeitnehmerschutz Betriebsärzte, S. 188.

563 Von der h.M. anerkannt ist der Fall, in dem die Tätigkeit künftig selbständig ausgeführt werden soll, vgl. BAG, Urt. v. 31.7.2014 – 2 AZR 422/13, NZA 2015, 101; BAG, Urt. v. 13.3.2008 – 2 AZR 1037/06, NZA 2008, 878; BAG, Urt. v. 16.12.2004 – 2 AZR 66/04, NZA 2005, 761 (763); ErfK/*Oetker* KSchG § 1 Rn. 273; Schaub ArbR-HdB/*Linck* § 134 Rn. 6; MHdB ArbR/*Kreft* § 115 Rn. 172 f.

564 Zur unzulässigen Austauschkündigung siehe BAG, Urt. v. 31.7.2014 – 2 AZR 422/13, NZA 2015, 101; APS/*Kiel* KSchG § 1 Rn. 466; ErfK/*Oetker* KSchG § 1 Rn. 275; MüKo BGB/*Hergenröder* KSchG § 1 Rn. 352; Schaub/*Linck* ArbR-HdB, § 134 Rn. 6.

565 Vgl. *Bertzbach*, FS Däubler, 158 (162).

wegen Schlechtleistung eine personenbedingte Kündigung zu sehen, soweit die Tätigkeit nicht an Dritte ausgelagert wird.

4. Fachkraft für Arbeitssicherheit

Die Fachkraft für Arbeitssicherheit unterstützt den Arbeitgeber, ähnlich wie der Betriebsarzt, in allen Fragen des technischen Arbeitsschutzes. Die Bestellung einer Fachkraft für Arbeitssicherheit ist für den Arbeitgeber unter den Voraussetzungen der §§ 1, 5 ASiG verpflichtend. Die im vorherigen Kapitel relevanten Vorschriften des Arbeitssicherheitsgesetzes gelten ebenso für die Fachkraft. Die Einbindung des Betriebsrates bei der Abberufung des Mandatsträger ist deshalb entsprechend erforderlich (§ 9 Abs. 3 S. 1 ASiG). Im Grundsatz können die Ausführungen zum Betriebsarzt übertragen werden.

Einer differenzierenden Betrachtung bedarf es dagegen bei den möglichen Konsequenzen eines Fehlverhaltens in der Amtsstellung für das Arbeitsverhältnis.

Die Amtspflichtverletzung stellt, anders als bei Betriebsärzten, nicht zwingend zugleich eine Vertragspflichtverletzung dar. Es kommt dabei wesentlich auf die Vertragsgestaltung an. Wird eine Fachkraft für Arbeitssicherheit hauptberuflich und in ihrer Stellung als Fachkraft für Arbeitssicherheit eingestellt, besteht das Arbeitsverhältnis in der Regel, so wie bei den Betriebsärzten, aus einer Konkretisierung der Aufgaben und Pflichten des Arbeitssicherheitsgesetzes. In einem solchen Fall entspricht jede Amtspflichtverletzung zugleich einer Arbeitsvertragsverletzung.

Im Gegensatz zu Betriebsärzten kommt es aber weitaus häufiger vor, dass bereits angestellte Arbeitnehmer zur Fachkraft bestellt werden, da die Voraussetzungen für das Amt durch den Erwerb von Zusatzqualifikationen erfüllt werden können.[566] Wird das Amt nur zusätzlich zu den ursprünglichen Pflichten als Arbeitnehmer übernommen, stellt eine reine Amtspflichtverletzung keine Vertragsverletzung dar.

Im Vergleich zu Betriebsärzten kommt der personenbedingten Kündigung nach einer Abberufung außerdem weniger Gewicht zu. Zwar ist die Abberufung gleichermaßen als Eignungsverlust zu qualifizieren. Die Beendigungskündigung

---

566 Als Fachkraft für Arbeitssicherheit ist das Vorliegen einer abgeschlossenen Ausbildung z.B. zum Ingenieur, Sicherheitsingenieur, Techniker oder Meister sowie der erfolgreiche Abschluss eines staatlich oder von Unfallversicherungsträgern anerkannten Ausbildungslehrgangs erforderlich (vgl. § 4 DGUV Vorschrift 2 i.d.F. von 1. Juli 2018). In technischen Berufen, in denen ohnehin viele Ingenieure beschäftigt sind, bietet sich eine Fortbildung der eigenen Mitarbeiter deshalb an.

wird meist trotzdem sozialwidrig sein, da eine Weiterbeschäftigungsmöglichkeit der ehemaligen Fachkraft für Arbeitssicherheit weitaus wahrscheinlicher ist als das bei Betriebsärzten der Fall ist. Bei einer nebenamtlichen Fachkraft hat der Beschäftigte seinen Arbeitsplatz weiterhin inne, weshalb ein Wegfall der Beschäftigungsmöglichkeit denknotwenig ausgeschlossen ist. Aber auch eine hauptberufliche Fachkraft ist oft noch im Betrieb einsetzbar. Nach der Abberufung kann daher eine Versetzung an einen anderen Arbeitsplatz erfolgen, an dem die (ehemalige) Fachkraft für Arbeitssicherheit ihre technischen Kenntnisse einsetzen kann.[567]

5. Sonderfall: Beauftragter i.S.d. Hinweisgeberschutzgesetzes?

Das Hinweisgeberschutzgesetz als Umsetzung der EU-Richtlinie zum Schutz von Whistleblowern soll es Arbeitnehmern erleichtern, auf Rechtsverstöße im eigenen Unternehmen aufmerksam zu machen. Der Gesetzgeber setzte sich zum Ziel, den „bislang lückenhaften und unzureichenden Schutz" für Personen, die Missstände melden und offenlegen, auszubauen.[568] Die Benachteiligung oder Sanktionierung eines Hinweisgebers soll ausgeschlossen werden (vgl. §§ 33 ff. HinSchG).

Unternehmen ab einer Größe von mehr als 49 Mitarbeitern, sind nunmehr verpflichtet, Meldestellen einzurichten (§ 12 Abs. 2 HinSchG). Den Arbeitgebern steht die Ausgestaltung des Meldekanals weitgehend frei. Sie können die Aufgaben entweder auslagern (z.B. an eine Ombudsperson), einen externen Beauftragten „bestellen" oder einen eigenen Arbeitnehmer entsprechend fortbilden, der die Aufgaben der Meldestelle erfüllt.

Noch keinen Einschlag im rechtswissenschaftlichen Diskurs hat die Frage gefunden, ob die Person, die eine interne Meldestelle betreibt, als betrieblicher Beauftragter zu qualifizieren ist.

Der Status des Beauftragten lässt sich durchaus anzweifeln, denn gänzlich unbekannt ist der Unternehmensbranche eine solche Stelle nicht. In einigen Unternehmen gibt es bereits sog. „Compliance-Beauftragte" oder „Compliance-Officer", die für die Rechtskonformität des Unternehmens Sorge tragen. Die Person, die eine Meldestelle i.S.d. Hinweisgeberschutzgesetzes betreibt, hat freilich nicht denselben Aufgabenkreis wie ein Compliance-Officer, da letzterer

---

567 HK-ArbSchR/*Kothe/Kiesche* ASiG § 9 Rn. 13.
568 BT-Drs. 20/3442 S. 1.

deutlich weitreichender ist. Dennoch weisen sie in ihrem Aufgabenbereich gewisse Ähnlichkeiten auf.

Der Begriff des „Compliance-Beauftragten", der in diesem Zusammenhang vielfach verwendet wird, ist irreführend. Der Compliance-Officer fällt nämlich nicht unter die betrieblichen Unternehmensbeauftragten. Er ist wegen des fehlenden Allgemeinwohlbezugs und der fehlenden Pflichtaufgaben/Kompetenzen nicht vergleichbar mit einem betrieblichen Unternehmensbeauftragten.[569] Die Compliance-Maßnahmen gehören regelmäßig zu den Leistungsaufgaben der Unternehmensleitung, die an die Mitarbeiter in dieser Weise nur delegiert werden.[570]

Nimmt man die Wesensmerkmale eines Beauftragten zur Hand (Bestellungszwang, Allgemeinwohlbelange, gesetzliche Pflicht- und Kompetenzzuweisung),[571] mit der die Abgrenzung zum Compliance-Officer vorgenommen wird, ergibt sich für die Betreiber der Meldestellen ein relativ klares Bild:

Das Hinweisgeberschutzgesetz ist zwar nicht vergleichbar angelegt wie andere Gesetze, die eine Bestellung eines Beauftragten fordern. Ein gesetzlicher Bestellungszwang eines Beauftragten besteht jedenfalls terminologisch nicht in bekannter Art und Weise. Laut Gesetz muss eine interne Meldestelle „eingerichtet" werden. Von der Bestellung einer Person in eine Amtsstellung ist nicht die Rede. Insoweit könnte auch ein speziell konzipiertes Programm oder eine Software als Meldestelle dienen. Auf die sprachliche Ausgestaltung kommt es im Ergebnis aber nicht an. Denn ab einer bestimmten Unternehmensgröße ist gesetzlich jedenfalls eine Einrichtung einer Meldestelle und damit ggf. die Bestellung eines Arbeitnehmers in diese Stellung vorgesehen. Für die Beurteilung ist es unerheblich, ob dem Arbeitgeber verschiedene Ausgestaltungsmöglichkeiten zur Verfügung stehen.

Daneben besteht eine gesetzliche Pflichtenzuweisung für die betreibende Person der internen Meldestelle. Zu den Aufgaben der internen Meldestelle zählen das Betreiben der Meldekanäle, das Führen des Verfahrens und das Ergreifen von Folgemaßnahmen (vgl. § 13 Abs. 1 HinSchG).

Die Aufgaben der Meldestelle dienen auch Allgemeinwohlinteressen. Auf den ersten Blick ist der primäre Schutzzweck des Gesetzes der Hinweisgeber,

---

569 Vgl. dazu ausführlich *Klopp*, Compliance-Beauftragter, S. 121 ff.; Bürkle/Hauschka/*Schulz/Galster*, Compliance-Officer, § 5 Rn. 4 ff.; *Wolf*, BB 2011, 1353 (1356).

570 Bürkle/Hauschka/*Schulz/Galster*, Compliance-Officer, § 4 Rn. 9 ff.; *Konu*, Garantenstellung, S. 75 f.

571 Vgl. *Klopp*, Compliance-Beauftragter, S. 125 ff.

der vor Repressalien gesichert werden soll. Das Gesetz dient diesem jedoch nicht allein, ansonsten bedürfte es der Einrichtung von Meldestellen nicht.[572] Auch der Belegschaft kommt ein effektives Meldesystem zugute. Gleiches gilt natürlich für Arbeitgeber, da für sie so die Gefahr von Rufschädigungen durch medienwirksame Aufdeckung eines Missstandes sinkt. Im Endeffekt kommt ein besserer Schutz von Hinweisgebern und der damit einhergehenden Einrichtung der Meldestellen, auch der Allgemeinheit zugute, da Rechtsverstöße womöglich öfter aufgedeckt werden, woran die Gesellschaft ein allgemeines Interesse hat.

Zuletzt ist zu berücksichtigen, dass die Betreiber einer Meldestelle nicht weisungsgebunden tätig werden (vgl. § 15 Abs. 1 HinSchG). Die unabhängige Aufgabenwahrnehmung ist ein ausschlaggebendes Merkmal für die Beurteilung als Betriebsbeauftragter.

Aus all diesen Gründen ist der Betreiber einer Meldestelle als betrieblicher Unternehmensbeauftragter zu qualifizieren. Die kündigungsrechtlichen Besonderheiten sind für Personen, die eine Meldestelle betreiben, deshalb zu beachten.

IV. Gesamtergebnis zu Beauftragten

Interne Beauftragte sind Arbeitnehmer, die entweder ausschließlich (hauptamtlich) oder nur teilweise (nebenamtlich) Beratungs- und Überwachungsaufgaben im Unternehmen wahrnehmen. Bei ihnen muss zwischen der Amtsstellung und dem zugrundeliegenden Arbeitsverhältnis differenziert werden. Zwar führt die Bestellung ins Amt zu einer Änderung des Arbeitsvertrages, indem die Pflicht zur Tätigkeit als Beauftragter zu der vertraglich geschuldeten Leistung hinzutritt. Das ändert indes nichts an der Notwendigkeit der Trennung von Amtsstellung und Arbeitsverhältnis. Das Arbeitsverhältnis ist zur Amtsstellung deshalb nicht akzessorisch. Wird der Beauftragte aus seiner Amtsstellung abberufen, wird damit nicht zwingend sein Arbeitsverhältnis aufgelöst.

Aus der Trennungstheorie folgt, dass (reine) Amtspflichtverletzungen grundsätzlich nur mit amtsbezogenen Sanktionen belegt werden sollen. Stellt eine Amtspflichtverletzung jedoch zugleich einen Verstoß gegen arbeitsvertragliche Pflichten dar, wirkt sich das Fehlverhalten auch im Arbeitsverhältnis aus, weshalb eine Kündigung bei schweren Verstößen gerechtfertigt sein kann.

Diese Grundsätze sind jedenfalls bei Beauftragten anzuwenden, die das Amt zusätzlich zu ihrer arbeitsvertraglich geschuldeten Leistung übernehmen.

---

572 So zutreffend *Bayreuther*, NZA 2023, 666.

Bei hauptamtlichen Beauftragten sind die arbeitsvertraglichen Pflichten regelmäßig parallel zu den Amtspflichten. Die Pflichtenkreise sind insoweit deckungsgleich, als dass die Ausführung der Amtstätigkeit die Hauptpflicht des Arbeitsverhältnisses darstellt. Eine Trennung von amtsbezogenen und arbeitsvertraglichen Fehlverhalten wäre konstruiert. In diesen Fällen stellt jeder Verstoß gegen Amtspflichten zugleich eine arbeitsvertragliche Pflichtverletzung dar. Damit liegt in jedem Fehlverhalten im Amt zugleich ein verhaltensbedingter Kündigungsgrund. Das bedeutet indes nicht, dass eine Kündigung regelmäßig gerechtfertigt ist. Besteht eine anderweitige Beschäftigungsmöglichkeit, ist der ehemalige Beauftragte auf diesem Arbeitsplatz einzusetzen. Bei Beauftragten, die eine so hohe fachliche Spezialisierung haben, dass sie für den Arbeitgeber nach Abberufung aus der Amtsstellung nicht mehr einsetzbar sind, ist im Ergebnis eine Kündigung oft sozial gerechtfertigt. Diese Konstellation liegt meist bei Betriebsärzten vor, da sie, anders als andere Beauftragte, ihre Qualifikation nicht erst durch Lehrgänge und Fortbildungen erwerben, sondern eine spezifische Ausbildung absolviert haben. Weiterhin ist für sie in der Regel ein anderweitiger Einsatz im Betrieb nicht möglich.

Ein besonders strenger Maßstab ist in der Interessenabwägung einer Kündigung eines Beauftragten nicht heranzuziehen. Es besteht nicht dieselbe Konfliktlage, die hinter diesem Erfordernis bei Arbeitnehmervertretern steckt. Dennoch werden in der Interessenabwägung ähnliche Komponenten (Wiederholungsgefahr, Art des Fehlverhaltens) ausschlaggebend sein.

Fünftes Kapitel: Zusammenfassung und Thesen

Außerdienstliches Fehlverhalten

I. Außerdienstliches Fehlverhalten ist für das Arbeitsverhältnis zunächst grundsätzlich nicht relevant.

II. Die verhaltensbedingte Kündigung eines Arbeitnehmers ist in solchen Fällen nur zulässig, wenn mit dem Verhalten zugleich arbeitsvertragliche Pflichten verletzt werden. Das kann einerseits durch einen Verstoß gegen (ausdrücklich geschriebene) Vertragsklauseln geschehen, soweit diese dem Arbeitnehmer gewisse Handlungspflichten im privaten Bereich auferlegen. Oder andererseits, wenn ein Verstoß gegen die Rücksichtnahmepflicht aus § 241 Abs. 2 BGB vorliegt. Das ist wiederrum der Fall, wenn das Verhalten negative Auswirkungen auf den Betrieb hat oder ein Bezug zum Arbeitsverhältnis besteht.

III. Gesteigerte Anforderungen an das außerdienstliche Verhalten können bei Mitarbeitern des öffentlichen Dienstes und in Tendenzbetrieben gestellt werden.

IV. Eine personenbedingte Kündigung kann zulässig sein, wenn durch das Verhalten im privaten Bereich die Eignung für die weitere Tätigkeit des Arbeitnehmers im Arbeitsverhältnis in Frage gestellt wird. Dies ist der Fall, wenn durch das außerdienstliche Verhalten die Berufsausübungserlaubnis wegfällt oder ernsthafte Zweifel an der Zuverlässigkeit und Vertrauenswürdigkeit des Mitarbeiters bestehen.

V. Ist ein Arbeitnehmer arbeitsunfähig erkrankt, ist er wegen § 241 Abs. 2 BGB gehalten, sich in dieser Zeit nicht genesungswidrig zu verhalten. Er hat Aktivitäten, die die Genesung verzögern können, zu unterlassen. Unternimmt der Arbeitnehmer während der Arbeitsunfähigkeit trotzdem genesungswidrige Handlungen, kann dieses Verhalten einen Pflichtenverstoß darstellen und eine Kündigung im Einzelfall rechtfertigen.

Fehlverhalten bei Arbeitsverhältnissen mit Konzernbezug

VI. Bei Arbeitsverhältnissen in konzernrechtlich verbundenen Unternehmen schlägt eine Pflichtverletzung eines Arbeitnehmers in einem Schwesterunternehmen nicht automatisch auf das Stammarbeitsverhältnis durch.

VII. Das Stammarbeitsverhältnis muss durch das Fehlverhalten vielmehr kon-
kret und erheblich beeinträchtigt sein. Diese Berührung der Rechte und
Pflichten des Arbeitsverhältnisses erfolgt nicht schon durch die Konzern-
bindung, sondern erst wenn die beiden Tätigkeiten durch vertragliche
Abreden oder ähnliches in einem Zusammenhang stehen. Bestehen sol-
che Abreden nicht, kann eine verhaltensbedingte Kündigung auf einen
Verstoß gegen die – auch im ruhenden Arbeitsverhältnis fortbestehende –
Rücksichtnahmepflicht aus § 241 Abs. 2 BGB gestützt werden.

VIII. Hat das Verhalten des Arbeitnehmers Einfluss auf die Vertrauenswürdigkeit und Zuverlässigkeit des Arbeitnehmers, kann eine personenbedingte
Kündigung zulässig sein.

IX. Bei Entsendungen für Geschäftsführertätigkeiten muss der unterschiedliche Pflichtenkreis in der Interessenabwägung berücksichtigt werden.
Ein Verstoß gegen spezifische Geschäftsführerpflichten rechtfertigt in der
Regel nur die Abberufung als Geschäftsführer und nicht die Beendigung
des Stammarbeitsverhältnisses.

X. Straftaten, die gegenüber einer Konzernschwester begangen wurden,
sind als außerdienstliches Verhalten zu werten und entsprechend dieser
Grundsätze zu behandeln.

Fehlverhalten bei ruhenden Arbeitsverhältnissen

XI. Ruhende Arbeitsverhältnisse entstehen kraft Vereinbarung, kraft Gesetz
oder kraft einseitiger Erklärung. Bei einer vollen Erwerbsminderung
kommt es mit dem Bezug der Erwerbsminderungsrente nicht zu einem
Ruhen des Arbeitsverhältnisses. Es bedarf hierfür einer vertraglichen
Vereinbarung.

XII. Eine verhaltensbedingte Kündigung kann grundsätzlich nicht auf tätigkeitsbezogene Pflichten gestützt werden, da die Hauptleistungspflichten ausgesetzt sind. Die Rücksichtnahmepflichten aus § 241 Abs. 2 BGB
bestehen demgegenüber fort. Ein Verstoß gegen die Treue- und Loyalitätspflicht kann eine (außerordentliche) Kündigung deshalb rechtfertigen.
Die Grundsätze des außerdienstlichen Verhaltens sind anzuwenden. Der
Umstand des Ruhens (geringeres Pflichtbewusstsein des Arbeitnehmers,
keine Anwesenheit im Betrieb) muss in der Interessenabwägung berücksichtigt werden.

XIII. Personenbedingte Kündigungen sind im allgemeinen Rahmen zulässig,
um eine Privilegierung gegenüber anderen Arbeitnehmern zu vermeiden.

XIV. In der Freistellungsphase der Altersteilzeit im Blockmodell ist eine ver-
      haltensbedingte (außerordentliche) Kündigung zulässig, sofern das Ver-
      trauensverhältnis schwerwiegend und nachhaltig zerstört wurde. Eine
      personenbedingte Kündigung ist aufgrund der fehlenden Arbeitspflicht
      nicht möglich.

Fehlverhalten von Arbeitnehmervertretern

XV.   Reine Amtspflichtverletzungen eines Betriebs- oder Personalratsmit-
      glieds schlagen nicht auf das Arbeitsverhältnis durch. Ein Fehlverhal-
      ten im Amt, das gleichzeitig arbeitsvertragliche Pflichten verletzt, kann
      sowohl den Ausschluss aus dem Betriebs- bzw. Personalrat als auch indi-
      vidualrechtliche Konsequenzen nach sich ziehen. Um die Unabhängig-
      keit der Aufgabenerledigung von Betriebs- und Personalratsmitgliedern
      zu sichern, muss bei der Beurteilung der (fristlosen) Kündigung in der
      Interessenabwägung ein besonders strenger Maßstab angelegt werden.
XVI. Verletzt ein Aufsichtsratsmitglied ausschließlich seine Amtspflicht, kann
      dies nur zu unternehmensrechtlichen Sanktionen führen (Schadens-
      ersatz, Ausschluss aus dem Aufsichtsrat, ggf. Strafverfahren). Wird mit
      einem Fehlverhalten im Amt dagegen zugleich eine arbeitsvertragliche
      Pflicht verletzt, kann dies eine Abmahnung oder gar eine Kündigung
      rechtfertigen. Aufgrund des besonderen Konfliktpotentials, das mit der
      Amtsstellung einhergeht, sowie der Gefahr des Unterlaufens des Schutzes
      des § 103 Abs. 3 AktG ist bei der Prüfung der Zulässigkeit einer Kündi-
      gung in der Interessenabwägung ein besonders strenger Maßstab anzu-
      legen. Eine weitere Konkretisierung des Prüfungsmaßstabes ist nicht
      erforderlich.
XVII. Die gleichen Grundsätze können auf alle anderen Arbeitnehmervertre-
      tungen übertragen werden, sofern es keine speziellen vertretungsrecht-
      lichen Besonderheiten zu beachten gibt.

Fehlverhalten von Beauftragten

XVIII. Die Amtsstellung und das Arbeitsverhältnis sind grundsätzlich zu tren-
       nen. Für die Beurteilung der Kündigungsmöglichkeit nach einer Amts-
       pflichtverletzung ist zwischen nebenamtlichen und hauptamtlichen
       Beauftragten zu differenzieren.

XIX. Bei nebenamtlichen Beauftragten sind die Grundsätze der Arbeitnehmervertreter zugrunde zu legen. Eine reine Amtspflichtverletzung stellt keinen Kündigungsgrund dar. Die Verletzung von Amtspflichten kann erst
dann eine verhaltensbedingte Kündigung rechtfertigen, wenn zugleich
eine (schwere) Verletzung arbeitsvertraglicher Pflichten vorliegt. Ein
besonders strenger Maßstab ist in der Interessenabwägung wegen der fehlenden vergleichbaren Konfliktlage nicht anzulegen.

XX. Bei hauptamtlichen Beauftragten überschneiden sich die Aufgaben- und
Pflichtenkreise von Amts- und Arbeitsverhältnis. Eine sachgerechte Trennung ist nicht möglich. Deshalb stellen Amtspflichtverletzungen zugleich
arbeitsvertragliche Pflichtverletzungen dar. Eine verhaltensbedingte
Kündigung ist jedoch nur gerechtfertigt, wenn es keine Weiterbeschäftigungsmöglichkeit gibt oder es dem Arbeitgeber unzumutbar ist, an dem
Arbeitsverhältnis weiter festzuhalten. Hierbei spielt vor allem die Wiederholungsgefahr eine Rolle.

XXI. Bei Betriebsärzten schlägt ein Fehlverhalten faktisch auf das Arbeitsverhältnis durch. Der Betriebsarzt ist – abgesehen von Einrichtungen in
der Gesundheitsvorsorge wie Krankenhäusern – regelmäßig der einzige
Arzt im Betrieb, weshalb meist kein anderweitiger Arbeitsplatz besteht,
auf dem er eingesetzt werden kann. Eine verhaltensbedingte Kündigung
ist daher in der Regel gerechtfertigt. Daneben ist eine personenbedingte
Kündigung möglich. In der Zustimmung des Betriebsrates zur Abberufung zeigt sich ein Vertrauensverlust der Belegschaft, der die fehlende Eignung zur weiteren Tätigkeit als Betriebsarzt unterstreicht.

Ergebnis: Allgemeine Grundsätze und Ausblick

XXII. Das Trennungsprinzip ist in den Konstellationen des außerarbeitsvertraglichen Fehlverhaltens von ausschlaggebender Bedeutung. Es legt
den Grundstein für mögliche Wechselwirkungen zwischen den beiden
betroffenen Rechtsverhältnissen. Das Arbeitsverhältnis ist von dem
Rechtskreis, in dem das Fehlverhalten begangen wurde, grundsätzlich
zu trennen.

XXIII. Die allgemeinen Grundsätze der vertraglichen Bindung werden auch
im Arbeitsrecht nicht durchbrochen. Das Arbeitsverhältnis begründet
in der Regel nur Rechte und Pflichten zwischen den vertragsschließenden Parteien, die den Vollzug des Arbeitsverhältnisses betreffen.
Eine „Ausstrahlung" dieser Pflichten (etwa aufgrund des in der Regel

„intensiveren" Verhältnisses der vertragschließenden Parteien in Bezug auf zeitliche Beanspruchung, Dauer des Vertragsverhältnisses und den betreffenden Rechtsgütern) in andere Rechtskreise findet generell nicht statt.

XXIV. Für die kündigungsrechtliche Auswirkung von außerarbeitsvertraglichem (Fehl-)Verhalten lassen sich folgende allgemeine, und im Ergebnis recht simple, Grundsätze ableiten:

Das außerarbeitsvertragliche (Fehl-)Verhalten eines Arbeitnehmers schlägt grundsätzlich nicht auf das Arbeitsverhältnis durch. Ein solches Fehlverhalten wird für das Arbeitsverhältnis nur dann relevant, wenn dadurch zugleich arbeitsvertragliche Pflichten verletzt werden oder sich ein Eignungsverlust für die künftige Tätigkeit manifestiert.

XXV. Die Interessenabwägung ist in Fällen des außerarbeitsvertraglichen Fehlverhaltens von großer Wichtigkeit. Abschließende, enumerative Kriterien zur kündigungsrechtlichen Auswirkung eines solchen Fehlverhaltens sind nicht zielführend. Es ist immer eine Entscheidung des Einzelfalles, in die insbesondere die Art und Schwere des Fehlverhaltens, die Wiederholungsgefahr, die Stellung des Arbeitnehmers im Betrieb sowie weitere besondere Gegebenheiten des Einzelfalles miteinzubeziehen sind. Außerdem müssen mildere Mittel geprüft werden, um das Fehlverhalten ggf. auf andere Weise zu sanktionieren. Der Umstand, dass das Verhalten außerarbeitsvertraglich begangen wurde, ist im Rahmen der Interessenabwägung zu berücksichtigen. Ein unwesentlicher Verstoß gegen vertragliche Pflichten rechtfertigt in der Regel keine verhaltensbedingte Kündigung.

XXVI. Es ist damit zu rechnen, dass diese Thematik in naher Zukunft aufgrund des gesellschaftlichen und arbeitspolitischen Wandels (Schnittstellen von Beruf und Freizeit, sichtbare Radikalisierung in der Bevölkerung, Schaffung neuer Beauftragtenpositionen durch die Politik etc.) in zunehmenden Maße an Bedeutung gewinnen wird. An dem Grundgerüst der Lösung solcher Fälle wird sich dabei wenig ändern. Einzig im Rahmen der Einzelfallabwägung werden immer neue und aktuelle Aspekte berücksichtigt und einbezogen werden müssen.